不動産プロ養成講座

公式と実例で学ぶ
街づくり

街の見方、とらえ方、つくり方

吉野 伸

大成出版社

不動産図面の読み方

　不動産を読むには図面が必要です。図面はまず道と水から調べます。つまり、「みち」と「みず」です。

　下の図面を道と水に色塗りをしてみると、この地域を大きくつかむことができます。本書では、街づくりのため図面を読むときの基本として、まず「みち」と「みず」を読み、そして「みどり」へと進んでいきます。

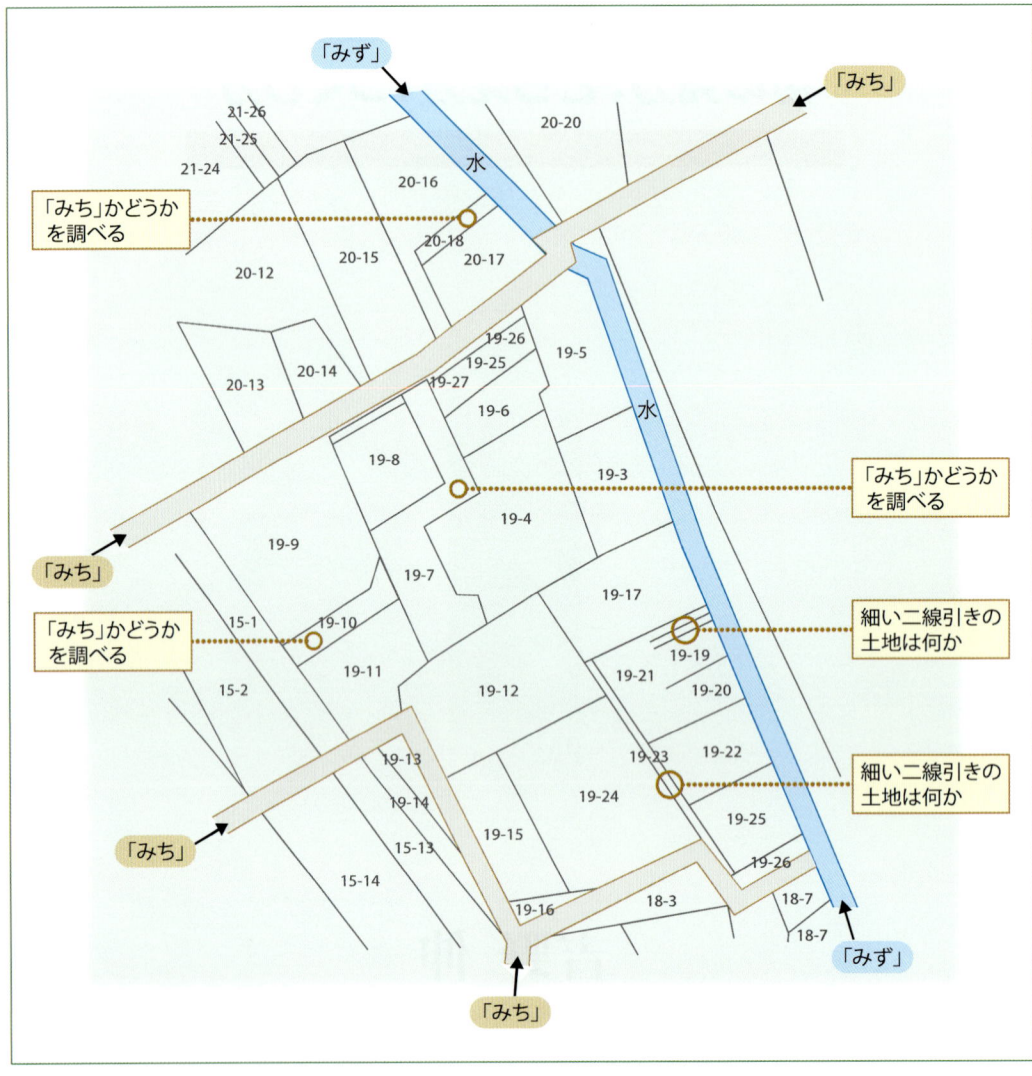

　土地を調べ、利用を考えるとき、図面は必ず読まなければなりませんが、読むにはかなりの知識、経験、そしてノウハウを必要とします。

左の図を調べると、下の図のようになります。
　「みち」は、道路、通路、経路、路、道のほかに、水路、水道、下水道、線路、航路、航空路など多種多様に使われます。
　このことから、街づくりや都市計画では「みち」はもっとも基本的な要素とされます。

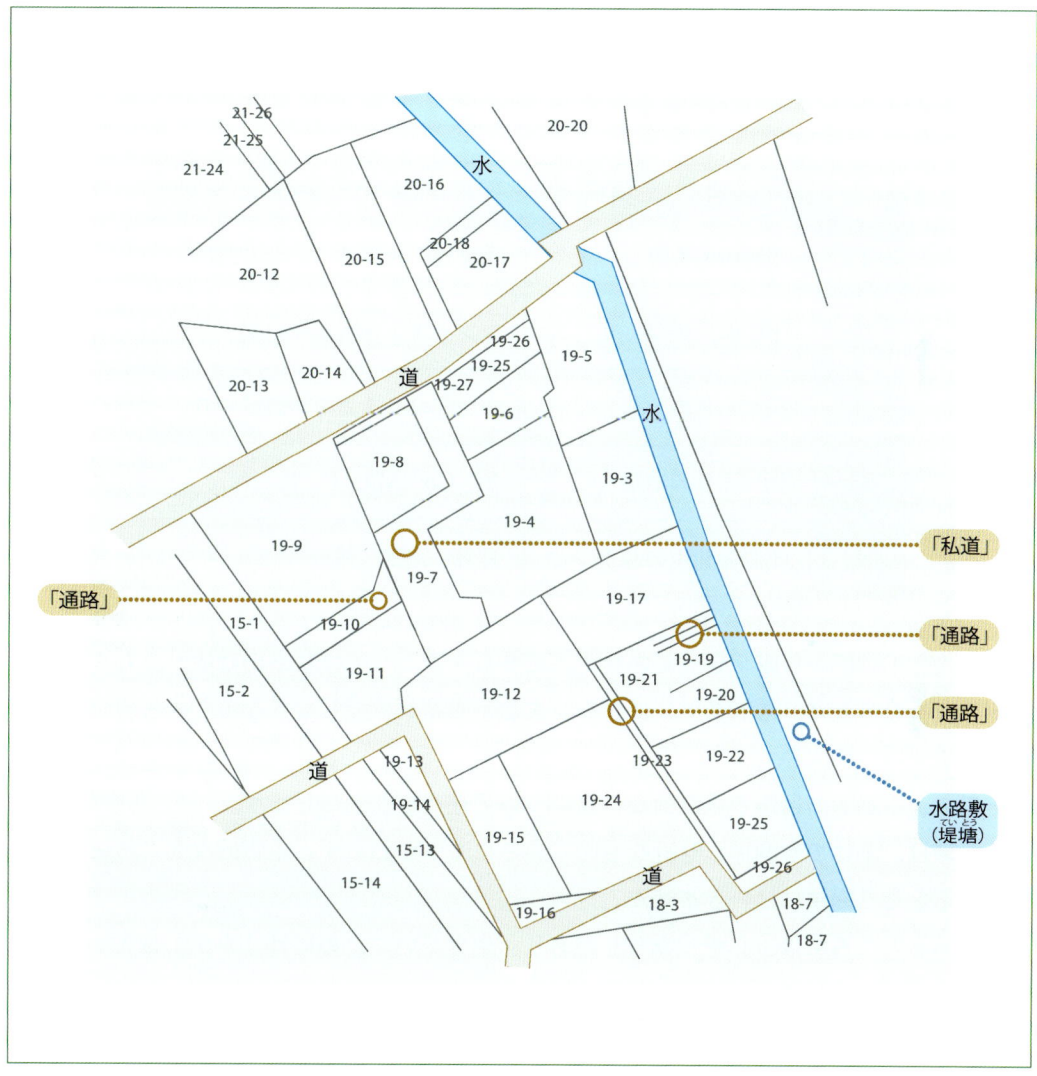

　街づくりを初歩的に、または専門的に計画されるときは、このように「みち」を考えながら進めます。
　「みち」なくしては、街はありえないからです。

本書をお読みになる前に

　街（まち）という文字を分解してみると、「圭」と「行」になります。つまり、土が重なり、人が行き交うところという意味にとらえることができます。

　つまり、街は人と不動産から成り立つもので、人と不動産の組合せで街ができます。そこでまず、不動産の本質を見極めることが大切になります。そのうえで、『街づくりの公式』によって複雑な事業をどのように進めるか、そのポイントをより具体的に把握しなければなりません。

　街づくりのポイントとなることは多数ありますが、その大項目を示すと次のとおりです。

	項　　目	ポイント
I.	不動産の本質	不変性と可変性、立地と適地
II.	不動産の街づくり	コンセプト・メイキング
III.	街づくりの公式	カテゴリーIとカテゴリーII
IV.	街づくりの事業	In、Co、Ma、P、R
V.	不動産利用の基本	採算、適法、適合

　街は人と不動産から成り立っています。どちらかひとつ欠けても街は成り立ちません。人がいなくなるとゴーストタウンになり、また不動産が機能しなくなると人は自然にいなくなります。

　そこで、不動産の目から見た街づくりについて述べることにします。

　不動産は、誰にでも関係し身近なものであるにもかかわらず、本質的なところまで遡ろうとするとそう簡単にはいきません。

　人のいるところには、必ず「みち」があり、生きていくためには「みず」は欠かすことができません。少しゆとりがあると「みどり」が求められます。

　不動産は、民法の定義のような狭いものではなく、街を構成するものはほとんど該当するといってもよいでしょう。

　街は、短期的には変わらないもの（不変性）ですが、中長期的には変わるもの（可変性）であることは身近な例からよく知られるところです。

　このように、街を不動産という視点から考えてみると、そこにはいろいろなビジネスが内在しているのがわかります。また行政の面からも、街づくりについての重要なヒントが得られるはずです。

都市部はもちろんのこと、農村、山村、漁村など人がいる限り、街は存在しますので、そこに街づくりが求められます。

　現在は少子高齢化社会であるとよくいわれていますが、少子化と高齢化を並列的に取りあげるのは正しいことではありません。また街づくりの視点からいっても、人は必ず年をとりますので、それにあった地域の街づくりを考える必要があります。

　なお、街づくりは多額の出費をともなうため、不動産関係法規の適用を前提とすることがこれまでは通例でしたが、都市計画区域もしくは準都市計画区域、または景観計画区域に指定されていないところにも、当然、小さな街は存在します。さらに市町村合併によって、縁辺部で手が届かないところにも街はあります。

　こうした街にこそ、街づくりが必要になりますが、どこから手を付けてよいのかわからないというのが実情でしょう。

　では、どこから手を付けたらよいのかといえば、それは街の基本的な要素である「みち」「みず」「みどり」、そして「まち」を軸にすることから始めます（巻頭の「不動産図面の読み方」参照）。

　これらの要素は、不動産の本質的な面を的確に示すものであり、街づくりは不動産からアプローチすることの意義が認められましょう。

　街づくりの情報は、不動産に関係する人だけでなく、都市計画や再開発、区画整理その他の街づくりに関係する人からも、広く求められています。さらに現在の不動産鑑定では街の鑑定を対象にしていませんが、このことについても体系的な実践が必要とされているところです。

2014年1月　　著　者

目　次

☆　本書をお読みになる前に

序編　不動産事業と街づくり

- Ⅰ．不動産の本質　2
  - 1　不変性と可変性　2
  - 2　街の可変性　3
- Ⅱ．不動産の街づくり　5
  - 1　街づくりの流れ　6
  - 2　コンセプト・メイキングの公式　6
- Ⅲ．街づくりの公式　8
  - 1　基本公式　8
  - 2　より具体的な公式　9
- Ⅳ．街づくりの事業　10
- Ⅴ．不動産利用の基本　11

第1編　やさしい街の読み方

- 第1章　〝みち〟と不動産　18
  - 1　不動産の始まりは「道」　18
  - 2　土地の利用と道　19
  - 3　法令上の制限と道路　21
  - 4　いろいろな道　24
  - 5　「みち」の調べ方　25
  - 6　「みち」は生きている　28
- 第2章　〝みず〟と不動産　36
  - 1　街のあるところに「みず」あり　36
  - 2　みずに関係する法令上の制限　39
  - 3　みずに関する調査　41
  - 4　河川の読み方　44
  - 5　不動産としてみた河川　48
  - 6　これからの河川の利用　50
  - 7　ウオーターフロントの開発　52

8　ウオーターフロントの考え方　　　　　　　　　　56
　第3章　"みどり"と不動産　　　　　　　　　　　　　　60
　　　1　みどりは、都市のもうひとつの顔　　　　　　　60
　　　2　みどりの分類　　　　　　　　　　　　　　　　62
　　　3　不動産としての取引　　　　　　　　　　　　　63
　　　4　みどりの読み方　　　　　　　　　　　　　　　64
　　　5　みどりと不動産の価格　　　　　　　　　　　　68
　　　6　みどりと法令上の制限　　　　　　　　　　　　71

第2編　街を比べる

　第1章　街のプロフィールのつくり方　　　　　　　　　82
　　　1　街のプロフィール　　　　　　　　　　　　　　82
　　　2　街の調和を調べる　　　　　　　　　　　　　　86
　第2章　街の若返り　　　　　　　　　　　　　　　　　91
　　　1　街は変わる　　　　　　　　　　　　　　　　　91
　　　2　ゾーニング（用途規制）について　　　　　　　92
　　　3　再開発と法令上の制限　　　　　　　　　　　　94
　　　4　街のポイントをつかむ　　　　　　　　　　　　99
　第3章　やさしい街の比べ方　　　　　　　　　　　　　102
　　　1　街の比較　　　　　　　　　　　　　　　　　　102
　　　2　みちで読む都市　　　　　　　　　　　　　　　104
　　　3　美しい街は、みちから　　　　　　　　　　　　107
　第4章　街の調和　　　　　　　　　　　　　　　　　　113
　　　1　木と石の調和　　　　　　　　　　　　　　　　113
　　　2　水と石の調和　　　　　　　　　　　　　　　　117
　　　3　広告と街　　　　　　　　　　　　　　　　　　119
　第5章　街の変化　　　　　　　　　　　　　　　　　　123
　　　1　時の変化　　　　　　　　　　　　　　　　　　123
　　　2　流れの変化　　　　　　　　　　　　　　　　　125
　　　3　街並みの変化　　　　　　　　　　　　　　　　127
　　　4　その他の変化　　　　　　　　　　　　　　　　130

第3編　街の調査に出かけよう

第1章　地域の調べ方　　134
1　地域とは何か　　134
2　地域を調べる資料　　137
3　地域を実査する方法　　139
4　地域の調査のポイント　　142

第2章　住宅地域の分析　　145
1　住宅地域の分類　　145
2　写真からつかむ地域の特徴　　147
3　分類項目と範囲設定　　151
4　地域の具体的な範囲設定　　153
5　低層の住宅地域　　156
6　中高層と低層の共同住宅の地域　　160
7　既存の住宅地域　　162

第3章　具体例による比較調査　　164
1　住宅地域の変化の比較　　164
2　住宅の取引　　169
3　不動産業者の店舗　　171
4　住宅地域の「調和」「変化」そして「安全」　　172

第4章　商業地域の分析　　174
1　いろいろな商業地域　　174
2　都市計画と商業系地域地区　　179
3　商業地域の変化　　180
4　商業地域と鉄道駅　　184
5　駅前広場　　187
6　駅の利用者　　189
7　駅前通り商店街の特徴　　190
8　実際に比べてみる　　192

第4編　街づくりの進め方

第1章　街を多角的にとらえる　　196
1　街は不動産の集まったもの　　196
2　街には寿命があるか　　198

		3	街は地域でとらえる	199
		4	住んでみたい町	201
		5	明日の街を読む	203
第2章	街をタテとヨコから読む			205
		1	街をタテに読む	205
		2	街をヨコに読む	208
		3	街は複雑な要素の組合せ	213
第3章	街づくり公式カテゴリーⅠの調査			214
		1	快適、調和、変化	214
		2	小さな国に学ぶ	222
			1．リヒテンシュタイン	223
			2．ルクセンブルク	227
			3．スイスの小都市ルガノ	231
第4章	街づくり公式カテゴリーⅡの調査			239
		1	街の調査	239
第5章	コンセプトの比較			247
		1	もうひとつの小さな街づくり──過疎を考え直す──	247
		2	街の特徴を探す	252
		3	街づくりのコンセプトの比較	253

第5編　具体的な事例研究

第1章	事例研究(1)－新潟県長岡市－		258
	1	街の概要と仕事の進め方	258
	2	地権者の考え方	260
	3	コンセプト・メイキング	262
	4	街づくりの結果	266
	5	ビジネスチャンスと今後の課題	267
第2章	事例研究(2)－フィンランドの街づくり－		273
	Ⅰ．フィンランド5都市の調査		273
	1	街づくりの基本	273
	2	5つの都市の事例とヒント	274
	3	帯広市とトゥルク市の例	282
	4	不動産の要素からみた街づくり	282
	Ⅱ．ヘルシンキの街づくりとニュータウン		285

第6編　建築協定と街の評価手法等

- 第1章　建築協定による街づくり　292
  - 1　建築基準法と建築協定　295
  - 2　建築協定の手続きと認可　301
- 第2章　街の評価の簡便手法　307
  - Ⅰ．簡便手法について　307
    - 1　目的　307
    - 2　資料の収集　307
    - 3　街づくりの公式　308
    - 4　手法　308
    - 5　W.M法　308
    - 6　適用と評価　308
  - Ⅱ．全国9都市の予測（例）　310
    - 1　対象都市　310
    - 2　予測項目　310
    - 3　予測時点　310
    - 4　前提条件　310
    - 5　手法　311
    - 6　分析結果　311
    - 7　所見　311
  - Ⅲ．街づくりのカテゴリー予測　312
- 第3章　これからの小さな街づくり　317
  　　　　―いにしえの街づくりに学ぶ―
  - Ⅰ．いにしえの街づくりの共通点　317
  - Ⅱ．遷都についての特徴　318
  - Ⅲ．それぞれの京の概要　319
  - Ⅳ．いにしえの街づくり　329

☆　**業務に関し調査した世界の都市**

☆　**文献**

☆　**あとがき**

序編

不動産事業と街づくり

Ⅰ. 不動産の本質

1 不変性と可変性

　街は人がつくるが、街は人と不動産の集まりと考えることができる。また不動産の集合が、集落であり地域地区である。

　街の本質的な面について調べるには、不動産の本質を理解することが大切である。

　まず、単体としての不動産をやや抽象的にとらえてみると、不動産は、その本質的な面として「不変性・可変性」が認められるが、さらにその利用については「立地・適地」の方向性が根底にあるといえよう。

　街づくりを考えるとき、不動産についての本質的な理解が必要になることと、具体的に不動産から見た街づくりをしようとするとき、場所が先にありきなのか、利用（用途）が先行するのかを分けてみなければならない。街は単体の集合であるから立地と適地を区別してとらえる必要がある。

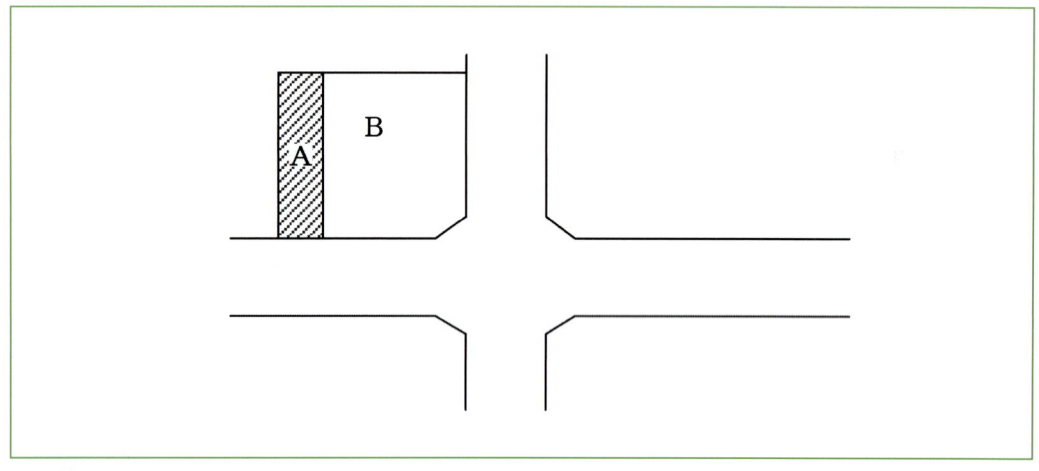

図表❶　角地でないAが角地に変わる

不変性	Aの土地の位置、地積は変わらない。
可変性	Aの土地とBの土地が合併されると、Aは角地になり間口狭小の形状が解消される。

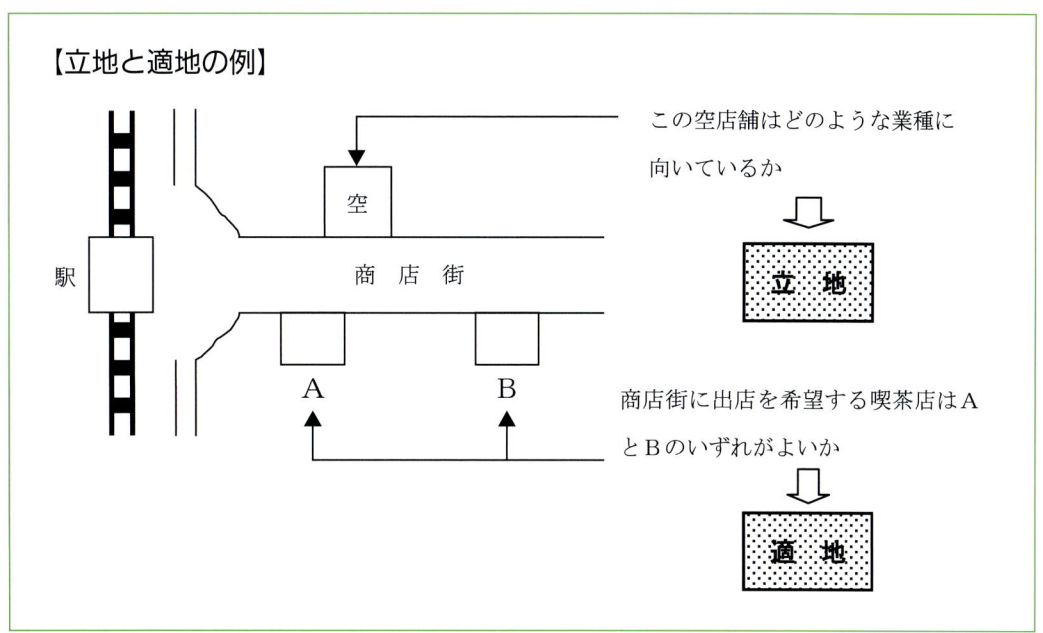

図表❷　立地と適地の例

2　街の可変性

　ここでは街の可変性をはっきりさせるため街を不動産の集まりとし、さらに不動産を単純に土地として考えてみる。

　土地は不変であるということができるが、土地利用の面から考えると、不変どころか毎日、毎月、毎年、少しずつではあっても変化している。

　利用方法は、その時その時によって変わるので、ある特定した方法があるとはいいきれず、絶対的な使い方などないと考えるべきであろう。

　時代の変化に対応して、よりよい、よりふさわしい利用方法へと移行している。人間が土地を、それぞれの目的のために、どのように利用しているかということをみるには、土地の具体的な使い方を調べてみるとよい。長い歳月をかけてみてみると、その変化をはっきりとらえることができよう。

　土地の利用ということは、長期的には歴史そのものであり、短期的にみると人間生活の共通の課題としてとらえることができる。

　そこで、歴史と土地利用の関連について、2つの例を引き合いに出してみたい。

　第1は、平安時代に書かれた更級日記（藤原孝標の娘作。11世紀中頃）である。その書き出しに、「あづまぢの道のはてよりも、なほ奥の方に……」とある。この東路の奥方は、上総国（現在の千葉県市原市の辺り）を意味し、当時はそこに国府があったらしく、上総国分寺跡の周辺がそれにあたるとされている。

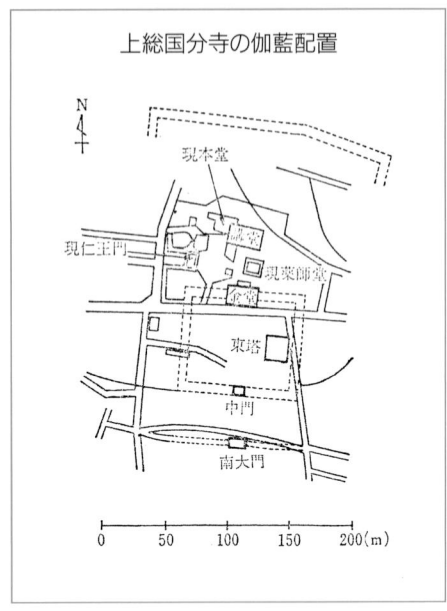

上総国分寺の伽藍配置

作者は、10歳くらいの頃に、都（平安京）から、はるばるこの上総国にきて、少女時代の数年を過したようだが、この国府や国分寺周辺の土地利用の歴史は相当古く、当時は、おそらく農耕が中心であったと思われる。

現在、上総国国分寺一帯は、わが国でも最大級の規模をもつ土地区画整理事業がすでに完了し、新しい街がつくられている。市役所等の行政センター地区を中心に、計画的に配置された街路が縦横に走り、なだらかな丘陵地に新興住宅が建ち並び、県の内外から新しい人々が来て、上総の住民になっている。

歴史も土地利用という面からとらえてみると面白い事実がいくつも出てくる。1千年近い歳月が流れ、主と住まいの形態が変わったとはいっても、土地利用という面から考えてみると、土地の生きている姿を確実にとれえることができる。

官公庁あり、住宅あり、農地林地ありで、長い歴史のなかで土地利用の変化をみながらも、土地に対する人間の働きかけ（不動産のあり方）の流れを理解できる。

さて、第2は、比較的身近な例から考察してみようと思う。名の通った商店街で、「〇〇銀座」と呼ばれる商業地が、全国のたくさんの都市にあるが、なかでも東京の銀座はその代表格といってよい。

しかしこの銀座も、江戸時代から日本一の繁華街として栄えていたわけではない。

銀座の中心から北東約2.5kmの位置に、いわゆる昔の東京らしさを残す数少ない町として人形町や浜町があるが、大正時代の初めごろまでは、東京第一の繁華街といえば、この人形町界隈であった。現在では、名実ともに日本を代表する高度商業地として安定した地位にある銀座も、大正の終わりごろになって大手の百貨店が進出したのを契機に、人形町と華々しい商業戦争が繰り広げられるようになった。それまでは、銀座はおそらく、いまでいう準工業地域と近隣商業地域をあわせたような街ではなかったかと思われる。

以上2つの例を見てきたように、土地利用、つまり街も、長い間には相当の変化があったということである。

（注）　銀座の参考文献：「東京不動産史話」（上坂倉次著不動産鑑定1978年3月号）

Ⅱ. 不動産の街づくり

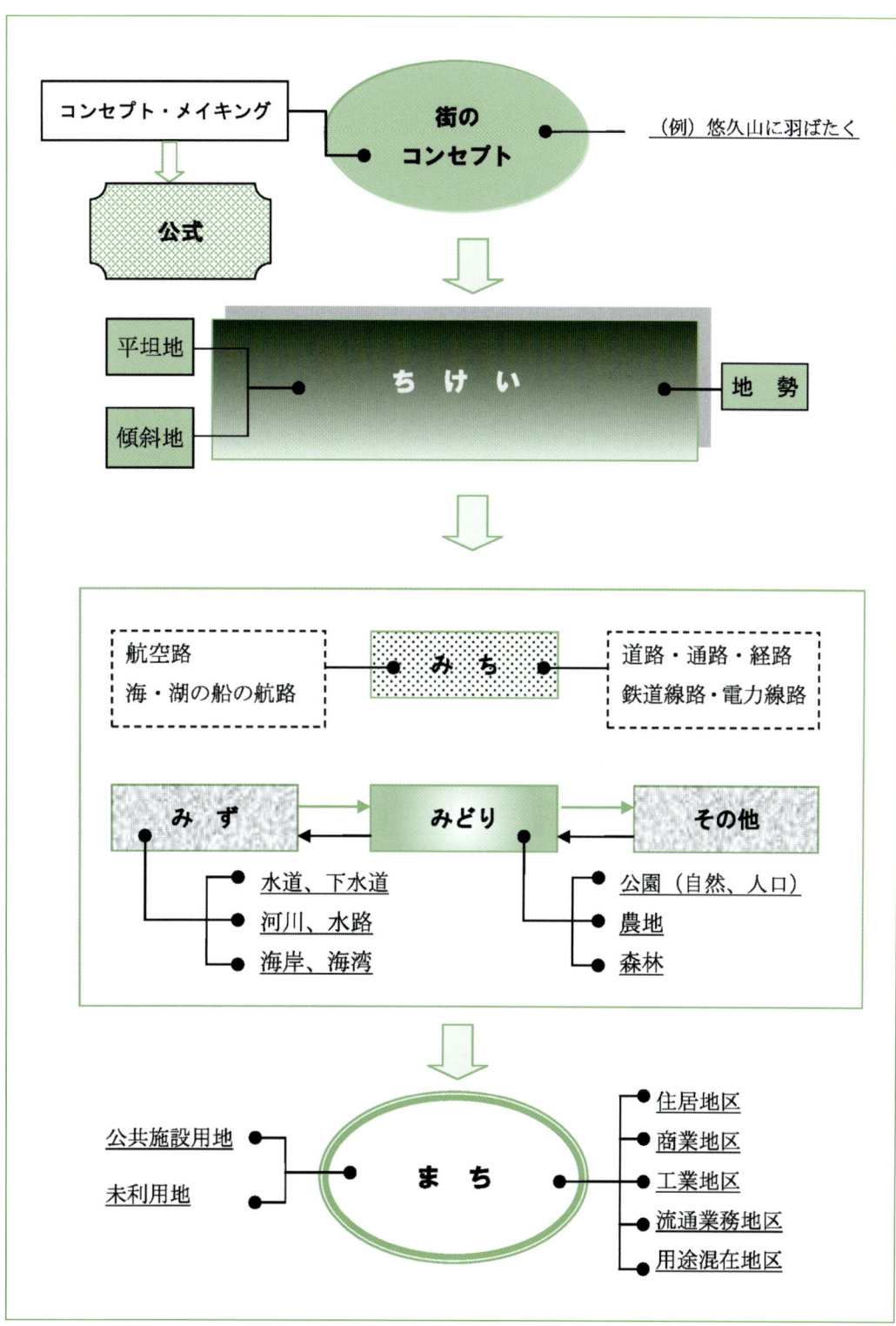

図表❸　不動産の街づくりの基本的な考え方

1　街づくりの流れ

街づくりを不動産の基本的要素と組合せると図表❸のようになる。

街のコンセプト・メイキングに始まり、「ちけい」、「みち」、「みどり」、そして「まち」の順番で進めていく。

それぞれの要素については、図表❸に例示しているとおりである。とくに、コンセプトがないまま街づくりをすることは、頂上を決めずに山登りするようなものである。

2　コンセプト・メイキングの公式

コンセプトをつくるには街の特徴をつかむことから始める。なかなかつかめないときは、次に述べる街づくりの公式を活用するとよい。そして、街づくりの公式で街の特徴がつかめたら、次はコンセプトをつくる仕事、すなわち、コンセプト・メイキングである。

図表❹で示すように、「街を表す具体的な項目（事象）」は全部で24項目ある。

これらを調査・整理するだけで大変な作業となるが、コンセプト・メイキングには絶対に欠かすことができない作業である。しかもその過程では、ある項目について、調査したり資料を探し出して読んだりする作業もでてくる。また項目によっては、関係者からの聞き取りも必要になってこよう。

項目が多いので、さまざまな角度から（多次元的に）考えなければならないが、長期性、継続性のある内容にしなければならない。また、街づくりには必ず多くの関係者がいるので、基本的な合意が得られるような判断基準をつくっておく必要がある。

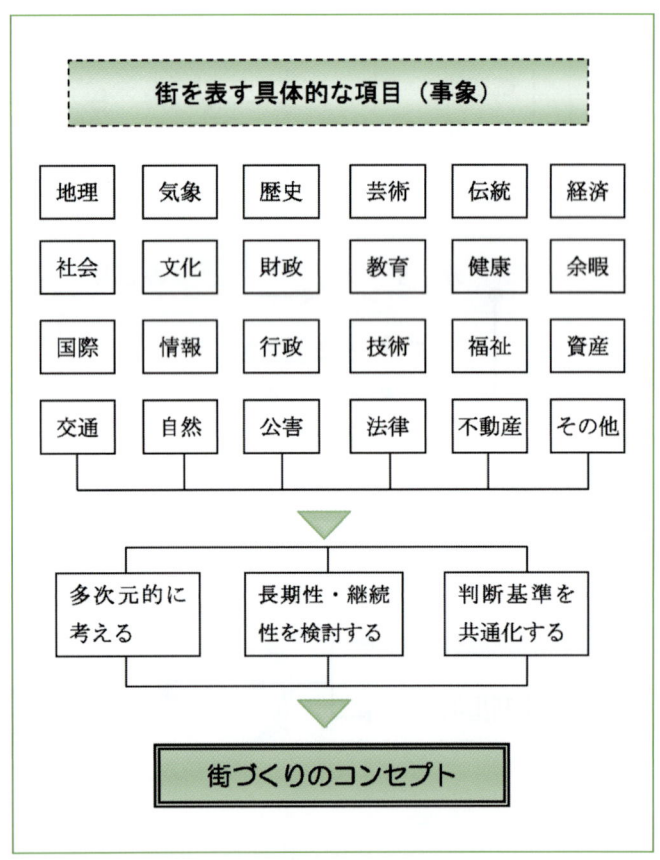

図表❹　コンセプト・メイキングの公式

最終的には「街づくりのコンセプト案」は、たった1人の担当者が考え出すことになるのであろうが、コンセプトをいくつか組み合わせて、無理に最大公約数的なものを仕上げてみてもあまり意味のないことである。
　したがって、最終的にコンセプト・メイキングの担当者をだれにするかは、たいへん重要なことである。
　コンセプトは単なる思いつきではなく、図表❹にあるようなプロセスによりつくられる。

Ⅲ．街づくりの公式

街づくりの公式は、コンセプトと同様に単純な思いつきでできるものではなない。しっかりした基本となるパターンに基づいてつくらなければならない。

1 基本公式

ここで、これから重要になる「小さな街づくりの公式」についてまとめることにしたい。公式は図表❺のとおりである。

まずは、街づくりの対象となっているところについて、調べた内容をＸ－Ｙ－Ｚと１－２－３の９つのマス（マトリックス）に当てはめてみよう。そうすることにより、街として欠けているものや、不十分なものがはっきりしてくる。たとえば、街を住みやすくするためのランドマーク、モニュメント、街路灯、花壇など、どんな変化が見られるのかということが挙げられる。

なお、快適性、生産性および収益性というカテゴリーや調和、変化および安全というアイテムについては、必ずしもこれらの項目にこだわることなく、街づくりにふさわしい項目に置き換えてもよい。

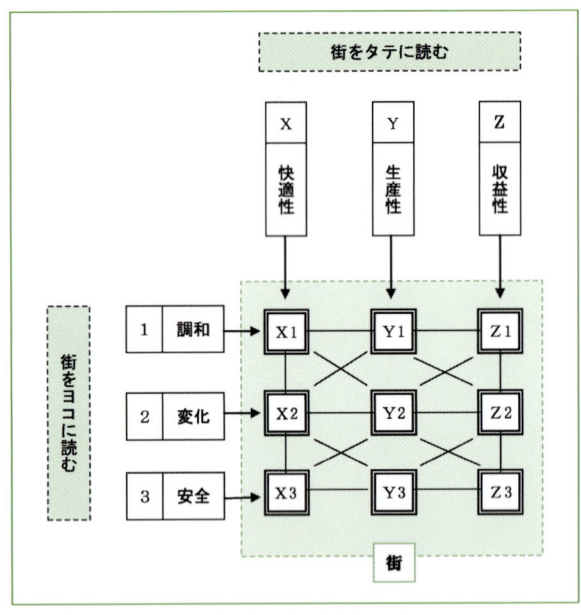

図表❺－１　小さな街づくりの基本公式

次に、タテとヨコから読んでみる。図表❺－１の項目について、抽象的ではあるが、それぞれのねらいとする本質的なことは図表❺－２に示している。

①	タテの読み方	
Ｘ	快適性	→絶対条件
Ｙ	生産性	→活性化の条件
Ｚ	収益性	→永続性の条件
②	ヨコの読み方	
1	調和	→街はバランスで成り立っている。
2	変化	→変化がないと寝ぼけた街になる。
3	安全	→自然災害と人為的災害の対策が重要である。

図表❺－２　基本公式のタテヨコの読み方

2 より具体的な公式

［1］ 街を計画する立場（カテゴリーⅠ）

それでは次のステップとして、前出の「小さな街づくり」の基本公式をもとに、より具体的な公式に当てはめてみたい。具体的には、図表❻－1、図表❻－2の例にしたがい進めていただきたい。

Category Ⅰ / Item		A amenity 快　適	B business 収　入	C cash flow 利　益
1	B' balance 調　和	（A－B'） ①みずの利用 ②みどりの活用 ③ごみゼロ ④騒音防止	（B－B'） ①農業 ②商業（小売、サービス） ③製造業 ④情報産業	（C－B'） ①永続性を考える ②赤字を出さない ③資金計画 ④支出（経費）の適正化
2	A' accent 変　化	（A－A'） ①ランドマーク ②四季のイベント ③祭り ④休日の過ごし方	（B－A'） ①売上げを伸ばす ②青空市場、売出し ③地区外からの収入 ④ＩＣ、インターネットの活用	（C－A'） ①利益を出す ②赤字の補てん ③不採算業種のサポート ④異業種、類似業種連携と利益配分
3	S safety 安　全	（A－S） ①がけ、大水、雪 ②交通安全 ③高齢者対策 ④犯罪防止	（B－S） ①ライフサイクル ②事業の専門化 ③工場無公害 ④新規業種	（C－S） ①内部留保 ②外部との競合 ③閉店の場合の対策 ④事故、事件、紛争

図表❻－1　A－B－CとB'－A'－Sの組合せ（カテゴリーⅠ）

［2］ 街に住み、仕事をする立場（カテゴリーⅡ）

Item		キーワード（例）	
1	sport	健康、スポーツ、体力づくり	Item 1、2、3は相互に関係し、これらのItemは4とも関係する。
2	culture	文化、学習、頭脳老化防止	
3	food	三食、グルメ、食文化	
4	relaxation	寛ぎ、憩い、旅行	

図表❻－2　A－B－CとB'－A'－Sの組合せ（カテゴリーⅡ）

Ⅳ．街づくりの事業

次に街づくりの事業を進めるうえで重要な項目を流れに沿って示してみる。

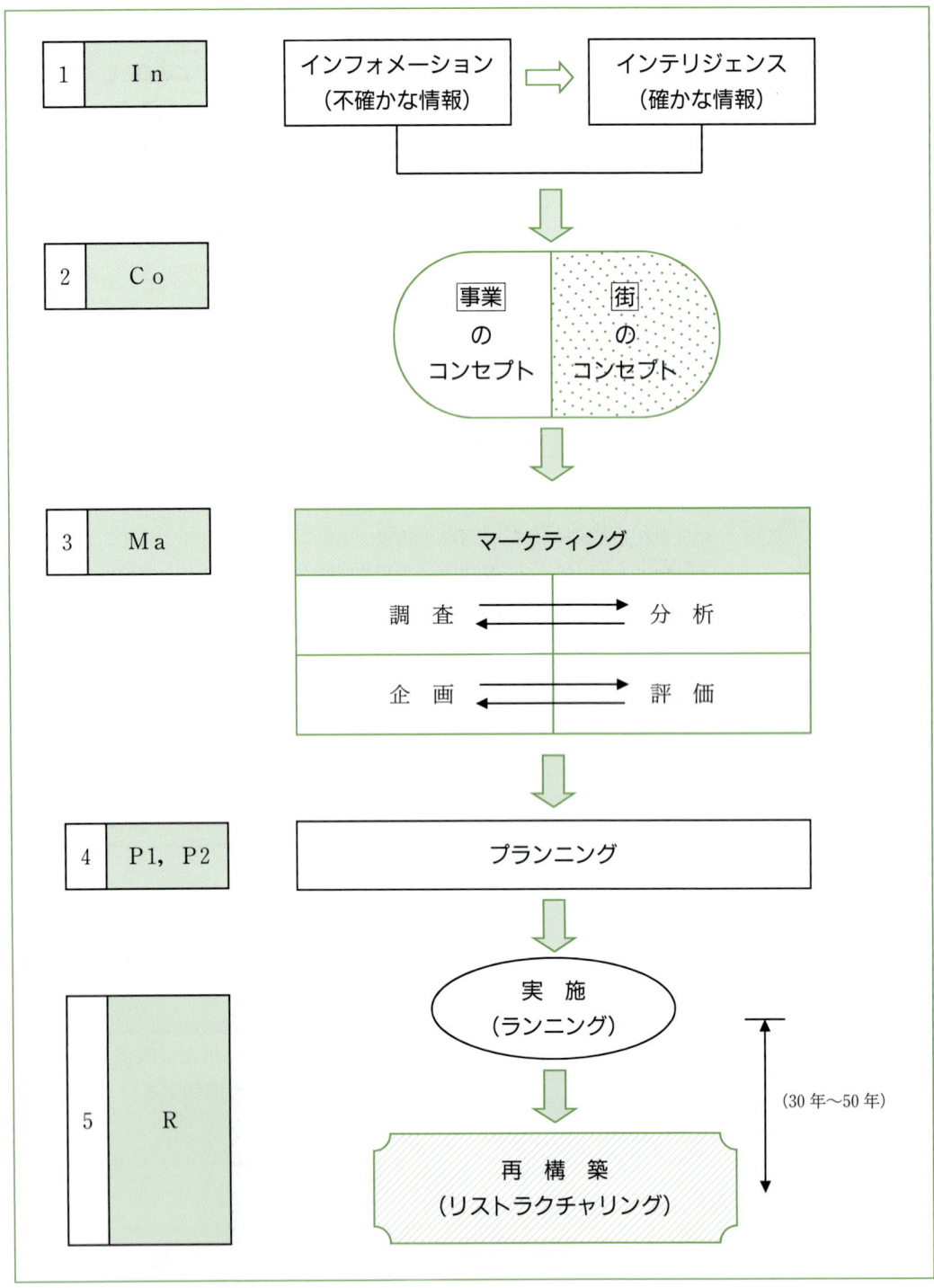

図表❼　街づくり事業の流れ

Ⅴ．不動産利用の基本

　最近のように社会情勢の変動が激しい時代では、土地利用を的確に判定することは非常にむずかしく、法規制ばかりに気を取られすぎて、土地取得後に利用方法を検討するというような事態も起こっている。

　土地利用の基本的な考え方には、一定のルールがあり、以下の3つの側面から考える必要がある。

【土地利用の鼎(かなえ)】

A.	事業採算（収益性）や使用による満足（快適性）の極大化
B.	周辺環境との適合性
C.	法の規制をクリアすること

　現代は、土地の利用規制があまりにも厳しすぎるため、とにかく法の規制をクリアすることに、ウエートが置かれすぎている傾向がある。

　もちろん、違法となるような行為は絶対に慎まなければならないが、どの項目を優先するのかということではなく、上記の3つのポイントを同じように考えなくてはならないということである。

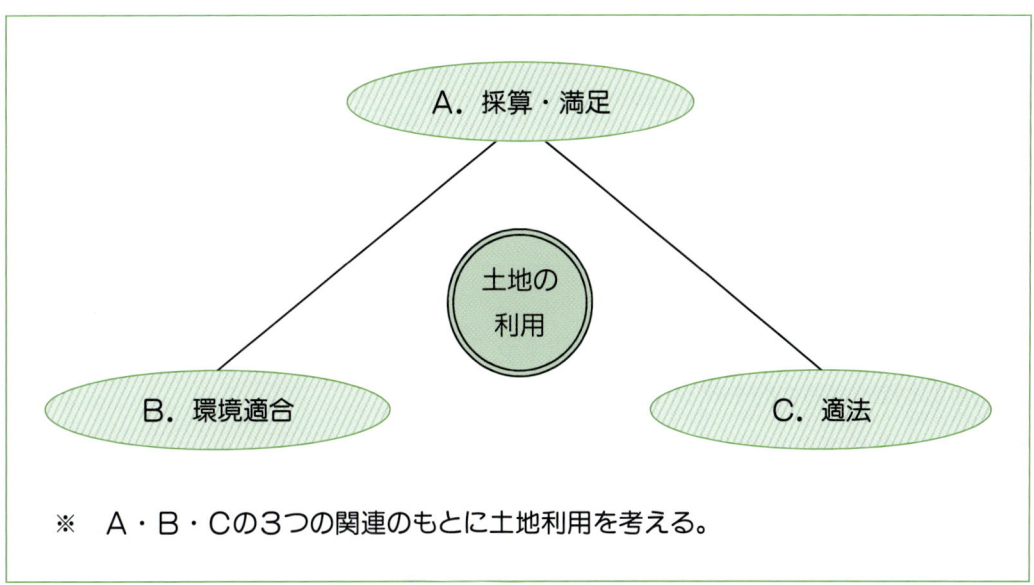

※　A・B・Cの3つの関連のもとに土地利用を考える。

図表❽　土地利用の基本的な考え方

　それでは、もう少しわかりやすい例として、街づくりのための開発行為によって造成された一団地のうちの未利用地について考えることにしよう。

> **ケース・スタディ**
>
> 　土地所有者として、残地といわれる未利用地の処分について、どう考えたらよいか。

A．採算（収益）性について
- ❶　売却する
- ❷　賃貸する
- ❸　何か新しい事業を展開する

B．周辺の状況と将来の動向（過去の推移）
- ・近隣の利用状況からみて、どのように利用することが適当か。

C．不動産関連法規のチェック
- ❶　用途
- ❷　形態
- ❸　その他

● ここで、A・B・Cを総合して、次のように考える。

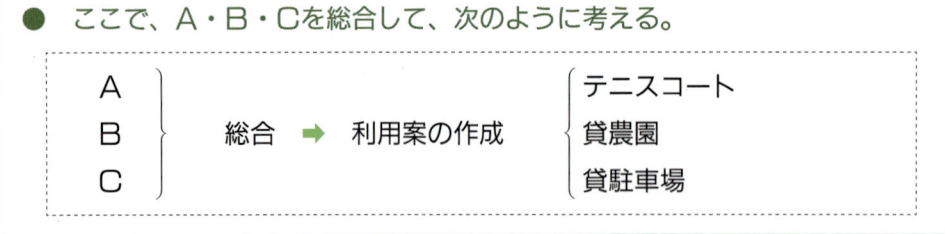

　以上の例は、一団地で大方の用途が決まっている残地の利用についてなので、土地利用も比較的容易に的を絞ることができる。

まとめ

> 街づくりの事業をもう少し大きくとらえて、不動産事業のひとつとして考えてみよう。

　不動産の理念は、不動産の本質に根拠をもつ「利用と流通」であると考えられる。つまり、不動産の不変性と可変性から導かれるものであって、この理念のもとに、それを構成する項目は次のとおりである。

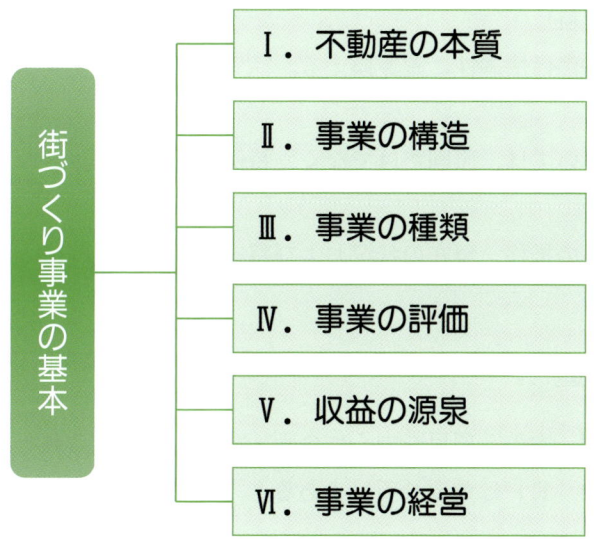

街づくり事業の基本
- Ⅰ．不動産の本質
- Ⅱ．事業の構造
- Ⅲ．事業の種類
- Ⅳ．事業の評価
- Ⅴ．収益の源泉
- Ⅵ．事業の経営

> 次に、これまで述べてきた各項目について関連づけながら、その要点をまとめてみる。

Ⅰ．不動産の本質

① 不変性と可変性

　1）物的面
　　不変性については説明を要しないが、可変性の代表例として用途の変換があげられる。

　2）権利面
　　所有権は消滅時効にかかることなく不変的であるが、借地権設定より土地所

有権は底地になる。
　② 地域性
　　1）点と集合
　　　　個々の不動産を点としてとらえると、その集合が地域である。
　　2）空間
　　　　不動産の利用方法および価値判断については、空間の把握が前提となる。
　③ 立地と適地
　　　不動産の利用について、土地に関することは、立地分析の問題か、適地選定の問題かによって方向が異なる。
　④ 利用の三原則
　　　不動産の利用については、次の3つの項目に重点を絞る。
　　1）採算（収益）
　　　　非収益物件は快適性に置き換える。
　　2）適法
　　　　法令については、原則だけでなく、特例も含まれる。
　　3）環境適合
　　　　過去からの推移、現在の状況および将来の動向も視野に入れた地域分析により判定する。

Ⅱ．事業の構造

街づくり事業は、次の5項目を中心に企画・立案し、実施される。
見落としがちな［R］は重要な項目である。

まとめ

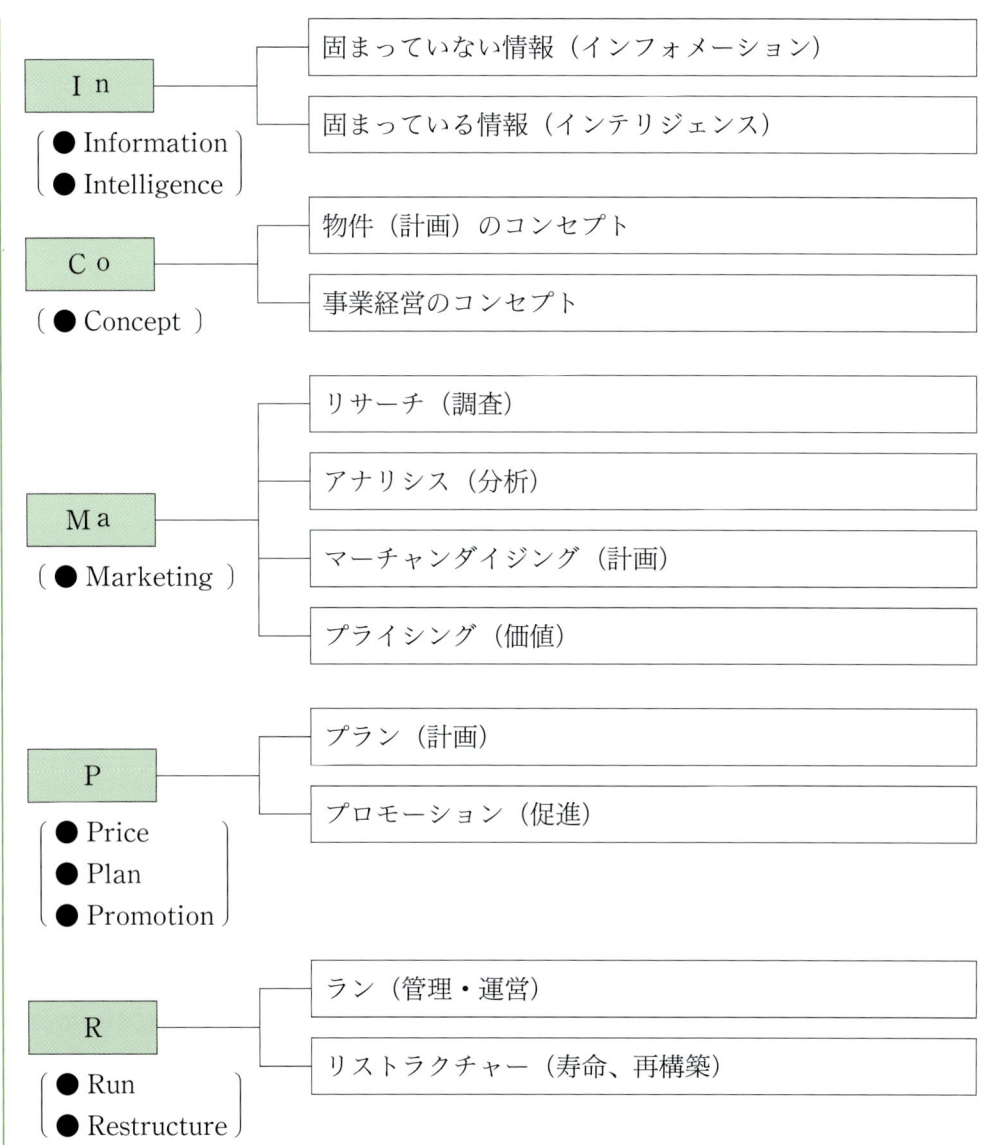

Ⅲ．事業の種類

① 利用と流通

　不動産の本質から、街づくりのための事業を不動産事業ととらえると、その拠りどころは利用と流通の2つに集約される。

1）利　用

2）流　通

② 街づくり

　利用と流通の応用系として街づくりがある。

1）街づくりの公式

　　　　・カテゴリーⅠ
　　　　・カテゴリーⅡ
　　2）用途の転換・移行

Ⅳ．事業の評価

　事業については、常に評価されなければならない。
　① 不動産の評価
　② 事業の評価
　　　収益性と持続性から判定する。
　③ 地域の価値
　　　不動産事業にとっては、街（地域）の評価は重要である。
　1）街づくりの公式の活用
　2）地域の比較

Ⅴ．収益の源泉

　事業に収益をもたらすことについて、次の項目を再評価（検証）する。
　① 不動産の本質
　② 不動産の価値
　③ 情報の伝播

Ⅵ．事業の経営

　事業の経営について、不動産の取扱いに関するノウハウや、管理・経営についての確認を行う。また、事業の寿命や物件の経済的残存耐用年数のための物件調査も行う。
　① ノウハウ
　② 物件調査
　③ 管理経営

第1編

やさしい街の読み方

第1章

"みち"と不動産

　街は、つかみどころのない難しい内容を持つものであるが、街を考えるうえで大事なのは「みち」、「みず」、「みどり」である。まず、街を読むときにもっとも基本とされる「みち」について、本章で取りあげたい。

1　不動産の始まりは「道」

［1］　道と路

　道路は、不動産そのものであり、他の不動産とは切っても切れない縁がある。道路は、道と路の組み合わせたものであって、どちらも同じ「みち」である。これらの用語も、ほかの漢字と組み合わされて使われる。たとえば、「私道」（建築基準法）や「公路」（旧民法）などの使い方がある。

　建築基準法では、道路に関することをいろいろ規定しているが、そのなかで都市計画区域が指定される以前からある、いわゆる既存のものを道路といわずに単に「道」といっている。

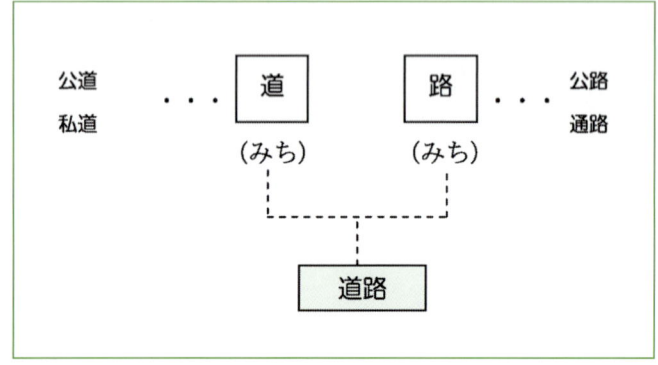

図表❶　道と路の使い方

［2］　不動産あるところに道路あり

　不動産は人が利用するからこそ不動産とされるのであり、不動産を利用するには道路がどうしても必要となる。ただし、例外もないことはない。不動産を物的な土地建物に限定してみると、飛行場は空の路、つまり航空路を使い、船舶は水路を使う。空の港や海の港に行くまでは道路が必要であるが、そこから先は道路ではなく航路になる。

法律で定める道路は歴史的にみると新しいものであるが、道路はもともと大昔からあったものである。

　土地の利用が先か、道路が先かは、ケースバイケースだが、通常はある土地を利用しようとするときは、まず道路の確保から始める。ある土地があり、形状、方位、地質、地盤などほとんどの条件が揃っていても、たったひとつ道路の条件がよくないために、利用価値が劣るという例はいくらでもある。どのような土地利用であっても、道路の存在は必須条件である。この条件いかんによって、計画している利用を変更しなければならないことも起こる。

　不動産に精通することのひとつのポイントは、道路に精通することである。道路を調べたり、検討したりする項目はたくさんあるが、実務的な視点から重要と思われることをいくつか述べることにしたい。

2　土地の利用と道

［1］　道の大切さ

　土地を利用する場合、まず、その土地がどのような道に接しているかが問題になる。道に接していない土地もあり、そういう土地利用は、まず道のことから考えなくてはならない。なぜなら、道とは名ばかりで、自動車が通れないものもあったりする。

　道を考えるとき、①宅地が道に接する長さ、②道の幅、③その道はどの道に続いているか、④舗装してあるか、⑤道と宅地には高低差があるか、⑥道はほぼ水平か傾斜があるか、⑦交通の用に使われる以外に何のために使われているかなど、いろいろな面から調査したり検討したりする必要がある。

　面積が同じであるにもかかわらず、道と宅地の接する状態が違うと〈図表❷〉、まったく宅地の利用が変わることがある。図表❷では、同じ道路であるにもかかわらず、アの土地利用はイに比べ極端に劣ることになる。

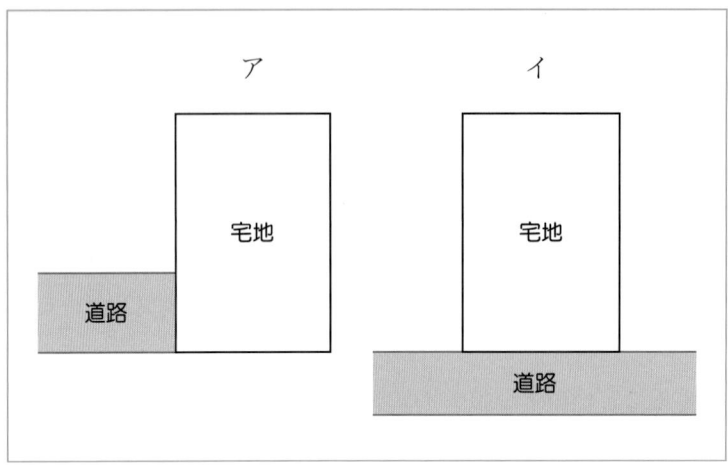

図表❷　道と宅地の接し方の違い

［2］　土地が生きるも死ぬも道路づけにあり

　土地利用を考えるとき、接道によって、住宅と商店では逆のことが起こりうる。たとえば、住宅は道路より少し高いほうがよいが、商店では道路と同じ高さがよい。また、方位については、住宅は敷地からみて道路が南側にあるほうがよいが、商店（とくに鮮度が勝負の商品を扱う店）では、南道路は嫌われる。図表❸では、ウのような道路づけとエのような道路づけでは、利用のしやすさはおのずと明らかである。

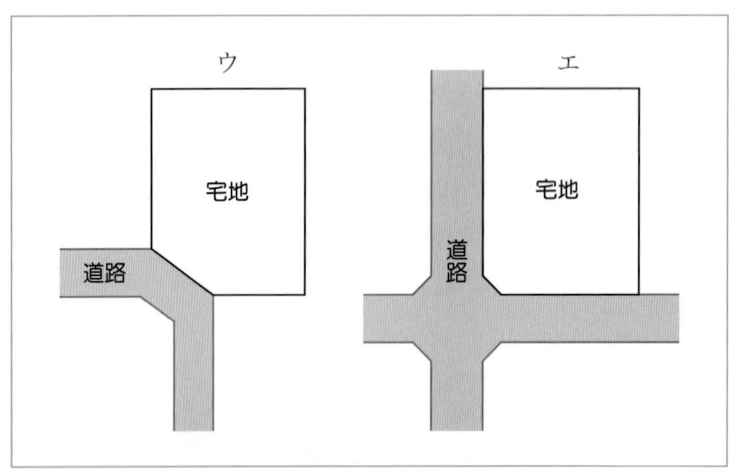

図表❸　道路づけと利用のしやすさ

　道路そのものにもいろいろな条件が含まれていること、道路と宅地の関係についても重要であることを考えに入れなくてはならない。土地が、活用度が高く、おおいに活きてくるのも、逆に利用価値がほとんどなくなるのも、道路づけにあるのであって、土地利用の第一歩は道路との関係にあるといえる。

3　法令上の制限と道路

［1］　建物を建てることを前提とするかしないか

　道路に関する法令上の制限は、種類が多く、しかも複雑な関係があってわかりにくい。道路法と建築基準法との関係や、都市計画法と建築基準法との関係など、同じ道路についてもいろいろなところで顔を出してくる。そこで、道路は土地を利用するために必要なものと考え、さらに土地利用の基本のひとつは、建物を建てることとしてみると、道路を図表❹のように分けることができる。

　建築基準法では、法律に根拠のある道を「道路」といい、根拠はなくとも既存の道を「道」といっている（法42条1項）。ほかに、「道路という道」があり、この使い方は、はっきりしない。実際に使われている道であっても、法に根拠のないものを実務では「通路」ということがよくある。通路には、公共性のあるものとないものとがある。

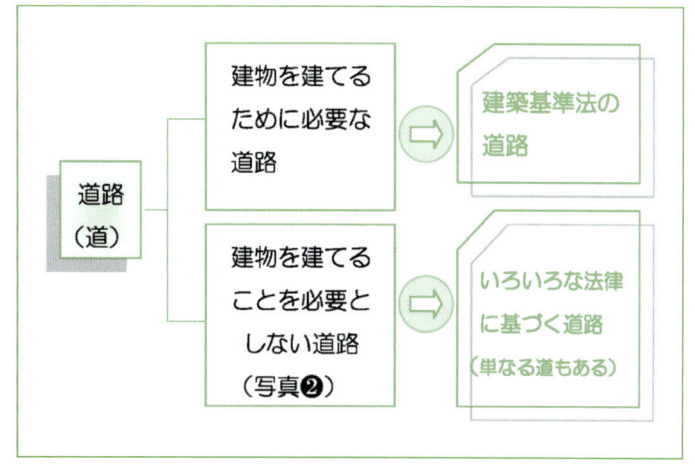

図表❹　土地利用を基本とした道路の分類

［2］　道路に関する法律

　建物を建てることを前提とする道路に関係する主な法律について、整理しておこうと思う。

①　道路法

　道路に関する最も基本的、かつ、重要な法律は「道路法」である。しかし、実際に使われている道路は、すべて道路法が適用されるわけではない〈写真❶〉。道路法の道路には、高速自動車国道、一般国道、都道

写真❶　帯広（空港内）

府県道および市町村道があり、これらは路線を指定または認定したものをいう。たとえば、A市道というのは、A市長がA市議会の議決を経てその路線を認定したものである。

② 都市計画法
　道路は、都市計画法では、「都市施設」に含まれ、道路は都市施設のうちの交通施設のひとつとされる。そして、都市計画として定められる道路が都市計画道路である。
　開発行為によって築造される道路は重要であり、管理の帰属も注意する必要がある。ほかに、都市計画のひとつに地区計画があり、これには地区施設などが定められる。地区施設のうち代表的なものが道路であり、ここで定められる道路は、建築基準法とも関係してくることになる。

③ 土地区画整理法
　道路は、公共施設のひとつとされている。土地区画整理事業では、土地の区画形質の変更および公共施設の新設または変更を行うが、その中心になるのは、道路である。区画整理によって、どのように変わったかは、道路を見ることによっておおよその見当をつけることができる。

④ 都市再開発法
　道路は、公共施設のひとつとされる。市街地再開発事業では、建築物および建築敷地の整備ならびに公共施設の整備を行う。再開発は、市街地で行われるが、道路の整備を必要とするところが多く、施設建築物ができあがると、再開発の施行区域は生まれ変わる。
　建物の新築がポイントになるが、現地をよく見ると、道路と一体となっている開発の成果を見逃すわけにはいかない。

⑤ 建築基準法
　建築基準法での道路は、後で述べるとおり、道路法などと違って、いろいろな法律の根拠に基づくものがあったり、建築基準法だけで道路と指定したりするものがある。種類が多く、他の法律との関係もあるので、注意しながら調べる必要がある。土地利用をするにあたって、安全、衛生などの点から問題がないかどうかがポイントである。

⑥ その他
　上記のほかにも多くの法律に関係している。

1）旧住宅地造成事業に関する法律
2）新都市基盤整備法
3）大都市地域における住宅及び住宅地の供給の促進に関する特別措置法
4）新住宅市街地開発法
5）流通業務市街地の整備に関する法律

[3] 建築基準法と道路
① 建築確認と接道
　建物を建てるときは、建築主は建築基準法等に適合しているかどうかについて建築主事

の確認を受けなければならない。これを建築確認という（法6条1項）。

　建築確認で、基本的かつ重要なことのうちのひとつに接道要件がある。都市計画区域内にある土地は、道路に2m以上接していなければならない。

　ここでいう道路は、まず、道の幅（＝道路幅員）が4m以上あって、道路法などの法律に基づくもの、または、既存道とされる。例外的に4m未満のものでも道路とみなされることがある（2項道路、3項道路）。ほかに、4m以上の道路を築造して、指定を受けたものも道路とされる。

　このように道路は、建築基準法においてもっとも基本とされるものであり、法が認めない道路は、いくらか幅員が広くても舗装していても建築確認は受けられない。

② 道路と建築物の高さ

　敷地に建てる建物の高さは、道路幅員と密接な関係がある。道路幅員が狭いときは、敷地からみて道路の反対側から空間に一定の勾配で斜めの線を引き、敷地内では、その斜線を越えては建物を建てられない（道路斜線制限、法56条）。これは、マンションや事務所ビルの上層階が斜めに少しカットされている例で確認できる。

③ 道路と容積率と建ぺい率

　道路幅員が狭いときは、都市計画で定められた容積率を全部使えないことがある（法52条）。これは、道路の幅員（12m未満）と用途地域によっても違う。さらに、敷地から70m以内のところに広い幅員（15m以上）の道路に接続していることでも違ってくることがある。

　道路が2方向あって、それが交わっているような道路に接している土地〈角地、図表❸〉については、建ぺい率が緩和（10％）される（法53条）。角地といっても、いろいろな道路の交差の状態があるので、指定を受けることになっている。

④ セットバック

　道路幅員が4m未満でも、道路とみなされるものがあるのは前に述べた。このような2項道路は、建物を建て替えるとき、道路の中心線から片側2mの位置が道路と敷地の境界線とみなされる（法42条）。したがって、道路幅員が4m未満の道路に接する敷地は、利用できる面積が減ることになる。

　このようなセットバックは、上記の容積率や建ぺい率に基づいて計算された建物の面積とも関係する重要なことである。

⑤ その他

　地区計画が定められると、「予定道路」の指定をすることができることになっている（法68条の7）。

　以上の内容は、都市計画区域内にある土地についての制限であるが、建築基準法では、都市計画区域外であっても接道要件の制限を定めることができるようになっている（法68条の9）。

4　いろいろな道

　これまでは、道（路）といっても、土の道について述べてきたが、このような道以外にもまだいろいろな道がある。

①　水路と河川

　不動産と関係の深いものに、水の路がある。これは、河川法の適用のあるものとないものとがある〈写真❷〉。

②　交通の路・道

　交通の路・道は、道路以外では次のものがあげられる。

> 1）鉄道〈写真❸〉
> 2）空路〈写真❹〉
> 3）航路〈写真❺〉

写真❷　水路（東京）

写真❸　鉄道（軌道）（岡山）

写真❹　空路（福岡）

写真❺　航路（東京）

写真❻　水路と道路の共存（名古屋）

道と路は、不動産の原点ともいえる物件であり、その種類も多い。身近なところにいろいろな路や道があるので調べてみるとよい。人は動き回るのであるから、必ず道や路が街のなかにあるはずで、このような見方、とらえ方も大切である。

ほかに、電気や通信の線路もあれば、飲用水の水道や排水を流す下水道もある。

また、森林や山林の「林道」、農地の「農道」などが不動産にとって関係のあるものである。

道路も水路も利用するものと考えると、これらの共存（併用）という例もこれからはますます多くなるであろう〈写真❻〉。

5　「みち」の調べ方

［1］　実査をしてみよう

① 「みち」のあるところ、道路があるとは限らない

「みち」は、土地を利用する限り、必要不可欠のものである。「みち」がなければ、自らの土地の一部を道路にするか、または、他人の土地を使わなければならない。

みちの重要性は前にも説明したとおりであるが、みちがあっても公に認められた道路であるとは限らない。つまり、人が通り、

写真❼　道の実査（その1）

幅員もそれなりにあっても道路になるかどうかは、別の話であって、実査（現地を実際に調査すること）にあたっては、このことを念頭に置かなくてはならない〈写真❼〉。現地の実査だけでは、十分でないことを知っておくことである。

② 地図に道路が表示されていても、現地に「道」があるとは限らない

次に、上記①の問題とは逆に、地図に道路の表示があっても、現地には道がないことがある〈写真❽〉。この問題は、上記①と違って少し面倒である。このようなケースは、なぜ現地には道がないのか、道路とされている土地はどのようになっているかを調べてみなければならない。たとえば、「道」が正規の手続きにしたがって廃止されたにもかかわらず、地図上にはいまだ残されたまま表示されているような例はある。このようなことは、取扱い上、何ら問題はない

写真❽　道の実査（その2）

が、手続きをせずに勝手に廃止しているものは、どう扱うべきかはかなり難しい。

[2] 公図を使った現地の調べ方

① 現地を見取り図等で照合する

　公図を使った現地の調べ方としては、まず見取図等をよく読んで、現地と照合してみることである。そして見取図等の読むうえで大事なのは、建物等を1軒ずつ調べるのではなく、道路の配置の具合が、現地に合っているかどうかを、できるだけ正確に地図の中で読みとることである。

　地図は、いろいろな情報が詰まっているので、慣れないとなかなか読みにくいが、どうしてもわからないときは、道路にだけ薄く色をつけて、少し地図から離れて（気持ちの上で）読んでみるとよい。

② 見取図等と公図を照合する

　1）方位を合わせる

　　次に、現地と照合済みの見取図等とを合わせる作業になるが、最初にやらなくてはいけないのは方位を合わせることである。方位をキチンと合わせないと思わぬところで大きな間違いをしてしまうので、注意が必要である。方位は、東西南北を調べるためのものだけでなく、図面を調べるときに、第一番目にチェックすべきことである。

　2）縮尺を調べる

　　方位を合わせ終わったら、縮尺（スケール）を調べてみよう。地図や図面は、相互に同じ縮尺のものは少ない。見取図が1,000分の1や1,500分の1であっても、公図上は600分の1や500分の1ということがよくある。縮尺を頭に入れて読まないと見当違いをしてしまうことになるので注意が必要である。

　3）道路の系統・連続性により確認する

　　地図上で道路を読むときのポイントは、道路の系統や連続の具合を調べてみることである。しかし、これには読み方に慣れていることが必要で、いきなり複雑な地図を手にしても、どこから読んでよいか迷ってしまう。

　　系統は、道路がどのような系統のものであるかということを意味する。たとえば、街の中心部を南北に縦断するもので、幹線道路の役割を果たしているとか、系統の面からは重要な道路とされないという具合である。

　　連続性は、地域内の主要な道路、幹線道路、準幹線道路にどのように連続しているかということである。

[3] 幅員について

　「みち」の読み方で基本的かつ重要なことは、幅員の確認である。幅員が容積率を変えてしまったり、極端な場合には建物を建てられなかったりすることもある。

また、幅員は空間をつくり出すのに重要であり、斜線制限とも関係してくる。見取図から幅員の差が大きいことを読みとることができる。

[4] 構造について

　道路について大切なことはいろいろあるが、道路の構造もそのひとつである。例として図表❺に住宅地や商業地の道路の断面を示したが、これを見て、現地では「アスファルトコンクリート舗装」であることが、確実に読みとれよう。

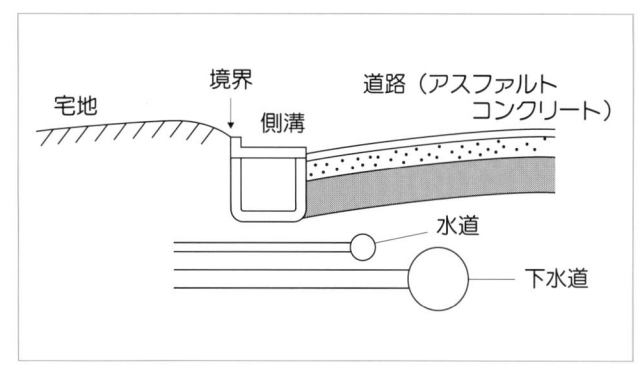

図表❺　道路の構造（断面）

　道路の構造は、表面しかわからない。構造については、図にあるように構造についての断面図を探してみる。地中に埋設されているライフラインを確認することができる。

[5] 系統・連続性について

　見取図から系統・連続性を読みとることができたら、その後、現地で実査してみることが大事である。そのときの調査のポイントとしては、鉄道と交差して南東から北西へと延びる幹線道路（系統・連続性良好）を中心に、他の道路の系統や連続性はどうなっているかということである。

　幅員が広くて連続性のよい道路〈写真❾〉、幅員は狭いが連続性のよい道路、幅員は狭く系統はよいが連続性の点でよくない道路〈写真❿〉、行き止まりのみちなどがある。行き止まりのみちでも道路とされるものもあるし、単なる通路としか見られないものがある。この道路には、公道もあれば私道もある。また、道路法の道路、位置指定道路、2項道路もある。

写真❾　系統・連続性のよい道

写真❿　連続性の劣る道

[6] 配置について

「みち」の配置は、街区を形づくることになる。公図では、このことを読むことはできない。しかし、慣れてくると、ある程度のことは読めるようになる。

街区を読むには、見取図等がよい。道路の系統・連続性とも大いに関係しており、道路の配置と街区の形状という見方でとらえてみると、地図の読み方もさらに深くなる。

街区は、既成の市街地で古くからあるようなところでは、整形（長方形や正方形状のもの）でないことが多い。分譲地などでは、計画的に道の配置がなされて開発しているので、街区も整形になっている。また、一団地全体としてもバランスがとれている。

[7] その他

「みち」には、ほかにも注意すべき点がいくつかあるので、その項目について整理してみたい。

① 工作物があるか

ガードレール、歩道橋、電柱、消火栓、道路標識、案内板、ポスト、電話ボックス、交番、交通信号、その他。

② 交通規制はあるか

道路交通法に基づくものはもちろんであるが、ほかに交通を規制していることがある。

③ 道路を占用しているものがあるか

適法に占用しているもののほかに、いわゆるはみ出しているものがある。たとえば、2項道路で建替えにより、セットバックしていながら、もとの道路と敷地の境界線ギリギリに万年塀がたてられたりしていることがある。

6 「みち」は生きている

[1] 駅から始まる道

道は、鉄道駅から始まると考えると理解しやすい〈写真⓫〉。しかし、写真をよく見ると広場と道路が一体になっていて、道路台帳などを調べないと、正確にはどこから道になっているのかわからない。駅前が整備され、広場が大きくなり道路の幅員も広がると、さらに道路と広場の一体化が進む〈写真⓬〉。

このように慣れ親しんできた鉄道駅は、鉄道の起点であるばかりでなく、バスや路面電車の道のスタート地点ともされる〈写

写真⓫　鉄道駅から始まる道

真⓭）。しかし、最近では少し様子が変わってきていて、鉄道駅がスタート地点とは限らなくなっている。

［２］ 港から始まる道

その代表的なものが、空港である。空港には必ず道があり、そこがスタート地点とされる〈写真⓮〉。

航空機は、電車、列車、バス等と違って、国境を越えて飛ぶので、空港は国のスタート地点ともいえる。航空機は、人を運ぶだけでなく、貨物や郵便にも使われるので、これからますます利用価値が高まることになるであろう。それにつれて、道の役割も一層重要なものになる。

ほかにも海の港（外国では、河の港もある）も、道のスタート地点とされる。

このように「道」は、交通施設がスタートとされるので、鉄道の駅が移動したり、空港が移転すると、道の起点はすっかり変わってしまう。

［３］ 道の駅

ところで、鉄道の駅がなくなると、「みち」はどうなるのであろうか。

鉄道に代わって、道路網が発達すると、鉄道線路にある駅だけでなく、道路のポイントになるところに「道の駅」が設置される。この道の駅には、広場〈写真⓯〉があり、鉄道駅と似ているところもあるが、違うところも多い。定時に列車（電車）が入るのではなくて、不定時にいろいろな自動車が出入りする。

最近の道の駅は、いろいろな形に変わりつつある。

写真⓬　広場と道の一体化

写真⓭　路面電車のスタート地点

写真⓮　航空機のスタート地点

写真⓯　道の駅の広場

第一は、建物である。デザインを工夫して面白いものや地元の歴史や産物を表わしているものなどさまざまである。

　第二は、販売する商品である。地産のものが多くあり、みやげ物店のような品揃えもある。

[4] スタートラインのない道

　昔からある道には、スタートラインのはっきりしないものがある〈写真⓰〉。宿場はあったはずであるが、時代の移り変わりとともに、昔の面影をわずかに残し、いまは観光地のようになっているところも多い。

　こういうところでは、道の存在意義は薄れてしまい、写真⓰のように、観光客用にすっかり舗装されてしまっている。道の起点としての宿場がなくなると、出発点とか、終着点はなくなってしまう。

写真⓰　起点のない昔からある道

[5] 道の利用目的

　道をよく調べてみると、主にどのような目的で使われているのかを知ることができる。たとえば、産業用道路、観光用道路、住宅用道路、商業施設用道路、一般道路なのかというようなことである。

　このなかで一般道路は、目的がはっきりしないものが多いが、それは多目的に利用されるからで、本来、道路というと、このような一般道路を指す。しかし、不動産としての道路を観察する場合には、主にどのような目的で利用されているかを調べてみることが大切である。

　また、道路に接面している土地の利用目的とは限らず、写真⓱にあるように、通過交通をさばく役割の大きい道路もある。周辺は中高層の住宅街であっても、居住者のほとんどは地下鉄を利用し、道路は準幹線道路としての役割を果たしているということになると、道路に接する土地と道路の利用は、一致しなくなってしまうことになる。このことは、いろいろな点で問題を起こす可能性がある。

写真⓱　通過交通の多い道路

[6] 道の変化

　道は、長期にわたって少しずつ変化する。50年以上経過してもまったく変わらない道もまれにはあろうが、一般的には変化するものである。道の変化は、いろいろな面からとらえることができる。

① 幅員の変化

　道路は、幅員が変わっているのをよく見かける。狭くなることもまれにはあるが、幅員が広げられることのほうが多い。たとえば、都市計画道路で幅員を変えるような場合である。市街地再開発事業や土地区画整理事業でも広げることができる。

② 構造の変化

　道路の構造もときどき変わる。歩道を変えてしまうことがある〈写真❽〉。歩道が変わると、街そのものも変化するから不思議である〈写真❽〉。幅員は変わらなくても、車道と歩道の配分を変えてしまうと、道路がまったく変わったように見える〈写真❾〉。写真❾は、車道に緩やかなS字カーブをつけたものであるが、街にソフトな感じを与えている。

写真❽　歩道は街を変える　　　写真❾　車道と歩道の変化

③ 用途の変化、その他

　道路の変化は、ほかにもいろいろなケースをあげることができる。次に述べる用途の変化もそのひとつであるが、道路を長期に観察してみると、ほかにもいろいろな変化が認められる。

[7] 道の多目的利用

① 平面的利用

　1）一時的な利用

　　道路を一時的に他の用途に利用することがあるが、朝市、買い物公園、催し物広場、歩行者天国、その他、いろいろなケースがある。

　　昔は、道路は交通の用にだけ使われたものであるが、道路もほかの利用価値があることに気づき、しだいに用途も多様化しつつある。ただし、本来の目的は交通施設である

から、利用も一時的なものにならざるを得ない。

2）半永久的利用

半永久的な利用は少ないが、道の一部を緑地帯〈写真⑳〉としている例をあげることができる。これは、考えようによっては車道を狭くしてしまうことになるが、緩衝帯として、大切な役目を果たしているといえる。

写真⑳　道の一部が緑地帯になっている

② 立体的利用

1）立体的な利用の始まり

道路の立体的利用は、道路に橋をかけることであろう〈写真㉑〉。歩道橋は、自動車に独占されてしまった道路を人が渡るためにつくられた便宜的なものである。自転車や車椅子のために、最近はアンダーパス（地下道）方式のものが多く見られるようになった。

写真㉑　道路の立体的利用（歩道）

写真㉒　道路の立体的利用（車道）

2）いろいろな立体的利用

道路の空間（地上、地下）を利用することも盛んになってきている。図表❻にあるように、電気や電話のケーブルを地中におさめてしまう共同溝も少しずつではあるが、進んでいるようである。

また、水路の上を歩道として利用したり〈図表❼〉、道路の上にさらに道路（高速道路、写真㉒）を設けている例も、最近では珍しくなっている。

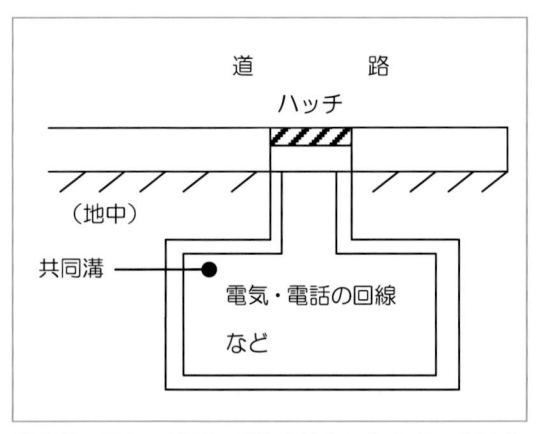

図表❻　電気・電話の回線を地中におさめる共同溝

[8] みちの価値と価格

① 価値と価格は同じとは限らない

「みち」にはいろいろな価値のあることがわかったところで、次にその価値と価格について考えてみたい。一般的には、価値のあるものは価格が高いとされるが、道路についても同じことがいえるのであろうか。

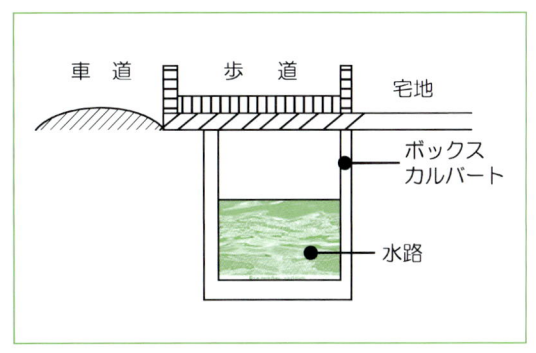

図表❼　水路の上を歩道として利用

実は、価格は取引を前提とした金額のことであるから、取引されないもの、または取引される性質のないものについては、価格が存在しない。

都心部の中心にある道路〈写真㉓〉と、同じ都心部でもごく一部の人しか使わない道路〈写真㉔〉とを比べてみると、利用価値の違いがはっきりする。つまり、公共性の点から見ての違いが、道路の価値を決めるひとつの基準になると考えられる。

しかし、公共性が強ければ強いほど、取引とは縁がなくなってしまう。結果として、利用価値の高い公共用の道路については、価格はないということになる。

写真㉓　利用率の高い道路

写真㉔　利用率の低い道路

② 道路と通路は違う

ところで、道路と紛らわしいものに「通路」がある。これは、地方によっては、言い方が多少違うが、要するに私道ではないが、特定の人（1人あるいは数人）だけが使うみちである。通常は、私有地である。しかし、私有地のみちであるからといって、すべてが通路であるとは限らない。

図表❽にある例は、典型的な通路であっ

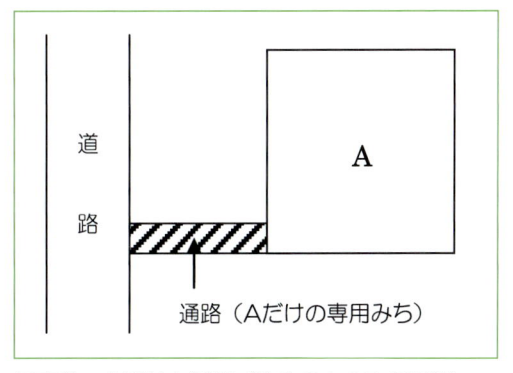

図表❽　典型的な通路（特定の人のみの通路）

て、特定の人（Aのみ）の専用の通路である。これは、位置指定を受けなければ、道路にはならない。その代わり、敷地の一部として扱われる。

③ 難しい道路の価格

道の価格はあるのかないのか、という問いについては、取引されるような道であれば価格はあるし、取引されないような道であれば価格はないということになる。図表❽のような通路については、宅地の一部ということになれば、敷地と同じ価格にはならないが、敷地と一体としての価格はあることになる。

難しいのは私道とされる道の価格である。私道は、種類が多く、現地ごとに個別性が強い。私道だからといって、一律に宅地価格の何％というわけにはいかない。しかし、一般的に、特定の人だけが主に使うような私道については、宅地の価格の10〜30％程度ということができよう。私道は、宅地と一体となって利用価値を発揮するものであり、そういう意味では分けて価格を算定するのは多少無理のあることである。

[9] みちの一生

みちも生きていると考えると、その一生があると考えられる。

最初は、誰かが道をつくる〈写真㉕〉。みちは、いつ、誰がつくったかわからないものが多い。しかし、みちは、時代とともに変わるものであり、地域が開発〈写真㉖〉などによって変わると、みちも変わる。

そのことについては、次のような例をあげることができる。

- 土地区画整理事業の施行地区内の道路〈写真㉗〉……区画整然とした道路が、街区をつくる重要なポイントになっている。
- 地区計画の区域内の道路〈写真㉘〉……都市計画法の地区計画に基づき街づくりが進められており、道路をよく見ると、途中でクランク状になっている。

また、高速道路ができると、その側道が一緒につくられることがある〈写真㉙〉。写真㉙の道路の右側は、半地下の高速道路になっているものである。このような道もしだいに利用が高まってくると、写真㉚のように舗装される。

写真㉕ みちをつくる

写真㉖ みちの始まり

写真㉗　区画整理地区内のみち

写真㉘　地区計画区域内のみち

写真㉙　高速道路に沿ってつくられたみち（未舗装）

写真㉚　高速道路に沿ってつくられたみち（舗装）

　こうして、道はつくられ、変化するのであるが、使われない道はいつのまにか終わりとなる〈写真㉛〉。道の終わりは、「廃止」という手続きによることになるが、写真㉛にあるように、自然に消滅してしまうこともあり、道の終わりは実にさまざまである。道の始まりがわからないこともあれば、終わりもはっきりしない。ただし、途中の変化については、目で見てわかるというのが道の面白いところである。

写真㉛　使われていないみち

　なお、高速道路の国道は道路法の道路であるが、建築基準法の道路ではない。一般的に高速道路は高架または地下になっているが、一般道や緑地とレベル（同一の高さ）になっているところもある。

第 2 章

"みず"と不動産

　不動産と水は、相性があまり良くないと言われる。その理由はいろいろあるが、ひとつにはわが国の不動産が、あまりにも宅地にこだわり過ぎたことが原因と考えられる。本来、不動産は水とは切っても切れない関係にあり、水なくしては不動産の利用など考えられない。
　そこで本章では、「みず」について不動産利用の観点から検証していきたい。

1　街のあるところに「みず」あり

［1］　不動産としての「みず」

　不動産は、一般に土地とその定着物とされている。しかし、不動産を、利用可能なものと考えるならば、「みず」のあるところも含めてよいのではないだろうか。むしろ、「みず」のあるところを一切除外することのほうが、これからの不動産利用にとっても適当でないと考える。そこで、そのあたりをもう少しわかりやすいよう、不動産としての「みず」を分類したのが図表❶である。
　もともと、水は人間の生活と密接な関係にあるので、いろいろな「みず」と上手につきあうことが大切になる。治水の仕事（治水工事等による災害対策）が、歴史的にみて、国を支配する者にとって大きな問題であったことからも明らかであろう。

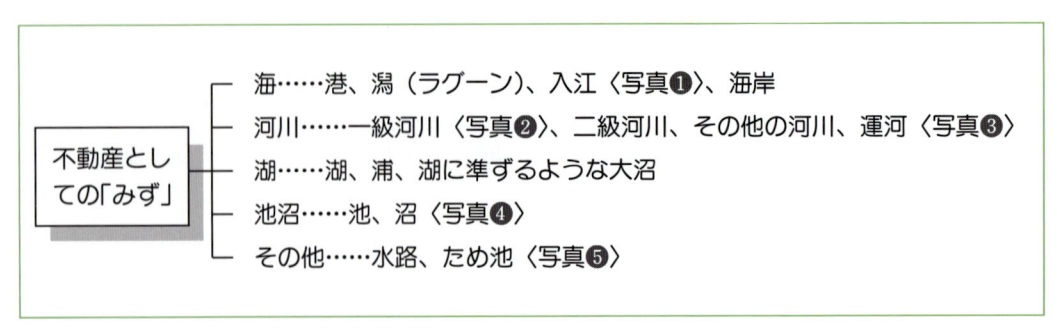

```
                ┌─ 海……港、潟（ラグーン）、入江〈写真❶〉、海岸
                ├─ 河川……一級河川〈写真❷〉、二級河川、その他の河川、運河〈写真❸〉
不動産と     ─┼─ 湖……湖、浦、湖に準ずるような大沼
しての「みず」   ├─ 池沼……池、沼〈写真❹〉
                └─ その他……水路、ため池〈写真❺〉
```

図表❶　不動産としての「みず」（分類表）

写真❶　潟（ラグーン）

写真❷　一級河川

写真❸　運河

写真❹　池

写真❺　ため池

写真❻　堤防と河川区域

[2] 河と川

　都市の規模等には関係なく、河川は必ずあり、街の歴史は河川の歴史とも関係が深い。このことは日本だけでなく、世界にも共通することである。

　ところで、河川は、河と川を組み合わせたもので、使い方としては、道路と似ているところがある。河も川も、いずれも「かわ」であり、水のみちは通常、河川といわれる。河川は、「流水」と「河川の敷地」を合わせたものをいうが、不動産として活用されるのは

敷地が多い。

　河川は、道路と違って流れは自然現象であり、流れをどう利用するかは、河川利用の重要なポイントになる。河川は、大小さまざまであり、また水量も多いものもあるし少ないものもある。河川は、河川区域とそれ以外の区域に分けられる〈図表❷、写真❻〉が、河川区域は、河川のある区域であり、通常は堤防により画されている。

　河川区域の利用はこれまであまり積極的ではなかったが、最近では少しずつ利用がみられるようになってきている。

　堤防敷は河川区域に入っており、堤外地と堤内地の位置を図で確認できる。

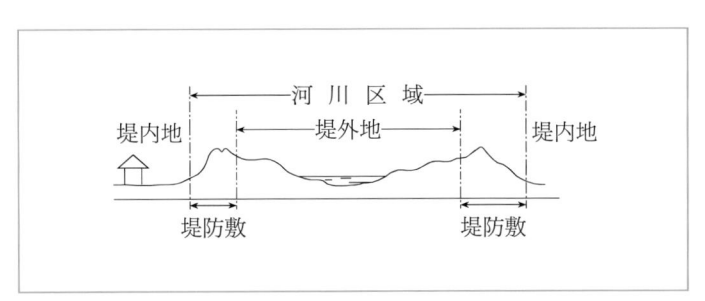

図表❷　河川区域とそれ以外の区域

[3] 不動産登記と「みず」

　不動産登記の地目のうち、「みず」に関するものがかなりあるので、それらについて簡単に整理しておきたい。

① 塩田

　塩田は、海水を引き入れて塩を採取する土地のことである。

② 鉱泉地

　鉱泉や温泉の湧出口とそれを維持するのに必要な土地のことである。

③ 池沼

　水の貯溜池のことであるが、これにはかんがい用水は含まれない。

④ 運河用地

　運河法に定められる用地である。

⑤ 水道用地

　給水の目的で敷設する水道の水源地、貯水池、濾水場、ポンプ場、水道線路のために必要な土地のことである。

⑥ 用悪水路

　かんがい用または悪水排泄用の水路のことである〈写真❼〉。

　用悪水路とされる川には、飲用水の上水道として利用しないものが多い。また、下水道法による都市下水路は、河川法の河川

写真❼　用悪水路

ではないことに注意する。

⑦　ため池

耕地のかんがい用の用水貯溜池のことである。

⑧　堤

治水のために築造した堤防のことである〈写真❽〉。

堤防の境界を調べるときは、堤防を管理している事務所で調べる。調査では、堤防下の堤内地の所有者や管理者との確認が必要になる。

⑨　井溝（せいこう）

田や村落の間にある通水路のことである。

写真❽　堤

[4] みずの利用

みずの利用といっても、範囲は広い。利用を不動産の観点から分類すると次のようになる。

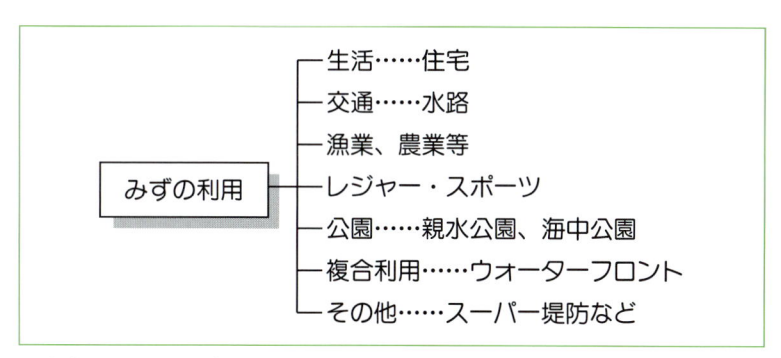

```
              ─生活……住宅
              ─交通……水路
              ─漁業、農業等
みずの利用 ─── ─レジャー・スポーツ
              ─公園……親水公園、海中公園
              ─複合利用……ウォーターフロント
              ─その他……スーパー堤防など
```

図表❸　水の利用（分類表）

水の利用は生活に直接関係するもののほかに、交通や産業（農業、漁業等）に必要不可欠のものである。

ほかに、レジャーやスポーツのために使われることも多いが、公園としての利用もある。最近、注目されているのはウォーターフロントとしての活用である。

こうしてみると、不動産と「みず」のかかわりは深く、みずとその利用が、不動産利用にとって大きなポイントになっているものも多い。

2　みずに関係する法令上の制限

「みず」に関係する主な法令上の制限を取り上げてみたい。法令上の制限は、直接・間接に関係するものがあるが、これらについて体系的にまとめるのは難しいことである。

[1] 河川と水路

① 河川法

水路には、河川法の適用のあるものとないものとがある。河川法の適用のあるものについては、次の3つの区域について、利用上の制限が定められている。

> ア．河川区域
> イ．河川保全区域
> ウ．河川予定地

ほかに、河川の水の利用については、規制があり、許可を受けなければならない（河川法2条2項には、河川の流水は、私権の目的とならないと定められている）。

② 砂防法

砂防指定地内では、治水上の砂防のため土地利用は制限される。なお、砂防とは、山崩れや河床の浸食などによる不安定な土砂の発生を防止したり、発生した土砂を安全に下流に流すことである。

③ その他

農地に関しては、農業用水路がある場合、利用についての制限があり、保安林では、「水源のかん養」を目的として指定されているものがある。

[2] 港湾と海

① 港湾法

「みず」に関係する法律のうち、不動産にとって重要な関係のあるものが、港湾法である。この法律では、水域として港湾区域（または、港湾隣接地域）が基本になり、この区域内での工事や土砂の採取などについて制限される。また、港湾区域を地先水面として臨港地区が定められる。この地区は、用途ごとに、商港区、漁港区、工業港区、マリーナ港区などに分けて指定される（分区の指定）。臨港地区内における建設工事などについては、制限される。

② 海岸法

海岸法では、海岸保全区域に指定されている区域について、土地利用等を制限している。海岸保全区域の範囲は、次の限度内で定められる。

> ・陸地……満潮時の水際線から50m
> ・水面……干潮時の水際線から50m

③ 自然公園法

自然公園の中には、海中公園地区が定められているものがある。この地区内での建設や利用は制限される。

[3] その他

地すべり等防止法、急傾斜地の崩壊による災害の防止に関する法律に、地下水や水の放流等に関する規制が定められている。

3 みずに関する調査

[1] 河川の調査

① 現地の調査

河川に関する調査では、どのような河川かを調べなければならないが、水量の多いもの少ないもの、河川敷の利用可能なもの不可能なものなど、現地をよく観察する必要がある。

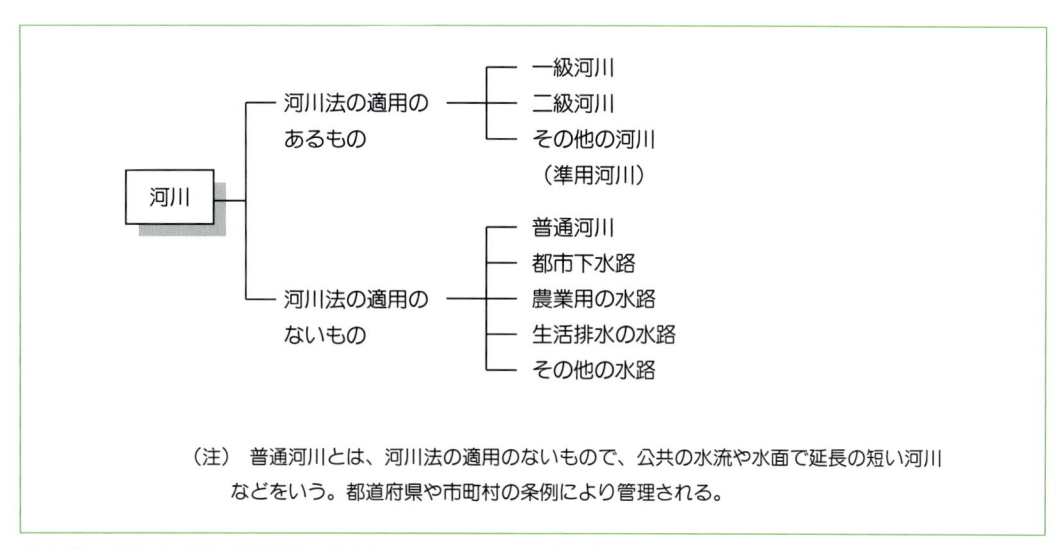

```
                ┌─ 河川法の適用の ─┬─ 一級河川
                │  あるもの        ├─ 二級河川
                │                  └─ その他の河川
河川 ─┤                              （準用河川）
                │
                │                  ┌─ 普通河川
                │                  ├─ 都市下水路
                └─ 河川法の適用の ─┼─ 農業用の水路
                    ないもの        ├─ 生活排水の水路
                                    └─ その他の水路
```

（注）普通河川とは、河川法の適用のないもので、公共の水流や水面で延長の短い河川などをいう。都道府県や市町村の条例により管理される。

図表❹ 河川の分類（河川法の適用のあるもの・ないもの）

また、災害発生の有無〈写真❾〉や、発生したときの被害状況など、自然的条件についても、できれば現地の人にヒアリングをしておくとよい。地盤も問題にされることがある。

河川は法的に分けると、河川法の適用のあるものと適用のないものとに分けられる。実務的には、法の適用のないものの調査が意外に難しいことがある。

最近は、都道府県や市町村で自然災害による過去の実例をインターネットで公表するようにしている。一般的に「アボイドマップ」といわれ、調査では参考にすることができる。

② 資料による調査

河川を管理するにあたっては、河川管理

写真❾ 浸水実績の標識

者は、その管理する河川について台帳を作らなければならないことになっている。これを「河川台帳」という。河川台帳には、次のことが記載されている。

- 水系の名称（一級河川は指定年月日）
- 河川の名称、区間、指定年月日
- 一級河川の知事の管理に関すること
- 河川の延長
- 河川区域の概要
- 河川保全区域とその指定年月日
  〈図表❺、写真❿〉
- 河川予定地とその指定年月日
- 河川管理施設
- その他

資料による調査では、調査対象となっている物件に関する図面（地図）を用意して、河川管理者の事務所〈写真⓫〉で台帳を参照する。とくに河川保全区域と河川予定地については注意する。

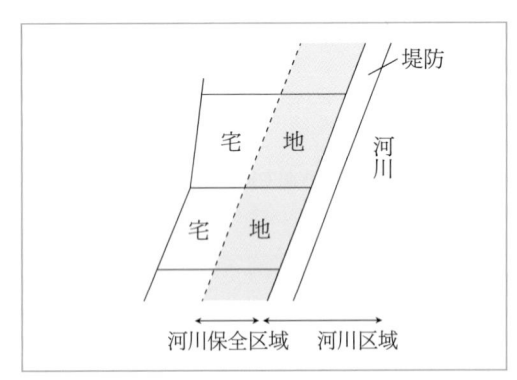

図表❺　河川台帳（河川保全区域とその指定年月日）

写真❿　河川保全区域

写真⓫　河川管理者の事務所

河川法の適用のある河川については、その河川を管理している事務所で調査する。

河川管理事務所がわからないときは、河川の存する都道府県や市町村で教えてもらう。

調査は、管理事務所で河川の台帳を閲覧し、担当者に土地利用の制限を教えてもらう。

[2] 水路の調査

　河川法の適用のない河川には、普通河川とそれ以外の水路がある。普通河川は、条例により管理されているので、管理している都道府県や市町村の事務所でかなりのことを調べられる。問題は、普通河川に該当しない水路の調査である。まず、現地実査して現況がわかるものと、わからないものとがある。

```
水路 ─┬─ 現況がわかるもの
      └─ 現況のわからないもの ─┬─ 水路が地中に埋設されているもの
                                └─ 水路がまったくないもの
```

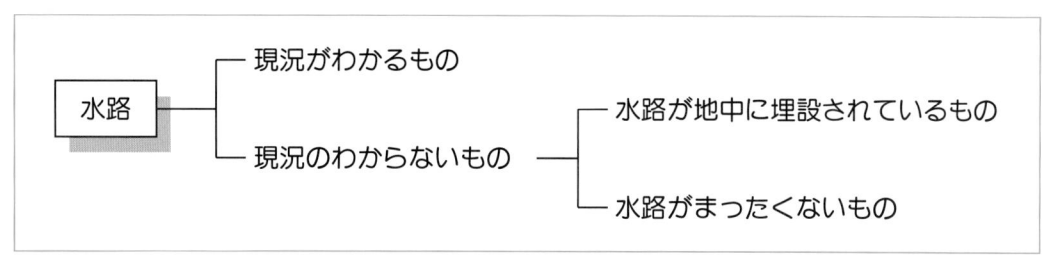

図表❻　水路調査（現況がわかるもの・わからないもの）

　現況がわかるもの〈写真⓬〉については、比較的調べやすいが、現況のわからないものは、さらに詳しく調べる必要がある。たとえば、図表❼のように公図に「水」と記載されているのに、現地では水路が見あたらないことがある。実は、水路が地中に埋設された管の中にあるという例がよくある。これは、調べればわかることである。

　しかし、本当に水路がなくなっている例もある。現地は、塀がたてられていて、塀の位置が必ずしも水路の中心かどうかもはっきりしないことがある。このように水路がなくなっている場合には、かなり時間をかけて問題を解決しなければならない。

　ほかに、公図には表示されていない（いわゆる脱落している）河川や水路もある。これらの調査にあたっては、とくに次の点を中心に調べる必要がある。

- 河川、水路の所有関係
- 境界の確定
- 水利権と利用
- 河川、水路に接する土地利用の制約

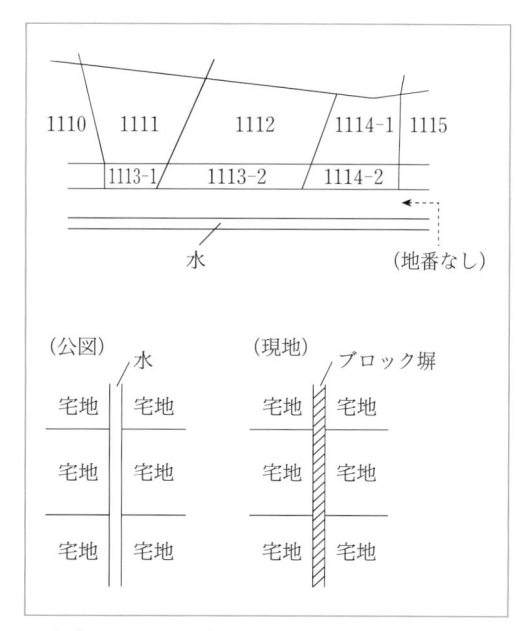

写真⓬　水路調査

図表❼　公図の記載と現地の状況との違い

4　河川の読み方

［1］　河川にはどんなものがあるか

　河川を自然の流水としてとらえるのではなく、不動産としてみると、河川を少し違った角度から読むことができる。

①　動くもの

　「みず」は、動くものと動かないものがある。海や河川は動く代表的なものである。そして、河川の動きは、周辺の動かないものとうまく組み合わされることで動きがはっきり表れてくる。河川は、動くことに基本的な特徴があるので、まずこの動きをどうとらえるかがポイントになる。

②　変化するもの

　次いで、河川の変化を第二の特徴ととらえることができる。河川の変化は短期のうちに現れることもあるが、多くの場合、長期または超長期にわたって変化が現れる。河川の変化は、不動産の可変性を表すものであり、利用と密接な関係がある。

③　生きているもの

　このように河川は、動き、変化するものであるから、生きているものと考えることができる。河川の中や水辺には動植物があるが、それを別として、ある地域の中の河川を位置づけてみると、そこでは河川があたかも生きものとしての動きを示している。河川は生きているものととらえて読んでみることが大切である〈写真⓭〉。

写真⓭　河川は生きている

　河川は水量がよく変わる。また、長い間には、河川の幅や位置も変わったりすることがある。河川敷であったところは、地盤に問題があることがある。

［2］　河川の面白さ

①　交通（ビジネス）

　河川は、動くものである。自然の流れに乗って移動することも可能であるが、積極的に水路として利用することがよくある。堤防につくられた道路と並行して水路が利用されている例も多い〈写真⓮〉。

　写真⓮は、堤防上は車道であり、河川敷

写真⓮　水路と道路の併用

はサイクリングロードになっている。河川は、船舶が水路として交通に使っている。

水路の利用は時間がかかるので、ビジネスには向かないこともあるが、渋滞もなく次第に見直されつつある。

河川に隣接する土地（河川保全区域）については、その利用が考え出され、道路（車道、サイクリングロード、ウォーキングロード）が築造されているものもある。堤外地もいろいろな利用が考え出され実現している。

② 憩い（レクリエーション・スポーツ）

河川の利用でよく目につくのは、公園〈写真⑮〉やグラウンド〈写真⑯〉としての利用である。日本では、これまで河川は不動産的な見方からすると、少し敬遠されてきたようである。ヨーロッパでは、河川と仲良くして、積極的に利用することが多い。写真⑮は、河川敷（河川区域内）に、芝を敷き遊歩道がつくられている。とくに周辺の工場の堅い雰囲気をやわらげる効果がある。

写真⑯は、ゴルフ場であるが、ほかにサッカー場、野球場など、いろいろな目的に使われる。ただし、河川がオーバーフローすると、これらのスポーツ施設は、復元するための工事費がかかるというデメリットがある。このように河川は、いろいろな憩いの場としての利用が考えられ、実現している。

写真⑮　公園としての利用　　　　写真⑯　ゴルフ場（グラウンド）としての利用

③ 橋、渡し船

河川を読むときの面白さのひとつに、橋を見たり渡ったりすることがあげられる。写真⑰（大阪）と写真⑱（東京）は同じ大都会の都心にある橋である。比較してみると、いろいろな違いがある。それは、単なる構造上の違いだけでなく、デザイン、色彩、川に映す影、周辺との調和など、不動産のひとつとしてとらえてみると、いろいろな違いがわかる。

写真⑲は、人の通らない橋である。水道管や電線などを渡す橋である。

このように橋にはいろいろなものがあり、河川だけでなく、周辺との調和も考えながら読むと面白い。

その昔、大川で橋が少なかったところでは、渡し舟がよく利用されたようであり、いま

写真⓱　橋（大阪）

写真⓲　橋（東京）

写真⓳　人の通らない橋

写真⓴　自然林（カナダ）

でも観光地となって残っていたり、歴史のひとこまとして記念標識が置かれているところがある。渡し舟は、現在ほとんど見かけなくなったが、ヨーロッパ（たとえば、フィンランド）では、いまも舟を利用している地域がいくつかある。

④　植栽、樹木

　河川の近くには、植栽や大きな木がよくあるが、写真⓴のように自然林のこともあるし、土手に桜を植えている例も多い。桜の並木は年数が経つごとに見事な景観を織りなすものであり、地元の名物になっていたり、観光の名所になっていたりすることもある。木のない堤防は殺風景である。

⑤　祭り、イベント

　河川に関係する祭りもいろいろなものがある。地元名物の鍋と食材を持ち寄って楽しむ野外料理から、伝統的な無形文化財としての行事もある。また、季節の風物詩としてのイベントもある。たとえば、夜空を美しく彩る花火は夏の楽しみのひとつである。

　こうしてみると、河川と行事は切り離すことができない。

［3］　河川のポイント

①　自然的特徴

　河川は、自然の特徴をよく観察することが第一である。

河川の堤外地（河川区域）の利用がいろいろ考えられているが、これも治水の技術が進歩し、より安全が確保されるようになったためであろう。

　堤外地の利用を調べることも意味のあることである。

　写真㉑は、河川の自然の流れである。河川についてポイントを整理すると、以下のとおりである。

写真㉑　自然の流れ

- 河川の区域の幅
- 河川の幅、水量、流速など
- 河川敷の広さ
- 周辺の利用（写真⑳はペンション利用、カナダ）
- 他の自然（写真㉑では丘陵に接している）
- その他

② 街との調和

　河川は、都市部（市街地）にあるとき、街との調和がポイントになる。河川が美しいと街も美しくなり、河川が汚れていて悪臭を発していたり、ごみが捨てられていたりすると、河川があるために街も汚れて見える。

　河川の改修は街づくりの大きなポイントになる。写真㉒は、河川を改修して親水公園にするための工事中の例である。周辺は、中高層の住宅地に移行しつつある地域であり、親水公園が完成すると、住宅地域は一変してきれいな街になることであろう。最近は、都市部のいたるところで親水公園が増えつつある。

写真㉒　親水公園にする工事

　街にうるおいをもたせるものは「みどり」と「みず」である。

　河川を改修して、街に「調和」と「変化」をつけることにより、一層「快適性」が増すことが期待される。

③ 法的な規制

　河川法に関する規制は、いろいろあるが、以下のとおり整理される。

```
・河川の流水の利用 ┐
                  ├─ 堤外地
・河川敷の利用    ┘

・河川保全区域の利用 ─── 堤内地
```

　いずれも、管理事務所での具体的な相談を必要とする。
　写真❷❸は、大規模な建築物の工事現場であるが、建物のすぐ先は河川である。大きな河川は、堤内地に河川保全区域が指定されていることが多く、利用するときは許可を要する。

写真❷❸　河川保全区域の利用には許可が必要　　写真❷❹　観光地の歴史を調べる

④　歴史

　河川も、道路と同じように、歴史そのものである。写真❷❹は、単に観光地というだけでなく、歴史的にも有名なところでもある。現在は観光地になっているところであっても、その利用状況だけを見て納得するのではなく、簡単で結構なので歴史的なことについても必ず調べてみることが大切である。河川は、歴史を映すものであり、どのような歴史的な経過をたどって現在のようになっているかを調べてみることで、これから先どのような方向性で利用されていくのか、その手掛りにもなる。不動産そのものが歴史的な背景をもって利用されてきていることを考えてみれば、当然のことだといえよう。

5　不動産としてみた河川

[1]　河川区域内（堤外地）

　河川に関する不動産の利用は、河川区域（堤外地）と河川区域外（堤外地）とに分けられる。
　河川区域での利用は非常に難しい。自然的な条件を十二分に考慮しなければならないためである。写真❷❺は、河川区域内での未利用地の例であり、写真❷❻は、グラウンドに利用されている例である。これらを不動産としてとらえてみたとき、本当に価値があるのはど

ちらかということになるとかなり難しい。

　河川区域内では、河川敷を利用したとしても大量の流水で流されてしまうことも珍しくなく、ケースによっては危険をともなうこともある。河川区域内の利用は、こうした危険が大きく影響する。

写真㉕　河川区域内の未利用地の例

写真㉖　グランドとしての利用

［2］　河川区域外（堤内地）

　河川区域外の利用は、通常の土地利用とあまり変わるところはないが、代表的なところを、いくつか例示してみたい。

- 農地の利用………写真㉗
- 住宅地の利用……写真㉘
- 商業地の利用……写真㉙
- 工業地の利用……写真㉚

写真㉗　農地としての利用

写真㉘　住宅地としての利用

写真㉙　商業地としての利用 　　　　　　写真㉚　工業地としての利用

　堤内地の土地利用は、基本的に次のように分類することができる〈図表❽〉。

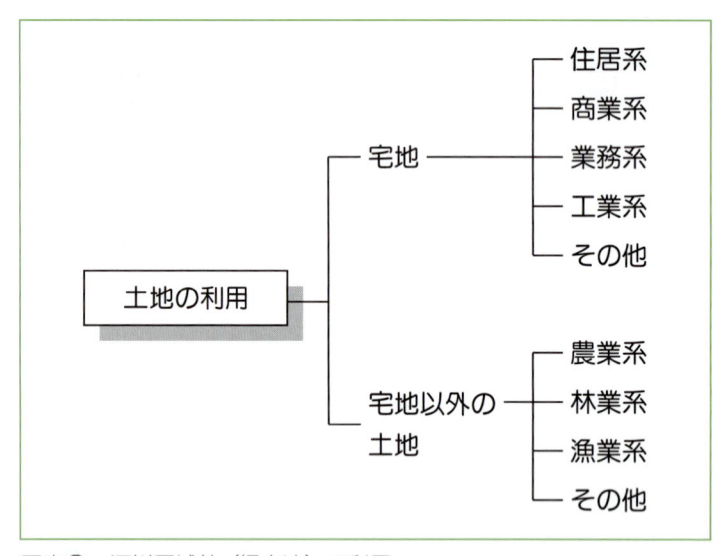

```
                        ┌ 住居系
                        ├ 商業系
             ┌ 宅地 ────┼ 業務系
             │          ├ 工業系
土地の利用 ──┤          └ その他
             │
             │ 宅地以外の ┌ 農業系
             └   土地 ────┼ 林業系
                         ├ 漁業系
                         └ その他
```

図表❽　河川区域外（堤内池）の利用

　このように分類してみると、写真㉗～㉚については、よく利用されている土地であって、河川とほぼ調和のとれたものといえる。写真㉗は、畑地の広がる農地であって、河川の方向とうねが合っていて美しい。写真㉘は、マンションやアパートなどの共同住宅のほかに、戸建て住宅も散見される。ただし、地盤面と水位がほぼ同じレベルにあるが、日照の点では良好である。写真㉙は、商業ビル、倉庫、マンション等が混在する地域であるが、水面に建物が映っていて美しい。

　河川を利用した商業地は多い。写真㉚は工業地帯であるが、河川を工場の原材料や製品の搬出入の交通路として利用できるようになれば、いろいろな意味で利用価値は高まる。

6　これからの河川の利用

　ドイツでは、交通路として重要視しているのが、①空路、②道路、③水路の3つである。ここで注目すべきは水路が入っていることである。

　河川にもいろいろな種類があるが、利用するにあたっては、河川改修が必要になる。改修工事は費用と時間がかかり、簡単にはできない。もちろん公共事業である。そのような目で河川を見るのも街づくりの進み具合を調べるのに役立つことがある。

写真㉛　堤防の高規格化

写真㉜　堤内地に広場を設けた例

写真㉝　落ち着いた街並み

写真㉞　交通路としての利用

　写真㉛は、堤防を高規格化し、河川の一部を埋め立てて遊歩道とし、かつ、堤防はコンクリートむき出しのものから、絵を描いて美しくしようと試みているものである。

　ところで、河川利用の進んでいるドイツの例はどうであろうか。フランクフルト（アム・マイン）の例からマイン河をいくつか紹介しよう。

　写真㉜は、堤内地に公的施設の広場を設けている例である。広場の道路にかける費用は現地を見ただけでもすぐわかるほど、かなりのものである。写真㉝は、道路を挟んで右側が伝統的な建物が立ち並び、これにうまくマッチするように左側に緑地帯と河川がある。実に落ち着いた雰囲気である。

　写真㉞は、貨物船が多数のコンテナを積んで往来している風景である。もちろん観光船もあるが、このように業務用として河川を交通路によく利用している。

　河川の利用は、街づくりにとって非常に重要なものであるが、いろいろな問題があって簡単には進められない。道路よりも、もっともっと時間がかかる。

　それだけに、街を見るときは、国内外を問わず、河川の利用を調べることが重要なポイントだといえよう。

7　ウォーターフロントの開発

[1]　街が変わる

　最近、街を観察するといろいろな変化に気がつく。そのひとつが、水に関係する土地の利用である。水には、河川だけでなく、海もあれば湖もある。このような自然としての水を街づくりにうまく調和させ、利用しようと考え、実際に利用計画が実現している。

　わが国での水（とくに海）に関係する利用は古くからあったが、街づくりのひとつとして積極的に開発されたのは新しい。外国では、たとえばイタリアのベニスやオランダのアムステルダムでは、ウォーターフロントが古くから地形を利用した街づくりのひとつとして活用されている。

　不動産としての街づくりを考えると、単に住宅だけとか、商店だけとかいうのではなく、いろいろな機能を備えた街づくりを目指すことになる。昔からある街については、市街地再開発とも密接に関連していて、開発の考え方によっては面白い街ができあがる。

　このような目で、わが国の街を見ると、いろいろな変化が現れており、これからもますます変化していくことであろう。街づくり、村おこしにも関係することである。

[2]　ウォーターフロントの意味

　ウォーターフロント（waterfront）という言葉は、よく使われ、外国でも通じるし、法令にも出てくる。類似の言葉にwater's edge（ウォーターズエッジ）などがある。この言葉の正確な定義はないが、主として海岸、河川や港湾の水際の立地をより有効に利用することだといえよう。

　通常の港としての利用〈写真㉟〉のほかに、海などを埋め立てて、レジャーランドやホテルをつくる〈写真㊱〉のも、広い意味でウォーターフロントである。また、原材料や製品の搬出入のためのバースを持つ工場の立地〈写真㊲、写真㊳〉もウォーターフロントといえる。

　河川の利用もウォーターフロントであるが、水路を道路に変えてしまうと〈写真㊴〉、もはやウォーターフロントではなくなってしまう。もともと、昔の都市は水路や海が主要な交通路であったのであるが、それが道路や空路に変わってしまった結果、ウォーターフロントは影が薄れてしまったのである。

　しかし、最近はいろいろな理由（交通渋滞、生活の潤いなど）から、ウォーターフロントが見直され、いわば裏口が表玄関に変わりつつある。最近は、ウォーターフロントも多目的用途にも使えるよういろいろなところで登場し、機能や役割もひと通りではなくなっている。

　河川、海、湖等の「みず」については、単独でとらえるのではなく、いくつかの写真に

見るようにいわゆる不動産として調査をすると面白い。

　不動産はその本質としてみずについても「可変性」が認められるものであるから、利用についても多様性という面から調べてみるべきである。

写真㉟　フェリーボートの埠頭

写真㊱　ディズニーランドとホテル

写真㊲　工場とシーバース(1)

写真㊳　工場とシーバース(2)

写真㊴　もとは水路であった道路

[3]　わが国と外国のウォーターフロント

① わが国の例

　（※　以下は過去からの実例をいくつか示したものだが、現時点のものとは限らない）

- 釧路フィッシャーマンズワーフ（旧釧路川）……ショッピング、グルメ、スポーツ、市場などの諸施設
- マリンウェーブ小樽（小樽港）……マリーナ、ショッピング、レストランなどの諸施設
- ニューピア竹芝（東京湾、竹芝埠頭）……ホテル、スポーツ、レストラン、ホールなどの諸施設
- パシフィコ横浜、横浜ランドマークタワー（横浜港）……ホテル、国際会議場、スポーツ、パーク、ショッピング、オフィスなどの諸施設
- アジア太平洋トレードセンター（大阪南港）……インターナショナル・トレードマート、ホール、グルメ、ショッピングなどの諸施設
- ハウステンボス・オランダ村（長崎、佐世保）……ホテル、クルーザー、ショッピング、レストランなどの諸施設、オランダ村など
- フェニックス・シーガイア・リゾート（宮崎、日向灘）……オーシャンドーム、スポーツ、ホテル、ガーデンウェディングなどの諸施設

② 北米のいくつかの例

- カナダプレイス（カナダ・バンクーバー市）……ホテルなど〈写真⑩〉・サンフランシスコ・フィッシャーマンズワーフ（カリフォルニア・サンフランシスコ）……ショッピング、レストランなどの諸施設
- ピア39（カリフォルニア・サンフランシスコ）……ショッピング、レストランなどの諸施設
- ハーバー島（カリフォルニア・サンディエゴ）……マリーナなどの諸施設
- ピア17（ニューヨーク、イーストリバー）……歴史的建造物群
- バッテリーパーク（ニューヨーク、ハドソンリバー）……オフィス、公園、広場、遊歩道など
- ルーズベルト島（ニューヨーク、イーストリバー）……マンションなど

写真⑩ カナダプレイス

写真⑪ 水上住宅

北米でよく目につくのは、フィッシャーマンズワーフである。それぞれ特徴を出して、集客を図っている。わが国との違いは、保存すべき建物と新築すべき建物とを分けて、すべての施設を取り壊すようなことはしていない。また、水辺の演出には、いろいろな工夫がなされていて面白い。たとえば、水上タクシーがあったり、橋による景観の演出である。なお、カナダ・バンクーバーのグランビル島には、許可を受けて建てられた水上住宅〈写真㊶〉がある。

　ここには、特別な人が住んでいるのではなく、一般のサラリーマンの住宅である。とにかく水が好きな人にぴったりの住宅で、ときには中古住宅も売りに出されるという。

［4］　新しい考え方と実例
【カナダ・バンクーバーのフォールス・クリーク】

　ウォーターフロントの開発は、世界的に注目されていて、わが国でも、住宅（高層マンション）、リゾート施設やホテル（テーマパーク）、商業施設（フィッシャーマンズワーフ）など、いろいろな例がある。ここで紹介するのは、カナダの西海岸にあるバンクーバー市の例である。

　都市部の南端に河川のように見える入江（クリーク）があって、入江の南側と北側が紹介するウォーターフロント開発地域である〈図表❾〉。北側は、すでに開発されマンション群のある地区〈図表❾のⒶと写真㊷〉と、これから開発する地区〈図表❾のⒷと写真㊸〉とがあ

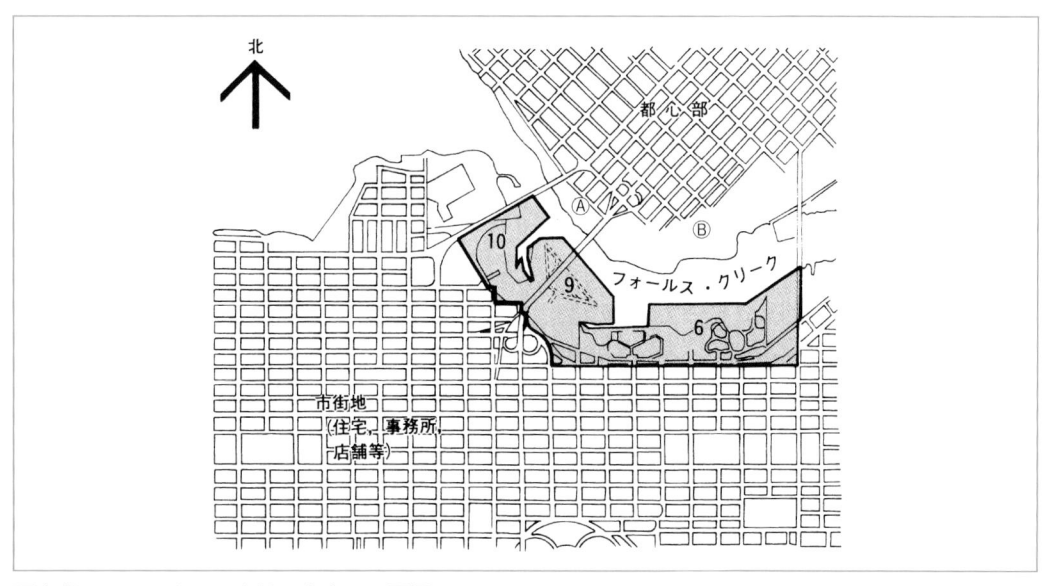

図表❾　フォールス・クリークとその周辺

写真㊷　開発されたマンション群とマリーナ　　写真㊸　開発予定地

る。

　図表❾の9の地区は、グランビル島といわれる小さな半島である。もともとこの半島も含めて海岸地区一帯は工業地区、準工業地区であったが、グランビル島は多目的用途に利用できるように指定変更を行い、その後の再開発計画に基づき、開発され現在にいたっている。

　島全体の景観としては、古い工場や倉庫をそのまま改造して使用しているので、美しいとはいえないが、魅力ある施設と内容の充実により、オープンから相当の年月を経過した現在でも、なかなかの盛況である。

　開発の目的は、商業施設だけでなく、文化的施設（小劇場が3つある）、教育施設（美術専門学校、カルチャースクール）、ホテル、レクリエーション施設など複合用途としたところに成功の一因があったようである。もちろん、わが国のウォーターフロントによく見られるようなイベントもないわけではない。季節ごとに催されるが（たとえば、冬は光の祭典、島のクリスマス）、基本は、毎日来訪する人にとっても何か引きつけるものがあるということである。

8　ウォーターフロントの考え方

［1］考え方の基本

　わが国は、四方を海に囲まれている。また河川や湖も多い。大きな調整池〈写真㊹〉の利用も一種のウォーターフロントである。こうした実情から、1980年代以降、全国的にウォーターフロントの開発計画や事業が実施されてきた経緯がある。水は、いったん暴れると大変な災害につながるので、安易な利用は避けなければならないが、水際施設整備方針を作成するなど、考え方をふだんからよくまとめておく必要がある。

　ウォーターフロントとして進んでいるカナダの例を参考に、その考え方を紹介したい。これは、バイロー（bylaw）といわれる一種の開発関係の法令の一部であり、内容は相当に詳しいものである。図表❿は、バイローに掲載のウォーターフロントのデザインである。

① 水辺の利用
　1）アクセス
　　特別な開発許可を受けている地区以外は、公共のウォーターフロントの水辺まで出られるようにする。
　2）海岸線
　　ウォーターフロントを開発するときは、しっかりした護岸にし、海岸線は変化に富む面白いものにする。

写真㊹　調整池の利用

　3）水域の保存
　　水域は、少なくとも○年○月現在と同じだけ維持するようにし、もし埋め立てたときは、その分だけ掘り込んで水域を広げる。
　4）小マリーナ地区の制限
　　マリーナ地区では、活動できるようにするために、船の数、大きさ、容量を制限する。
　5）船の係留
　　船の係留用の施設を設置する場所は、C橋とG橋との間に限定して、許可される。
　6）水上生活
　　水上での船舶の生活については、船が法令の基準に適合したものであれば許可される。
② デザインの方法〈図表❿参照〉
　1）水際線の調和
　　港の眺望をよくしたり、ウォーターフロントを有効に活用するため水域を広げる許可を受けたときは、水際線が不揃いになるが、そのままの形で調和をはかる。

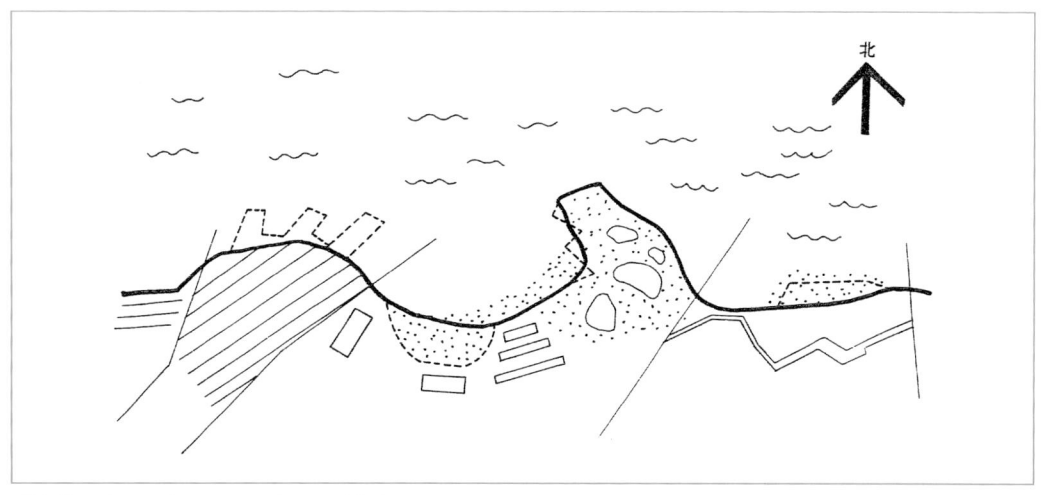

図表❿　ウォーターフロントのデザイン

2）ウォーターフロントの通行
　水辺の通行や歩くときの道を広げたり、高低差をつけて変化をもたせる。ときには、水辺から離れたりするようにもする。そして、歩くときに必要な施設や設備についても変化をもたせるようにし、しかも水際とも調和するようなデザインにする。
3）船の数の制限
　船の数は、最大○隻までとする。
③　公的施設等
1）交通
　公的な交通を設ける。それは、自家用車からほかの交通手段への乗り換えができるよう工夫する。交通は魅力ある面白いものを考える。交通は、開発を計画するとき第一に検討する。地区内では、自家用車の利用は不要とし、駐車場を十分に設ける。
2）水域
　水質改良のため、水に関する専門家のコンサルティングを受ける。公的なウォーターフロント・アクセスは、湾に沿って保存し、C橋の東側水域では、エンジンのついたボートの使用は禁止する。
3）道路
　幹線道路は、現状のままとする。また、入江の周辺道路や横断する道路もそのままとする。交通関係の集中する道路、橋、鉄道は、可能な限り広げる。
4）パーキング
　自動車を使わない環境をつくるため、駐車場は小さくする。路上駐車はできるだけ制限し、入江一帯では全面駐車禁止とする。
5）歩道
　水辺に沿って、完全な公的遊歩道を連続して設ける。入江には歩道橋もつくる。
6）鉄道
　工業用鉄道は別として、将来の交通用の鉄道による交通サービスを考える。

[2]　コンセプトは何か

　ウォーターフロントを読むときは、まずどんなコンセプトでつくられているかを知ることがポイントになる。そこで、これまで紹介したウォーターフロントの考え方の中からいくつか共通するコンセプトを拾い出してみた。

「潤い」　「快適」　「ゆとり」　「安全」　「カルチャー」　「遊び」　「変化」
「活力、活性」　「人と人とのつながり」　「便利」　「生産性」　「楽しい」
「あたたかさ」　「豊かさ」

この中のいくつかが複合して、ひとつのコンセプトになるものもある。

[3] 不動産として読む

次にウォーターフロントを、地図や図面を読みながら現地を調べるときのポイントをいくつか示してみたい。

① 点と線

水辺や遊歩道は線であり、いろいろな施設、設備、ランドマークなどは点である。現地を調べるときも、このように点と線がどのようにつながっており、どう調和しているかを読む。

② 動と静

ウォーターフロントでは、動くものと動かないものがある。海や河川は動く代表的なものである。日によっても時間によっても様相は変わる。人も動く。樹木や岩などの自然のものは動かない。変化はあっても時間がかかる。このように、動と静の組合せ、調和を読む。

③ 用途の調和

土地の利用をどう調和させているか。とくに、建物の用途とその組合せがポイントである。先のグランビル島では、大きなマーケットや美術専門学校、いろいろなカルチャースクールがある。

④ その他

新しいものと古いものの調和も大切である。古いものをどう保存するか。工場跡地の再開発では、工場用クレーンをランドマークとして残している。

[4] これからの課題

① 永続性

ウォーターフロントを開発すると、1～2年は珍しさで人が集まるが、とりあえず10年間続けるにはどうしたらよいか難しい問題である。

② 安全性

物的な安全性が問題である。とくに水が相手であるから、安全面では十分な対策が必要になる。そのことが楽しさに逆行することになるという難点がある。

③ その他

交通手段として、どのようなものを使うのが適当か。カナダでは水上飛行機の利用も盛んである〈写真㊺〉。

写真㊺　水上飛行機の発着場（水面）

第3章

"みどり"と不動産

　不動産について、みどりとの関係をどのようにイメージするであろうか。公園を思い出す人、街路樹を連想する人などさまざまであろう。
　「みどり」にポイントを絞って、不動産を読んでみると、不動産の見方も違ってくる。本章では、不動産をもうひとつ別の角度から述べてみようと思う。

1　みどりは、都市のもうひとつの顔

[1]　シンボルツリー
　都市の顔は、鉄道駅であり、広場や駅前通りも顔である。この顔でポイントになるのが、シンボルツリーであるが、その樹木もさまざまである。また、道路に小島のようにつくられた緑地にシンボルツリーが植えられている例もよく見かける〈写真❶〉。
　写真❶は、カナダのビクトリア市役所の近くであるが、よく見ると電柱と電線がなく、また看板もない。このようなこともシンボルツリーを引き立たせるのに一役買っている。
　写真❷は、東京都内であるが、よく比べてみると違いがわかる。

写真❶　シンボルツリー
　　　　（カナダ・ビクトリア市）

写真❷　シンボルツリー（東京）

［2］ 大都市の公園

　都市をつくり出すものは、建物だけではない。公園も大きなポイントになる。たとえば、札幌市の北大附属植物園、東京の日比谷公園など都心部に特徴的な公園がいくつかある。これを、ニューヨークのセントラルパークやロンドンのハイドパークと比べてみると、スケールの違いに気づく。公園は、みどりの広がりが大切で、人工的な工作物は、二の次である。

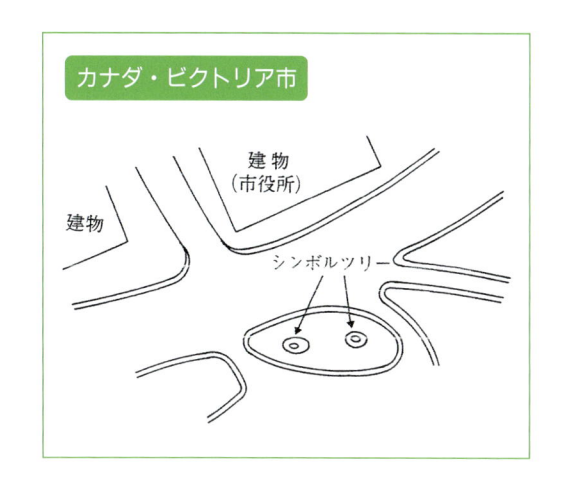

［3］ アメニティとみどり

　住環境は、アメニティ（amenity：快適、心地よさ）がポイントになる。アメニティの比較は、主観的要素が入って難しいが、住み心地のよさということでは、みどりが大きな要素になる。アメニティとみどりは、密接な関係があり、住宅地区ではみどりだけに注目して調べてみると、少し違った角度から物件を調べることができる。

［4］ ランドスケープの原点

　ランドスケープ（landscape：景観、風景、景色）の原点は、みどりにあると考えてよいであろう。建物を建てても、みどりとの調和が大切である。

　建物を引き立たせるようなみどりは、建物ごとに個別に考えられる。写真❸は、岡山県倉敷市の市庁舎で、写真❹は、ビクトリア市の市庁舎である。カラーでないのが残念だが、ともにみどりのバランスがよく保たれている。

写真❸　倉敷市のみどり

写真❹　ビクトリア市庁舎のみどり（芝生）

2 みどりの分類

不動産をみどりの面から調べるとき、みどりについての基本的な分類があると便利である。分類は、一通りでなく、次のようにいくつかある。同じ不動産を調べるのでも、みどりの面から調べたり、比較してみたりすると興味深い結果が得られるであろう。

① 生産的と非生産的

生産的なみどりの代表例は農地である。農地は田、畑などで、果樹園や採草放牧地もある。非生産的なみどりには原野や雑種地などがある。森林にもいろいろな種類がある。

② 面・線・点

面的な広がりは、大公園（たとえば、ニューヨークのセントラルパーク）、線は街路樹〈写真❺〉やグリーンベルト〈写真❻〉などがある。点は、ランドマークとしてのシンボルツリー（前出）がある。

写真❺　緑としての街路樹のみどり

写真❻　緑としてのグリーンベルトのみどり

③ 単体と集合

個々の住宅の庭木〈写真❼〉のみどりもあり、一団地として数棟、数十棟の建物のあるところのみどりもある。みどりの集合の例は、ほかにもゴルフ場〈写真❽〉がある。

写真❼　個々の住宅地の単位としてのみどり

写真❽　都心部にあるゴルフ場

④ 自然と人工

　自然林〈写真❾〉としてのみどりと、人工的につくられた公園〈写真❿〉のみどりがある。自然のままの林や森林が少なくなってきて、それに代わって植林された公園などが増えている。

写真❾　自然林のみどり　　　　　　　　写真❿　つくられた公園のみどり

⑤ 主体と付属

　みどりが主体となって、不動産となっているものと、ある施設やレジャー施設〈写真❻〉に付属するみどりがある。付属するみどりは、都市の中にはかなりある。

⑥ 国土利用計画法の地域

　変わったところで、国土利用計画法の地域区分がある。みどりに関係する地域には、農業地域、森林地域、自然公園地域および自然保全地域がある（法9条2項）。

3　不動産としての取引

[1]　主物と従物

　通常、住宅の取引では、庭の木や芝生は、土地建物の不動産と一体として取り扱われ、立木だけを区別して価格はつけられない。特別に価値のあるものは別として、そうでないものは中古住宅や建売住宅の価格に含まれてしまう。

　しかし、よく考えてみると、住宅のアメニティは、みどりの寄与度が大きい。中古住宅を売りに出して、売主は、先に新しい住まいに引っ越し、そのとき庭木も全部持っていってしまった例があるが、古くなった家だけがやたらと目立ち、なかなか買主が決まらなかったということがある。

　　（注）　庭木だけ取引上特別扱いしないで、土地の定着物と考えるときは、それは従物とされる。従物は、主物（土地や建物）の処分に従う（民法87条2項）。

[2] 立木について

みどりの代表例に、立木【りゅうぼく】がある。立木には法律で特別の定めをしている。

① 立木と明認

立木は、通常土地の一部として扱われるが、これに明認方法を施すと、土地と分離して、独立した物として扱われる（大判大5．3．11）。つまり、明認方法を施した立木については、立木だけを取引の目的物とすることができる。

　　（注）　明認方法にはいろいろある。たとえば、樹皮を削る、標木を立てて所有者の氏名を書く、などである。

② 立木の登記

立木は、土地の構成部分ではなく、独立した不動産として扱うこともできる。これについては、「立木ニ関スル法律」（＝立木法）（明治42年）に定められている。この法によれば、立木は、

　　a．一筆の土地または一筆の土地の一部分に生立する樹木の集団である。
　　b．所有者が、立木法により所有権保存の登記を受けたものである。

の要件を満たしているものをいう。

立木とされると、立木法により次のような扱いが認められる。

　　ア．立木は、不動産とみなす。
　　イ．立木の所有者は、立木を土地から分離して譲渡（売買など）することができる。
　　ウ．立木を抵当権の目的とすることができる。
　　エ．土地所有権や地上権を処分しても、その効力は立木には及ばない。

独立の不動産とみなされた立木は、それだけで取引されることになり、抵当権の設定も可能である。

[3] その他

建売住宅や宅地を分譲する場合、不動産業者は、不動産に一定期間アフターサービスを施すことがある。芝や植栽の枯れについてのアフターサービス期間を1年と定めていることが多い。

4　みどりの読み方

[1] 借景ということ

不動産にとって「借景」は、非常に重要な意味をもつ。借景は、自然の景観がある物件や地域に価値を高めるために役立つようなものをいう。したがって、マンションから見え

る夜景やオフィスからの高層ビル群の眺めは借景とはいえないであろう。

借景の例で多いのは、神社、仏閣の庭園である。背景とマッチして美しい景観をつくり出し、見る者を楽しませてくれる。借景の例は、山、河川、海、森林などさまざまなものがある。多くは、みどりを含んでいて四季の変化が現れ、景観も変わる。

写真⓫は、山（ロッキー山脈）、氷河、森林、湖などの借景を擁するホテルの建物である。

写真⓫　借景にはみどりがつきものである

市街地では、みどりの借景をよく見かける。都市公園のみどりは、貴重であり、ニューヨークのような大都会になると、みどり（セントラルパーク）がよく見えるような位置にある住戸の価格は、一般に他よりも高い。

借景はよく考えてみると、一種の眺望であり、借景を楽しめるということは他の不動産に関することである。自己所有の不動産でないところに面白さがある。

> **参考**
>
> 平成24年12月から「都市の低炭素化の促進に関する法律」が施行されている。この法律は、市街地における二酸化炭素の排出抑制と吸収をねらいとしたものである。
> とくに、市町村は民間と樹木に関する協定を結び（樹木等管理協定）、炭酸ガスを少なくすることを試みることになっている。

[2]「みち」と「みどり」

不動産にとって、「みち」（道・路）は必要不可欠のものであることは、これまでに述べてきたとおりである。「みち」には、道路、水路（河川）、航路、空路、鉄道などいろいろなものがある。

ここではこのような「みち」と「みどり」が街づくりにどのように関係しているのか、また、不動産としてどのようなところにポイントを置いて読めばよいかについて述べてみたい。

① 道路とみどり

道路に街路樹があるのとないのとでは、景観はまったく異なる。写真⓬は、ある都市の駅前通りである。どこにでもある風景だが、樹木だけに的を絞って比べてみると、いろいろなことがわかって面白い。道路の重要なポイントは幅員であるが、樹木（樹種、樹齢など）も大きなポイントになる。街の顔のひとつとして、並木を見るだけでも、環境やアメ

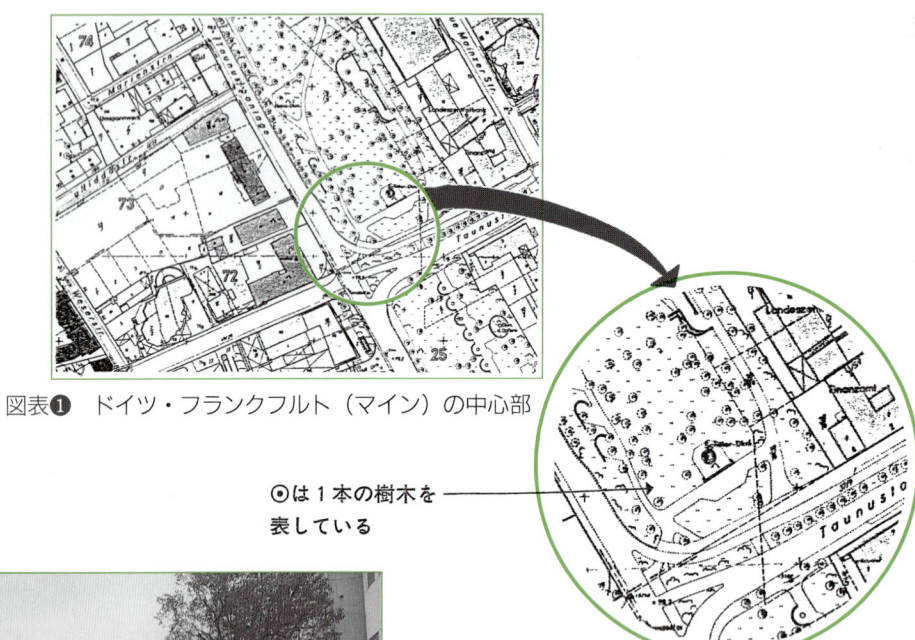

図表❶　ドイツ・フランクフルト（マイン）の中心部

⦿は1本の樹木を表している

写真⓬　駅前通りのみどり

ニティを調べるのにたいへん役に立つ。

　ヨーロッパの古い都市で並木がきれいな街の都市計画図には、樹木が記入されているものが多い〈図表❶〉。このように昔から、ヨーロッパの街づくりには、「みどり」は欠かすことのできない大切なものと考えられてきた。

❷　水路とみどり

　また、「みどり」を水路との関係で読んでみると、思いがけない発見をすることがある。

　そこでまず写真⓭（岡山市）と写真⓮（東京・台東区）とを比べて見ていただきたい。写真⓭は、いまでも使われている水路で、樹木が植えられ、遊歩道もつくられている。「みどり」が水に映えて美しい。水路は「みどり」と調和して、生き生きと

写真⓭　水路とみどり（岡山県）

している。もし、この「みどり」がなかったとしたらどう見えるであろうか。おそらく、このような美しい景観にはならないであろう。

一方、写真⑭は、昔（江戸時代）つくられた堀の跡で、「山谷堀」といわれるものであるが、現在、水はまったくない。堀跡の周辺には、街路樹が植えられている。もし、この樹木がなければ、殺風景なものになってしまうであろう。

同じ水路であっても、水のある「みどり」と水のない「みどり」とでは、このような違いがはっきり表れていて面白い。「みず」と「みどり」は、相互に補完し、相乗効果が期待できるものといえる。

③ 鉄道とみどり

写真⑮は、高架になっている鉄道敷と側道との関係がわかる風景である。歩道に街路樹が植えられているが、ちょっとした並木でも、堅い雰囲気の高架の工作物がずいぶんと変わることに気づく。

写真⑭　水路跡（遊歩道）のみどり
江戸時代初期にできたと考えられる山谷掘を埋め立てた（東京・台東区）

写真⑮　鉄道とみどり
街路樹の有無で雰囲気が変わる

「みどり」とほとんど関係がないと考えられるものでも、意外な景観を見つけることができる。

その例が鉄道である。街路樹は道路や河川にだけ関係あると考えられがちであるが、鉄道も「みち」であることには間違いない。ほかにもみちを広くとらえると、「みどり」との関係があることに気づくことがある。

［3］　住宅とみどり

住宅には、「みどり」はつきものである。大きく分けて、住宅そのものに付属している庭木、芝生などの「みどり」と、周辺環境をつくっている「みどり」とがある。

後者については、すでに説明してきたところであるが、単体としての住宅地については、読むときに注意すべきことがある。それは、中古住宅についていえることであるが、古い建物ほど庭木が育っていて、建物の価値を見過ごしてしまうことがある。樹木は樹木として見なければならないが、売買契約等での取決めがありそれが従物として認められるようなものであれば、建物の評価にもつながるのでしっかり調べなければならない。

［4］ リゾートとみどり

　写真⓰は、川と「みどり」（森林）と岩山（ロッキー）の景観である。リゾートを読むときには、このような景観をつくり出している要素をひとつずつ取り出してよく観察し、そのうえでこれらの要素を一体的にとらえ全体を読むようにするとよい。スケールの大きさに圧倒されて、ポイントを見逃してしまうようなことはないようにしたい。

写真⓰　リゾートのみどり

［5］ 住宅地以外の土地とみどり

　住宅地以外の土地にはいろいろなものがある。写真⓱は、普通商業地区で、街路樹が街の雰囲気をつくるのに役立っている。一方、写真⓲は墓地で、わずかではあるが木が植えられているのが確認できる。墓地についても、どの程度の「みどり」があるのかを見て比べてみるのも、読み方として大切なことである。

　墓地はその性格上、「みどり」が必要な不動産である。

　狭い墓地を余裕なくいっぱいに使っているところでは「みどり」が少なく、いかにも墓地としての品等がよくないところもある。外側から一見して墓地と気づかないことがあるが、調査では、逆に見落とさないようにしなければならない。

写真⓱　商業地とみどり

写真⓲　墓地とみどり

5　みどりと不動産の価格

［1］ みどりの効用

　「みどり」には、いろいろな効用が認められる。効用とは、不動産として役に立つことであって、効用は不動産の価値や価格を決めるのに大きなウエートを占めている。まず、「みどり」の効用にはどんなものがあるかを整理してみよう。

① 保健的効用

　「みどり」は、われわれの身体によい働きをする。つまり健康によいということだ。「みどり」のないところで生活すると、ときどき郊外の「みどり」のある場所に出かけたくなる。「みどり」は、いろいろな面で身体にいいので、それを保健的効用と呼ぶことにする。この効用は、不動産としてとらえてみると、効用のもっとも基本的なもののひとつだといえる。

　森林法では、保安林を指定する目的のひとつに「保健」を定めており、実際に指定されているところがある〈写真⑲〉。

② 防災的効用

　次に「みどり」の防災的効用である。がけや山の斜面地などでの地すべり防止のほかに、防風、防雪などの役に立つ〈写真⑳〉。また、「みどり」がなくなると水害も発生しやすくなり、ほかにも災害を起こす原因ともなる。「みどり」の防災的効用は大きく、土石、土砂の流出の防備のためのものだけではなく、われわれの生活にとって欠くことのできない水源のかん養にも役立っている。

　この効用は、生活上欠くことのできない大切なものである。

③ 生産的効用

　「みどり」は、生産手段としての効用もある。主なものは農地であるが、それは田畑だけではなく、果樹園などもある。ほかに、酪農のための採草放牧地がある。

　生産的な「みどり」は、人間が口にする食物だけでなく、動物など生き物の生態系を保つためにも、必要なものである。このように広い意味で、「みどり」は、生産的な効用を有する〈写真㉑〉。

④ 環境保全的効用

　「みどり」は、環境を保全する効用も大きい。住宅地はもちろんのこと、工業地や業務用地でも大切である。住宅地では、緑

写真⑲　みどりの保健的効用

写真⑳　みどりの防災的効用

写真㉑　みどりの生産的効用

地や公園などは環境保全になくてはならないものである。また工場でも、環境保全のため「みどり」を多くすることが試みられており、工業団地では初めから緑地や緩衝地帯が計画的に配置されている〈写真㉒〉。

⑤ レクリエーション、スポーツ等に関する効用、その他

　ゴルフ場や陸上競技場などには、必ず「みどり」があり、それを必要としている。レクリエーション施設でも、みどりは不可欠だ。ほかに、ランドマークとしての「みどり」、あるいは土地の境界としての「みどり」もある。「みどり」は、各方面でいろいろ効用を発揮するものであり、これまでに述べた「みどり」の効用と一部重複するものもあるが、かなり多種類の効用があることがわかる。

写真㉒　みどりの環境保全的効用
（この敷地内には大規模な施設がある）

[2]　みどりは周辺不動産の価値を高める

　「みどり」のある土地は、その土地の価値が高いのではなく、「みどり」が周辺の土地の価値を高めるのに役立っている。つまり、公園は、公園そのものが、価値が高いのではなく、公園に隣接する土地や近隣の土地の価値を高めることになる。

　このように考えてみると、「みどり」は、周辺不動産の価値を高めるのに寄与しており、さらに周辺不動産だけでなく、「みどり」のある地域全体に貢献していることにもなる〈写真㉓〉。「みどり」と不動産の関係をとらえるときは、このような観点から「みどり」を考えてみる必要がある。図表❷では、内部に「みどり」があって、効用を発揮しているケースと、外部にあって価値を高めているケースの両方を示している。

写真㉓　みどりは周辺不動産の価値を高める

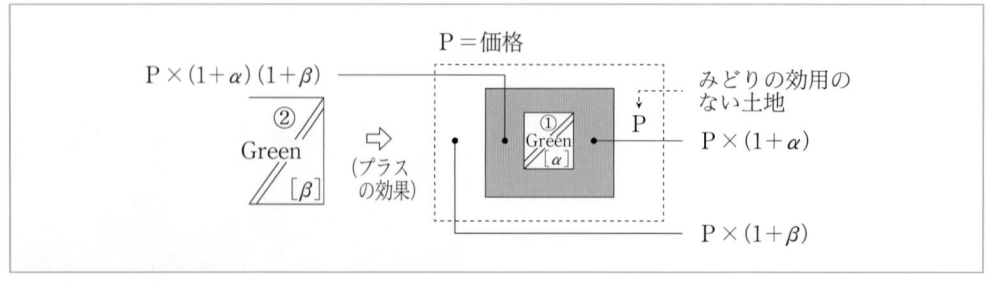

図表❷　みどりの効用

$P = 価格$

$P \times (1+\alpha)(1+\beta)$

$P \times (1+\alpha)$

$P \times (1+\beta)$

みどりの効用のない土地

（プラスの効果）

①のみどり（Green①）は、周辺の土地にα（アルファ）の効用を高める。これに②のみどり（Green②）が、この土地の効用をβ（ベーター）高めるとすると、

$$P \times (1+\alpha) \times (1+\beta)$$

の価値になる。つまり、みどりの効用のない土地Pに比べて、みどりの効用があると、

$$P(1+\alpha) - P = \alpha P$$

または、

$$P(1+\alpha)(1+\beta) - P = (\alpha + \beta + \alpha\beta)P$$

の価値が高まる。

これが、実際に取引されるとなると、市場での取引価格から、αやβを逆算して求めることができるが、実際の査定はかなり難しい。αやβによる効用増による価格の増加分は、ケースにもよるが、ゼロから2〜3％程度と考えられる。

6　みどりと法令上の制限

「みどり」は、周辺の土地の効用を高めるが、「みどり」そのものは、法令上の制限で定められ、なかにはかなり難しい解釈があるが、ポイントをまとめると次のとおり整理される。

【自然のもの】
[1]　自然公園について
①　どんな公園があるか

自然公園には3種類あって、国立公園、国定公園および都道府県立自然公園である。これらの公園には特別地域などが定められ、地域や地区によって、法令上の制限が異なる〈写真㉔・㉕〉。

②　ポイントになる法律

自然公園法が基本である。ただし、都道府県立自然公園については、それぞれの都道府県条例に詳細が定められている。

写真㉔　国立公園の標識（国内）

写真㉕　国立公園の標識（カナダ）

③　みどりとの関係
  1）特別保護地区
　　この地区は、次の特別地域内で指定され、「みどり」だけでなく、湿原についても指定され、この地区が指定されると、木竹の伐採はもちろん、木竹の損傷や木竹を植栽することも厳しく制限される。
  2）特別地域
　　この地域に指定されると、土地利用だけでなく木竹の伐採も許可を必要とする。
  3）海中公園地区、普通地域
　　以上のほかに、海面については海中公園地区が指定され、いずれの地域、地区にも含まれない区域を普通地域と呼ぶ。

[2]　森林について
① どんな森林があるか
　重要な森林は、保安林である。保安林は、ある目的のために指定され、水源のかん養、土砂の流出の防備、公衆の保健など11の目的が定められている。ほかに、地域森林計画が立てられている森林がある。森林法の適用がまったくない森林もある。
② ポイントになる法律
　森林法であり、ほかにも関連法がある。
③ みどりとの関係
　森林は、「みどり」そのものであり、「みどり」の基本である。森林のうち、保安林については、法令上の制限が厳しく、一般の利用はほとんど制限される〈写真㉖〉。
　保安林には法により、標識をたてることになっている。標識には、保安林指定の目的が表示されている。また、保安林内では土地利用はほとんどできない。

写真㉖　法令上の制限を示す標識

[3]　リゾートについて
① どんな地域、地区があるか
　自然条件が良好であって、保養地として適している地域のうち、特定施設の整備などをする地域を特定地域と定め、重点的に整備する地区を重点整備地区という。
② ポイントになる法律
　総合保養地域整備法（＝リゾート法）がある。

③　みどりとの関係

　良好な自然があって、スポーツ、レクリエーション、休養、文化活動などをするのにふさわしい土地について指定される。この地域については、いろいろな援助や特例が定められている。

［4］　自然環境の保全について

① どんな地域があるか

　自然環境を保全するための地域として、原生自然環境保全地域がある。

② ポイントになる法律

　自然環境保全法がある。

③ みどりとの関係

　原生自然環境保全地域は、自然が人の活動によって影響を受けないようにするために指定されるのであるから、土地利用はもちろん落葉や落枝の採取も制限される。

［5］　河川について

① どんな区域があるか

　河川区域、河川保全区域および河川予定地がある。このうち、河川区域は、河川の流れる区域であり、「みどり」とも関係が深い。

② ポイントになる法律

　河川法が基本的な法律である。

③ みどりとの関係

　河川区域と河川保全区域との境には、ふつう堤防があり、堤防には「みどり」があり、樹木や草が繁っており、名所になっているところもある。このような河川の区域についての利用も一般的に制限されている。それは、「みどり」ということでなく、水利と防災に関することとしての制限である。

【人工のもの、その他】

［1］　農地と採草放牧地

① どんな種類の土地があるか

　農業生産性の高い順に、第一種〜第三種に分けられ、さらに市街化調整区域内の農地は、甲種と乙種に分けられる。

② ポイントになる法律

　農地法、農業振興地域の整備に関する法律（＝農振法）などがある。

③ みどりとの関係

　農地や採草放牧地は、農地法の適用により土地の転用が制限されているが、さらに農振

法に基づいて農業振興地域に指定されると、農用地等以外への転用ができなくなる。

[2] 生産緑地

① どんな区域で、どのような地区が指定されるか

市街化区域にあって、生産緑地として都市計画に指定された区域が、生産緑地地区である〈写真㉗〉。

② ポイントになる法律

都市計画法と生産緑地法が基本になる。

③ みどりとの関係

生産緑地であるから、基本的には農地である。農地は、人工的につくられたみどりのひとつであって、田畑はみどりが美しいだけでなく、生活にとって不可欠の食べ物を生産するという最も重要な土地である。したがって、生産緑地をほかの用途に転用したり、転用のために売買したりすることは厳しく制限される。

写真㉗　生産緑地地区

[3] 都市公園

① どんな公園か

都市公園は、都市計画施設として定められた公園や緑地（国が設置するものを含む）をいい、公園施設が含まれる。

② ポイントになる法律

都市公園法がある。

③ みどりとの関係

都市にある比較的大きな公園は、ほとんどが都市公園であり、そのことは都市計画図にも表示されている。都市公園では、公園に建物を建てたりして、土地を占有することは制限される。もちろん、都市公園にある樹木等を伐採したり、植物を採取したりすることも禁止される。

[4] 緑地協定

① どんな協定か

都市緑地保全法に基づいて、緑の保全育成のためにある地区について緑地協定を結ぶ。ただし、法に基づかないで、住民の話し合いで協定を結ぶこともある。

なお、緑地協定で結ばれる項目は次のなかから選択される。

- 保全または植栽する樹木等の種類
- 樹木等を保全または植栽する場所
- 保全または設置する垣またはさくの構造
- 保全または植栽する樹木等の管理に関する事項
- その他緑地の保全または緑化に関する事項

② ポイントになる法律

都市緑地保全法が基本となる法律である。

③ みどりとの関係

緑地協定には、樹木や垣・柵などの構造について定め、市町村長の認可を受ける。協定の内容には、緑地協定に違反した場合の取扱いを定めることになっている。

[5] 緑地の保全

① どんな地域地区があるか

緑地保全地域等と風致地区があり、いずれも都市計画に定められる。

② ポイントになる法律

都市計画法および都市緑地保全法が基本となる。

③ みどりとの関係

1) 緑地保全地域

緑地保全地域は、都市計画区域内の緑地について都市計画に定められる。緑地保全地域は、主として大きな都市の緩衝地帯、避難地帯などのほかに、神社、寺院などの緑地についても定められることがある。この地区内では、木竹の伐採などが制限される。

2) 風致地区

風致地区は、都市計画法の都市計画のひとつ（地域地区）として指定される〈写真㉘〉。風致地区はみどりだけではなく、いろいろな自然的要素が組み合わされている。この地区は、いわば都市における自然の景観を保つために定められる。風致地区に指定されているところは、美しい樹木があったり、河川や海岸が森林などの「みどり」と一体となったりして、

写真㉘　風致地区、近郊緑地保全区域

美しい景観を見せている。風致地区は、地区ごとに指定され、法令上の制限は、風致地区ごとに条例に定められ、土地利用が制限されている。

[6] 地区計画

① どんな計画か

比較的小さな地区でも良好な住環境をつくったり、商業の利便を増進したりするなど、いろいろな目的のために都市計画に定められる。つまり、地区計画は都市計画のひとつであって、道路、公園などの地区施設の整備と、用途制限、形態制限などのほかに、垣・柵の構造の制限を地区整備計画に定めることができる〈写真㉙〉。

写真㉙　地区計画とみどり

② ポイントになる法律

都市計画法が基本となる法律である。

③ みどりとの関係

住宅地区に限らず、商業地区でも公園を定め、みどりのある街づくりのための計画とすることができる。ほかに、住宅地の垣・柵は、スチールやアルミのフェンスとせず、植栽による垣をつくることを定めることができ、現在このような定めがかなりの件数にのぼっている。落ち着いた住宅街ができあがるのに役立つ。

[7] 集落地区計画

① どんな計画か

地区計画と同じように、都市計画に定められる。集落地区計画は、地区計画等のなかのひとつであって、農業と住居環境について問題が起こりそうな区域について集落地域として指定される。農用地について、協定を結ぶこともできる。

② ポイントになる法律

集落地域整備法が基本となる法律である。

③ みどりとの関係

都市計画区域内にあって、市街化調整区域または未線引きの都市計画区域の土地について指定されるもので、住宅を建てたりするときは、事前に市町村長に届け出なければならない。

[8] 沿道整備計画

① どんな計画か

幹線道路の沿道を整備するために定められるもので、地区計画等のひとつとして都市計画に定められる。

② ポイントになる法律

幹線道路の沿道の整備に関する法律である。

③ みどりとの関係

沿道整備計画には、緑地その他緩衝空地を定め、道路交通騒音により生ずる障害を防止することとしている。

[9] 開発行為（都市計画区域内）

① 開発行為とは

主として建築物の建築または特定工作物の建設のために行われる土地の区画形質を変更することを開発行為という。

② ポイントになる法律

都市計画法に定められている。

③ みどりとの関係

開発行為の許可基準のなかに、公園などの空地、樹木の保存などに関することが法に定められ、具体的には指導要綱などに定められている。

[10] その他

① 首都圏の近郊緑地

首都圏の近郊整備地帯において、良好な自然環境のある緑地を保全するため、近郊緑地保全区域（特別地区）が定められる〈写真㉘〉。この区域内では、木竹の伐採などが制限される。なお法律は、首都圏近郊緑地保全法である。

② 条例等

ランドマークのような樹木の保存やまとまった樹木を保存することを定めた条例、要綱がある。道路と樹木とは重要な関係がある〈写真㉚〉。ある自治体では、大きな樹木を保存樹木に指定したり、まとまった面積をもつ樹木を保存樹林に指定し保存したり、地域における緑化活動を育成している。また、ほかの自治体では、「花と緑の街づくり」要綱を定め、街の緑化に積極的に取り組んでいる。

写真㉚　数年後は美しい並木道になる

参考

【緑地協定について】
　都市緑地法に基づいて住民が自分たちの住む街をよりよい緑環境とするために協定の内容を住民で定める。その内容について、市長等の認可を受けなければならない。
　主な内容は次のとおりである。
① 　協定の区域
② 　樹木の種類等協定の内容
③ 　協定の期間
④ 　協定に違反した場合の措置
⑤ 　その他
緑地協定が認可されるには、協定区域内の土地所有者等の全員の合意が必要になる。なお、協定を１人で設定するという特則もある。

まとめ

【みちの調査のポイント】

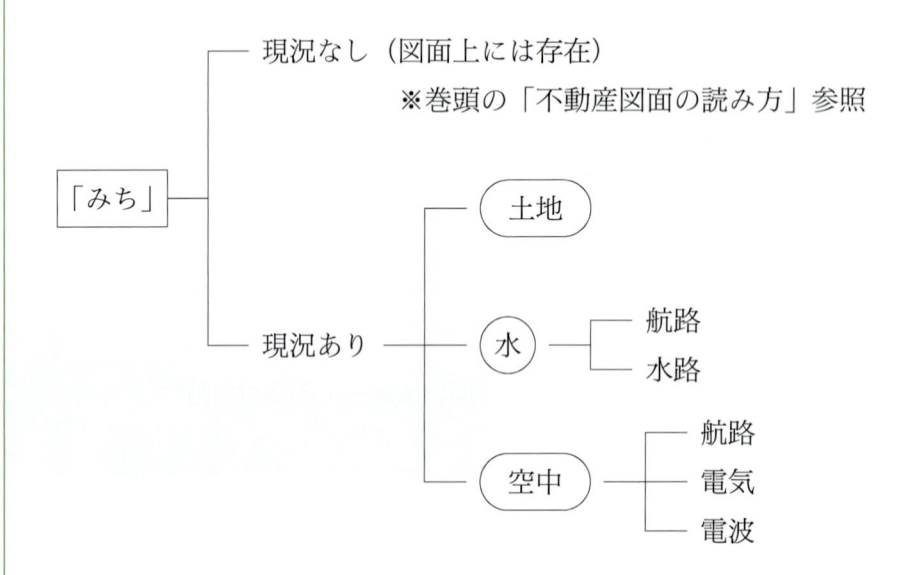

```
                 ┌── 現況なし（図面上には存在）
                 │        ※巻頭の「不動産図面の読み方」参照
                 │
「みち」──┤                      ┌── 土地
                 │                      │
                 │                      │         ┌── 航路
                 └── 現況あり ──┼── 水 ──┤
                                        │         └── 水路
                                        │
                                        │         ┌── 航路
                                        └── 空中 ──┼── 電気
                                                   └── 電波
```

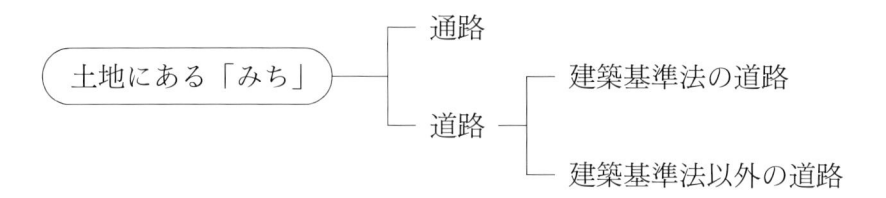

```
                          ┌── 通路
土地にある「みち」─┤        ┌── 建築基準法の道路
                          └── 道路 ─┤
                                    └── 建築基準法以外の道路
```

【みずの調査のポイント】

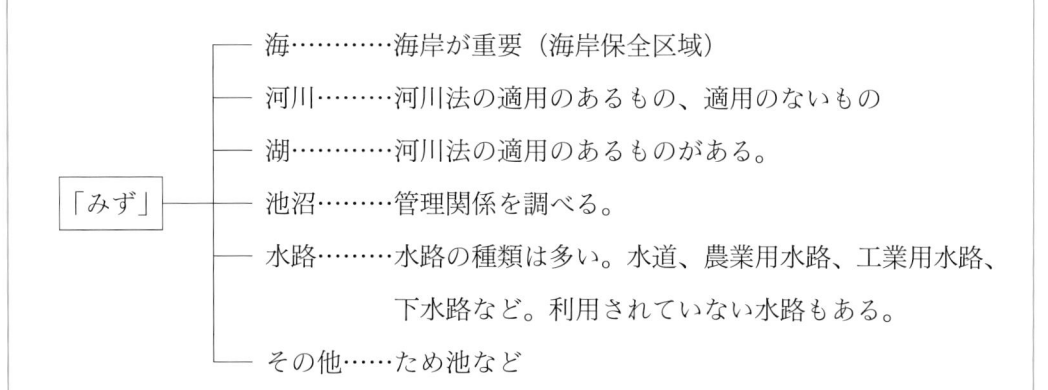

```
        ┌── 海 ………… 海岸が重要（海岸保全区域）
        ├── 河川 ……… 河川法の適用のあるもの、適用のないもの
        ├── 湖 ………… 河川法の適用のあるものがある。
「みず」┤── 池沼 ……… 管理関係を調べる。
        ├── 水路 ……… 水路の種類は多い。水道、農業用水路、工業用水路、
        │              下水路など。利用されていない水路もある。
        └── その他 …… ため池など
```

【みどりの調査のポイント】

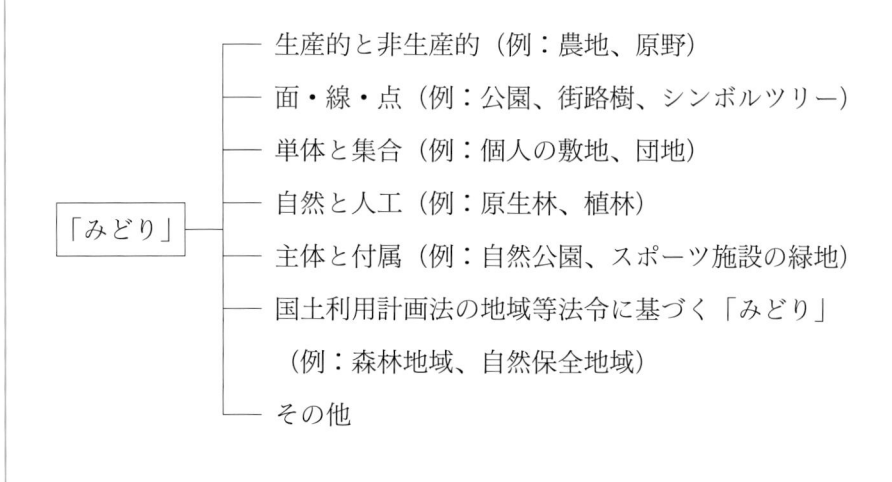

```
        ┌── 生産的と非生産的（例：農地、原野）
        ├── 面・線・点（例：公園、街路樹、シンボルツリー）
        ├── 単体と集合（例：個人の敷地、団地）
「みどり」┤── 自然と人工（例：原生林、植林）
        ├── 主体と付属（例：自然公園、スポーツ施設の緑地）
        ├── 国土利用計画法の地域等法令に基づく「みどり」
        │    （例：森林地域、自然保全地域）
        └── その他
```

第2編

街を比べる

第1章

街のプロフィールのつくり方

　自然的条件や地理的条件が似ていて、都市の規模も同じような北海道・札幌〈写真❶〉とカナダ・バンクーバー〈写真❷〉を比べてみよう。ただし、この内容は、都市の優劣を比較するためのものではなく、あくまでも「街」の特性をとらえるためのものである。

写真❶　札幌の街

写真❷　バンクーバーの街

1　街のプロフィール

[1] 地理的位置

　街のプロフィールをつかむには、最初に地理的位置や気象条件、人口などを調べるのが一般的である。人口については後述することにして、まずは位置と面積を比べてみよう。図表❶にあるように街を形づくっている大項目について比較してみると、いろいろなことがわかってくる。

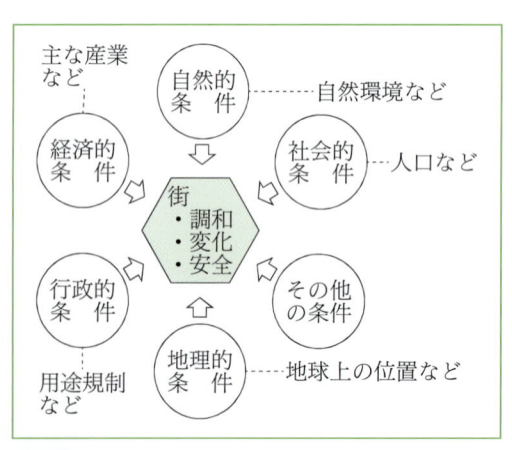

図表❶　街の比較

[2] 気象条件

次に、気温や降水量などの気象条件である〈図表❷〉。

[3] 比較

バンクーバーは、札幌よりかなり北に位置し、緯度ではサハリンのほぼ中央にあたる〈図表❹〉。これほど北にありながら、気温は図表❸にあるとおり、1月、2月でも札幌より暖かい。カナダといえば、冬の寒さがすぐ思い浮かぶが、バンクーバーについては、このような先入観は捨てなければならない。さらに、夏の気温は、両都市ともほぼ同じであるから、まず、緯度と気温の関係から、その違いと類似性を読みとることがポイントである。国内での都市を比べる場合でも、同様のことがいえよう。

[4] 街の外側と内側

ある本によると、「Sapporo is number one.」とある。つまり札幌は、管理職の間では、出張という点から見ると、国内では最も人気が高いという。これはある保険会社の調査(東京・大阪)によるもので、福岡と仙台が札幌に続く。

また、ある新聞の調査では、ビジネスマン(国内)に人気の高い都市として、札幌とバンクーバーがそれぞれ国内、海外のランキングでベスト10に入っている。単純に比較することは難しいが、もっとも比較しやすいのが人口である。図表❺によると、いずれも100万都市であることには違いないが、都市の外観を比べ

	札幌	バンクーバー
位置	北緯42°〜43° (首都東京から飛行機で約1時間30分の位置)	北緯49°〜50° (首都オタワから飛行機で約3時間30分の位置)
面積	1,121.12km²	2,931.4km²

図表❷　位置と面積

		札幌	バンクーバー
平均気温 (℃)	1月	−1.7	3.5
	2月	−2.1	5.5
	7月	19.1	20.0
	8月	20.1	20.0
平均降水量 (mm)	2月	105.5	200.0
	8月	60.0	80.0

図表❸　気象条件

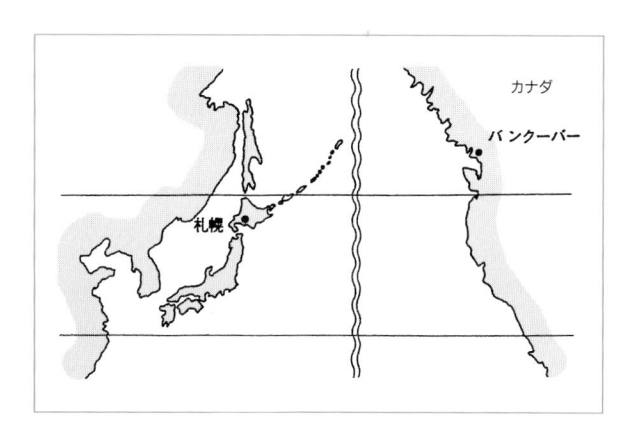

図表❹　バンクーバーと札幌の位置関係

	札幌	バンクーバー
人口	193万人	210万人 (市内は60万人)

図表❺　札幌とバンクーバーの人口構成

てみると少し違うようである〈写真❸・❹〉。いずれも、街の中心部（ダウンタウン）であるが、形態（ビル群の高さ、規模など）の違いがある。

　また市民の出身国別の内訳では、札幌はほとんど日本人であるが、バンクーバーは、イギリス人がもっとも多く、次いで中国人、ドイツ人などである。ほかに、インド、パキスタン、フランス、イタリアなど多民族の集まりともいえる人口構成であり、街を読むときは、このような内訳にも目を通しておくとよい。

写真❸　札幌の大通を中心とする街

写真❹　バンクーバーの超高層ビル群

［5］　歴史について

①　街はいつできたか

　街はいつからできたかということに答えるのは難しいが、札幌もバンクーバーも、100年余りの歴史がある。

　札幌には、明治29（1896）年の貴重な街の地図があり、これを100年後の現在の地図と比べてみると、その広がりを読むことができる。図表❺は、100年の歴史がわかるように2つの地図を重ねたものである。

　また、バンクーバーについては、バンクーバー市を中心とする大都市圏でとらえてみると面白い〈図表❻〉。

②　開拓の比較

　札幌とバンクーバー両市の歴史（都市としての出発点）は、共通点が多く、比較してみると次のとおりである。

写真❺　札幌開拓時代の屯田兵屋（琴似）

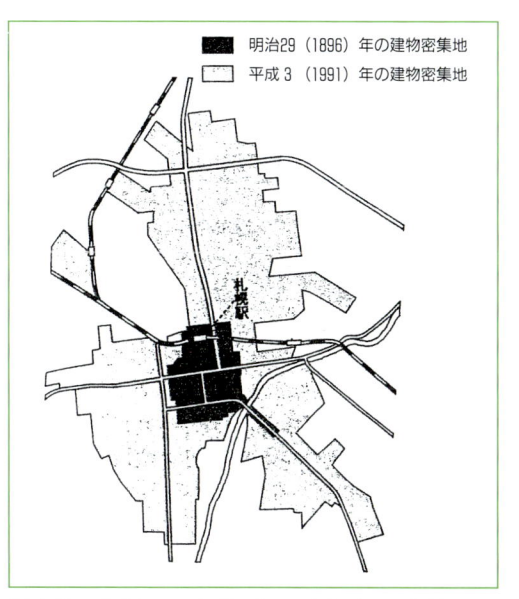

図表❺　札幌の100年前（1896年）と100年後（1991年）の地図を重ねた地図

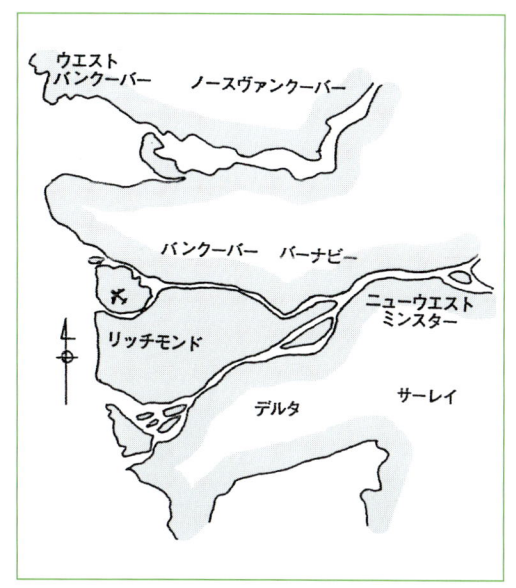

図表❻　バンクーバーを中心とした大都市圏の100年前（1896年）と100年後（1991年）の地図を重ねた地図

	札　幌	バンクーバー
先住民族	アイヌ	ネイティブ・インディアン
開　拓	開拓と外国に対する北の守りのため、1875（明治8）年に「屯田兵」（とんでんへい）が札幌・琴似に入植〈写真❺・❻〉した。	開拓のため、グランビルの町に1886年1,000人が移住したのが、バンクーバーの都市の始まりである。そのときの市役所は、テントであった。
その他	1885（明治18）年、北海道庁の設置〈写真❼〉	バンクーバーはブリティッシュコロンビア州にあり、議事堂〈写真❽〉は州都ビクトリアにある。

図表❼　開拓の比較

写真❻　屯田兵屋の入口

写真❼　北海道庁（旧）

2　街の調和を調べる

［1］　ランドマーク、伝統的な建造物など

街を特徴づけるもののひとつに、伝統的な建物や美術館などがある〈写真❽〉。

写真❽　ブリティッシュコロンビア州議事堂
　　　　（ビクトリア）

写真❾　伝統あるホテル（札幌）

①　ホテル

　ホテルは、地域のコミュニケーションの場であり、古いホテルはランドマークになっているものもある。

　写真❾は、札幌駅（JR）の近くにあって、街の中心に位置するもので、古くからあるホテルである。

　写真❿は、バンクーバーのダウンタウンにあるランドマークともいえるホテルである。なお、あるガイドブックによると、ホテルの数は、札幌の方が、バンクーバーよりも多い。

写真❿　ランドマークにもなっているホテル
　　　　（バンクーバー）

写真⓫　札幌のデパート

写真⓬　バンクーバーのデパート

② ショッピング施設

　ショッピング施設の代表例はデパートであろう。札幌には、数多くのデパートがあり、中心部に集まっている〈写真⑪〉。バンクーバーでは、大型のデパートが市の中心部にある〈写真⑫〉。

　また、北の国では、地下街が発達しており、バンクーバーでは写真⑬の建物の地下には、ショッピング・モールがありにぎわっている。一方、札幌の街では、中心部に南北と東西に伸びる地下街がある〈写真⑭〉。

　地下街は、街のひとつの顔でもあり、地上のショッピング施設とは違った特徴を持つものである。

　写真⑭は、"ポールタウン"と呼ばれ、写真でもわかるようにかなりのにぎわいを見せている。冬季間はさらににぎわうことになる。

写真⑬　ショッピング・モールのある建物（バンクーバー）

写真⑭　地下のショッピング・モール（札幌）

③ 美術館、図書館等

　一般的にわが国では、どこの都市でも美術館や博物館などは少ない。新設されても中心部から離れたところにあることが多い。札幌では、美術館〈写真⑮〉は、ほぼ中心部にあるが、図書館はかなり離れたところに移されている。これに対してバンクーバーでは、ダウンタウンの中心に美術館〈写真⑯〉や図書館がある。

写真⑮　札幌の美術館

写真⑯　バンクーバーの美術館

④ 大学

　北海道大学（北大）は、学問的なレベルの高さはもちろんのこと、キャンパスの広さでも有名である〈写真❶〉。バンクーバーにあるブリティッシュコロンビア大学（略称UBC）と比べてみると図表❽のとおりである。しかも、北大のキャンパスの周囲がすべて市街化しているのに対し、UBCの隣接地域はキャンパスよりも大きな公園である。また、ゴルフコースもその中にある。

[2] 交通

① 道路

　札幌は、道路がよく整備されていて、碁盤の目にたとえられている〈写真❸〉。ところで、バンクーバーの道路も同様によく整備され、その一部は図表❾のとおりである。

　メーンストリートの道路の状態を比べてみよう。

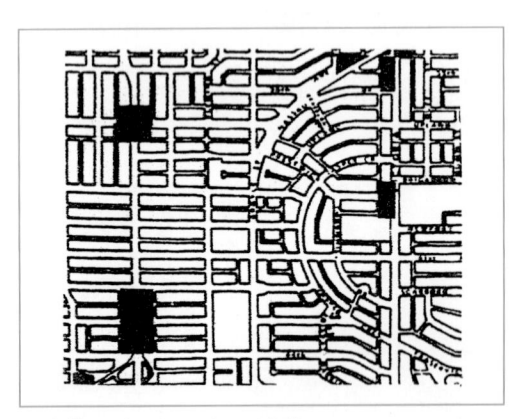

写真❶　北大のキャンパス

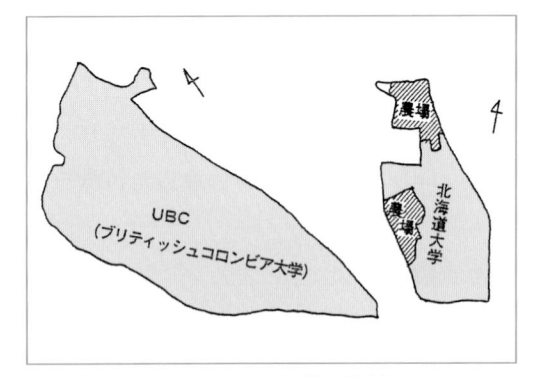

図表❽　北大とUBCの規模の比較

写真❶　札幌の中心部の道路

図表❾　バンクーバーの道路

　写真❶は札幌で、写真❶はバンクーバーである。道路としての機能を比べてみる。

　この2枚の写真だけを比べて道路の状態を判定するのは、かなり無理があるかもしれない。しかし、写真❶は、わが国のどの

写真❶　バンクーバーの中心部の道路

街にも見られる景観であり、特別なものではない。自転車公害は、どの街でも悩みのタネであり、条例を定めて自転車整理をしても、なかなか実効が上がらないのが実情である。

　これら2つの道路を比べてみると、ただスッキリしているとかいないとかといった単純な問題ではなく、都市計画（街づくり）の考え方が根底にあるものと考えられる。

② 乗り物

　乗り物は、もうひとつの街の顔である。建物とマッチして、街の景観をつくり出す。

	札幌〈写真⑱〉	バンクーバー〈写真⑲〉
歩車道の関係	歩道より車道のほうがかなり広い。歩道のほうが車道より高い。	車道より歩道のほうが広い。車道と歩道との高低差はほとんどない。
歩道の利用	①歩行者の通行だけでなく、地下鉄駅が近いため、自転車が放置されている（通勤や通学のためであろう）。②道路に多数の看板が突き出ている。③歩道の車道際に街路樹が植えられている。	①歩道には、バス停のところに利用者のための屋根がある。電話ボックスがある②道路に突き出している看板はない。③街路樹は、歩道の中に点在しており、街路灯が車道寄りに設置されている。

表❺　道路の比較

　写真⑳は、バンクーバーの中心を走るトロリーバスで、写真㉑は、札幌の中心を走る市電である。いずれも電気で走るから、街の人にはガソリンなどによる公害の心配はない。しかし、これらは、一般の交通と道路を共用するので速度の面ではかなり劣る。街がビジネスとして活性化するには、どうしても都市高速鉄道が必要になる。写真㉒は札幌の地下鉄である。現在、地下鉄は3系統利用でき、市民の足として役に立っている。

　バンクーバーでは、高速鉄道として、スカイトレインが1系統、ダウンタウンから郊外の住宅地に向けて伸びている。

写真⑳　バンクーバーのトロリーバス

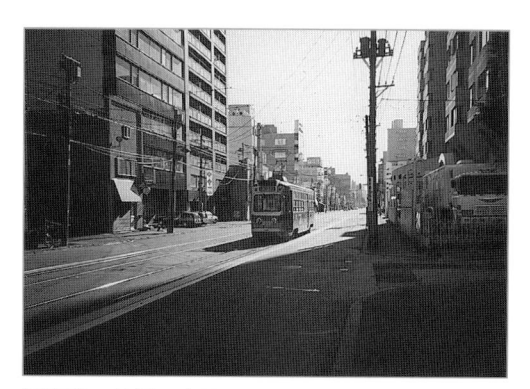

写真㉑　札幌の市電

写真㉒　札幌の地下鉄

[3] 公園

　札幌には、市街地に接する公園のひとつに古くからある円山公園がある。同様に、バンクーバーにはダウンタウンに隣接する公園にスタンレーパークがある。ともに自然林が多くあり、動物園があって類似している点もあるが、根本的な違いは、その大きさにあり、スタンレーパークは、円山公園の2倍の広さがある。

第 2 章

街の若返り

1 街は変わる

　街の変化を読むことは、ほかの要素と違って非常に難しい。街は常に、少しずつ変化しているが、その変化はとらえにくい。札幌とバンクーバーの両都市を比べながら変化の違いをはっきりさせ、不動産として街を読むときのポイントを整理してみる。

　変化は長い時間がかかるもので、不動産の地域については、とくにそのことがいえる。札幌もバンクーバーも100年以上の歴史をもつ街であるが、街は、ゾーニング（用途規制）によっても変えられる。ゾーニングは、あるビジョンに向けて街を誘導しようとするものであり、実現するには何十年もかかる。

　また、街が古くなってリニューアルの必要が出てくると、再開発のプランが立てられる。再開発の手法にもいろいろなものがあるが、再開発によって街が大きく変化する。再開発をするにしても「調和」が必要になり、「変化」だけでなく調和や安全の面が考慮されなければならないのは、前に述べたとおりである〈写真❶・❷〉。

　建物だけリニューアルすることもある〈写真❸〉。

写真❶　ビール工場のレンガの建物を残した「調和」

写真❷　バンクーバーの開発地区（ガスタウン）

駅は鉄道駅に限らず、道の駅も空港も不特定多数の人が集まる場所である。最近の鉄道の駅は写真❸にあるように、改装されて人が集まりやすい場所に変わってきている。街づくりのひとつの起点となる場所であるから、そのような見方で駅舎をよく見てみることである。とくに、トイレがポイントになることが多い。

写真❸　鉄道の駅舎がホテルのようにリニューアルされている（バンクーバー）

2　ゾーニング（用途規制）について

こうして比べてみると、どうしても街づくりの根本的なことに関係するゾーニングを比べてみる必要が出てくる。

[1]　札幌の場合

用途規制については、都市計画法と建築基準法に定められているのであって、札幌だけで独自に用途規制の全部を定めているわけではない。用途規制などで、現在定められている地域地区の主なものは、次のとおりである。

- 用途地域（12地域のうちから指定）
- 防火地域、準防火地域
- 高度地区
- 高度利用地区
- 特定街区〈写真❹〉
- 流通業務地区
- 特別用途地区
- 駐車場整備地区
- 地区計画

写真❹　市役所のある地区は特定街区になっている（札幌）

[2]　バンクーバーの場合

バイロー（建築条例）によって定められているゾーニングは、次のように多くのものがある（ゾーニングは正しくは、city of Vancouver Zoning and Development By-Law となる）。

- 農業を規制する地区……RA—1
- 一戸建て専用住宅地区……RS—1 など計7地区ある。
- 二戸建て集合専用住宅地区……RT—1 など計10地区ある。
- 三戸以上の集合専用住宅地区……RM—2 など計11地区ある。
- 商業地区……C—1 など計9地区ある。
- 工業地区……MC—1 など計9地区ある。
- 歴史的地域の地区……HA—1 など計4地区ある。
- 開発地区……CD—1 など計7地区ある。

　以上の地区のうち、「歴史的な地域」の例として、チャイナタウンやガスタウン〈写真❷〉があり、後者は観光客で賑わっている。開発地区については、ウオーターフロント地区がある。

　このような都市計画や建築規制については、バンクーバー市の市役所〈写真❺〉で調べるが、札幌市役所〈写真❻〉で調べるのと同じ方法である。受付の人に要件を伝えると、どの建物の何階の何課（デベロップメント・セクション）が担当しているか教えてくれる。

　市役所は、街のひとつの顔である。各市町村の庁舎を競って改築した時期があったが、特徴がなくなってきている。

写真❺　バンクーバー市役所　　　　写真❻　札幌市役所

　写真❺も写真❻も市役所の内部はわからないが、実際に入ってみると大きな違いがあることに気がつく。日本では申し合わせたように、各部課係があってひとつの大広間に役職順に机が並べられている。しかし、欧米の市役所では、大広間もあるが、個室になっているところも多い。

市街地再開発事業〈写真❼〉							
地区	施行者	事業年度	地区面積	敷地面積	延べ床面積	用途	総事業費
JR琴似駅南口地区	組合	平成2～5年	1.4ha	9,776m²	57,100m²	店舗業務	10,400百万円
優良再開発建築物整備促進事業〈写真❽〉							
地区	施行者	事業年度	地区面積	敷地面積	延べ床面積	用途	総事業費
ビール工場跡地地区	民間	平成元～4年	5.45ha	42,684m²	123,000m²	物販店飲食店ホテル	48,000百万円

図表❶　再開発事業の例（「札幌市政概要」より）

写真❼　JR琴似駅前南口の再開発地区　　　写真❽　ビール工場跡地の再開発地区

3　再開発と法令上の制限

[1] 札幌の例

　市街地再開発事業は、都市再開発法に基づく事業である。これに対して、優良再開発建築物整備促進事業は、都市再開発法に基づかないものであり、法律手続を要しない任意の事業である〈図表❶参照〉。いずれも、施行者に対して事業費の一部を補助し、土地の有効活用を促進している。

　札幌市の場合、総合住環境整備事業や土地区画整理事業（札幌駅南口）に取り組んでおり、また街づくり促進のための助成制度も設けている。ほかに、地区計画制度も積極的に活用し、そのひとつが、再開発地区計画である。

[2] バンクーバーの例

　バンクーバーでは、再開発の例がいくつかある。そのうち、「ガスタウン歴史的地区」

について、主な法令上の制限を拾い出してみる。

用途の制限が細かく定められており、基本的に営業できるのは、次の3種類である。

　a．食料品店
　b．小売店
　c．レストラン

レストランにおいては営業について制限があり、少なくとも9席以上ある店で、ライブ演奏、ダンス、アンプを使った楽器演奏をすることはできない。

建物の利用には、パーキング施設、レストランの施設、花壇を置く以外は店頭に商品等を並べることは禁じられている。したがって、再開発地区で観光的な要素が強いが、道を歩いてもスッキリしている〈写真❾〉。

写真❾　通りには植木鉢以外、何もない

ほかに、用途制限のうち条件によって認められるものがある。

　a．カルチャーやレクリエーション関係、スタジオ、ホール、スイミングプール、劇場など
　b．住宅
　c．公的施設
　d．製造業
　e．事務所
　f．その他

なお、高さ制限として次のように定められている。

　　建築物　　最低の高さ　12.2m
　　　　　　　最高の高さ　22.9m

［3］　具体的な比較

工場の跡地を再開発した地区として、札幌市はビール工場跡地地区を、バンクーバー市はグランビル島をそれぞれモデルにして、いくつかの角度から比較してみる。グランビル島は、都心から車で10〜15分程度の位置で、陸地続きの半島である。土地所有者は市で、開発主体は公社。敷地面積は約4万3,000坪で、ほかに海面1万6,000坪がある。

配置図は、札幌市が図表❷で、バンクーバー市は図表❸のとおりである。

① 　ホテル〈写真❿・⓫〉

ホテルは、両地区内にある。ホテルはコミュニティーの中心であり、単に宿泊施設を利

用するためだけではない。写真を比べてみると、再開発に対する考え方（コンセプト）の違いがはっきりわかる。バンクーバーは、外側はできるだけそのまま残し、内側を変えるという考え方が全般的に表れている。

② 道路〈写真⑫・⑬〉

道路を比べてみると、もっとも違いがはっきりする。写真⑬には、写真⑪にあるホテルが奥のほうに見える。つまり、ホテルに行くには古い鉄道線路を踏みながら歩く。

一方、写真⑫では、すべて道路を新しく築造しており、さらに歩道には街路樹が植えられているのがわかる。

また、写真⑯には、島の上空に大きな橋がかけられている。このような道路条件のもとで再開発が行われたのである。

わが国の街づくりで見習うことが多いのは、街の再生である。グランビル島（図表❸）は、旧工業地帯であったが、見事に再生して、多様な用途の建物が配置された街になっている。古い建物をそのまま活かしているのが特徴といえる。ただし、交通の連続系統はよいとはいえないが、事務局の来訪者の統計を見せてもらうと、交通手段がやや詳しく調べられている。

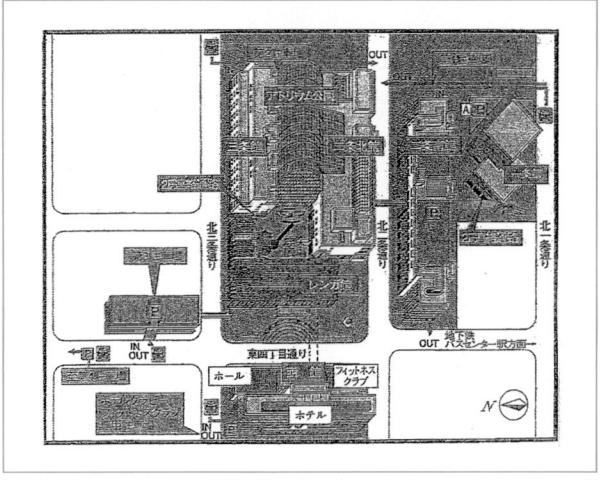

図表❷　サッポロファクトリー（ビール工場跡地地区）

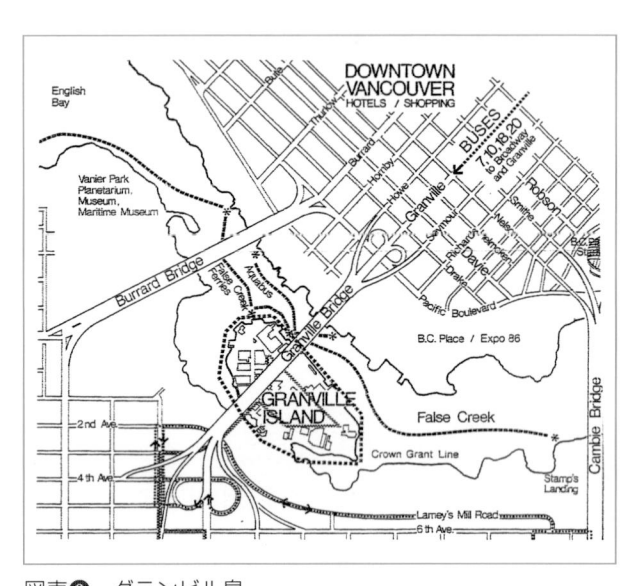

図表❸　グランビル島

写真❿　レンガで周囲とよく調和している
　　　　ホテル（札幌）

写真⓫　工場を改造したホテル
　　　　（バンクーバー）

写真⓬　再開発地区のきれいなカラーの
　　　　モザイク（札幌）

写真⓭　工場の線路がそのまま残された
　　　　ままの通路（バンクーバー）

③　モニュメント

　グランビル島では、よく見えるところに古い荷上用クレーンが残されているが、歴史を読むモニュメントである。これに対して、札幌では現代的なオブジェが広場の中心につくられている。よく見ると、赤い大きなボックスのようなものの中に立っている20本前後の棒状のものの組合せが面白い。これにも、バンクーバーと札幌との基本的な違いが見られる。

④　店舗の種類

　ところで、物販やサービス業はどうなっているのであろうか。大きな違いを比べてみる。

　　1）札幌

　　　a．飲食関係
　　　b．食料品
　　　c．ファッション
　　　d．ファッション小物

写真⓮　キッズ・オンリー（子供専用）の建物と
　　　　島にかかるブリッジ（バンクーバー）

e．生活雑貨・小物
　　f．アミューズメント・鑑賞
　　g．企業パビリオン
　　h．生活、サービス（カルチャー）
　　i．ホテル、ホール

2）バンクーバー

★a．小売市場（食料品などを中心と
　　　するマーケット）
　b．子供専用の売場〈写真⑭〉
　c．クラフト教室、ギャラリー
　　　〈写真⑮〉
　d．食堂、喫茶
　e．事務所
★f．美術学校
　g．劇場〈写真⑯〉
　h．店舗
　i．ヨット教室
　j．水上住宅
　k．コミュニティーセンター
　l．ホテル
★m．工場〈写真⑰〉

写真⑮　ギャラリー（バンクーバー）

写真⑯　小劇場（バンクーバー）

写真⑰　再開発地区で操業中の工場
　　　　（バンクーバー）

　面積の違いもあるが、バンクーバーでは、aとfに基本的な違いを見ることができる。

　小売市場では食材が揃っており、主婦などがよく買いに行く、わが国のどこにでも見られる市場を想像してもらうとよい。違いは広さと品揃え、さらに価格にある。

　また、美術学校では有名な美術家が育っているということであり、州では名の通った学校である。

　異質なのは、セメント工場が依然として操業を続けていることである。このようなことはわが国では考えにくいことであり、すべてを建て替えるような再開発では相容れないことであろう。

　札幌の例では、工場の一部を残し、新築の建物も古いイメージを残すよう配慮されている。

4　街のポイントをつかむ

［1］　いくつかのポイントの項目

　街の比べ方を述べてきたが、ガイドブック（アメリカ人の見た札幌ガイドとカナダ人の見たバンクーバーガイド）について、〈図表❺〉からポイントを比べてみると、共通する項目を拾い出すことができる。そのことは、見方を変えると、街を読むときのポイントともいえる。

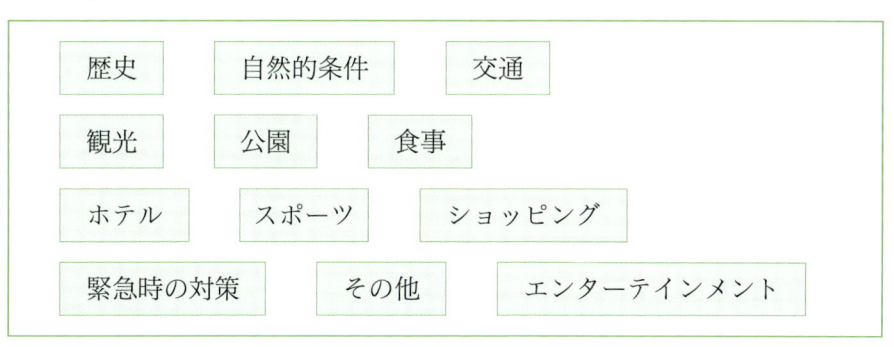

歴史	自然的条件	交通
観光	公園	食事
ホテル	スポーツ	ショッピング
緊急時の対策	その他	エンターテインメント

図表❹　街を読むときのポイントとなる項目

［2］　もうひとつのポイントの捉え方

　バンクーバーのグランビル島の再開発をよく調べてみると、次のようなポイントのつかみ方があることがわかる。

【再開発の読み方】

1．点と線　　　　　　2．動と静
3．新と旧　　　　　　4．カルチャーとレクリエーション
5．ビジネスと保養　　6．生産と販売
7．利用と未利用　　　8．地元と外部
9．用途の混在　　　　10．総合と調和

	SAPPORO（札幌）	VANCOUVER（バンクーバー）
1	歴史的なスケッチ	街の概要。歴史。人口、気候、主な産業
2	天候（温度、降雨、降雪）	緊急時の電話番号、病院、銀行、教会、郵便局、TV、新聞
3	交通（列車「北斗星」、地下鉄、市電、タクシー）	ホテル、その他の宿泊施設、トレーラーパーク〈写真⓲・⓳〉
4	ホテル（札幌駅周辺のホテル、インターナショナルホテル、その他）	レストラン（朝食、昼食、シーフード）、バー
5	情報センター（国際交流プラザ）	公共の交通機関、タクシー、鉄道、空港、ビクトリアへの交通
6	名所、旧跡（大通公園、時計台、サッポロファクトリー）〈写真❽〉	観光、グランビル島、チャイナタウン、年間の行事
7	主な行事（ホワイトイルミネーション、雪まつり、北海道神宮祭）	公園（スタンレーパークなど）、ビーチ、庭園
8	飲食エリア（大通地区、オーロラタウン・ポールタウン、すすきの）	ギャラリー（美術、写真、インディアン・クラフト）
9	日帰り旅行（小樽、支笏湖、洞爺湖、登別）	映画館、劇場、クラシックミュージック、ダンス
10	スキー情報（テイネオリンピア、国際スキー場）	ナイトライフ（ジャズ、コメディ、パブ、バー、ディスコ、ロック、ゲイクラブ）
11	ベストセレクション（本、コーヒー、外国人の案内、ミーティングプレイス）	スポーツとレクリエーションカヌー、クルージング、釣り、ゴルフ、ハイキング、乗馬、スキー、テニス、他）
12	食堂のメニュー（すし、そば、ラーメン、丼物、その他）	ショッピング（ショッピングエリア、アクセサリー、アート、本、衣料、家具、他）
13	方言、地震の時のサバイバル	子供向け（動物園、日帰り旅行、博物館、ベビーシッター、レストラン、他）
14	役に立つ住所と電話（領事館、市役所、緊急の連絡先、銀行、病院、その他）	郊外（カピラノ島、ウィスラー、その他）

図表❺　札幌とバンクーバーのポイント

　このことはわが国の再開発を読む場合にも使えるものである。そして何よりも大切なことは、グランビル島が再開発されてから30年を経過してもまだそのまま続いているということである。図表❺から、「再開発の読み方」で示した10項目について、十分読みとることができよう。

(注)1．札幌の本：H. N. Tamoff "Sapporo Guidebook"
　　2．バンクーバーの本：T. Wershlar "Vancouver The Ultimate Guide"

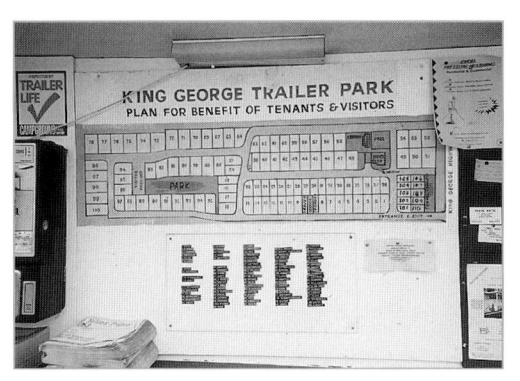

写真⑱　トレーラーパークの住宅案内図　　　写真⑲　トレーラーパークの例（日本にはない）

　住宅街は、単一ではない。基本的には、用途の純化された街（住宅街のみ）と用途の混在した街に分けられるが、写真⑱と写真⑲は、トレーラー（自動車）を住宅に改造して居住する街である。日本にはない用途純化の発想である。

第3章

やさしい街の比べ方

1　街の比較

　街は、数えきれないくらい多くの要素が組み合わされており、しかもそれらは複雑に関係しているので非常に読みにくい。とくに歴史のある街はそのことがいえる。

　これまでに述べてきたように、街をとらえるときのキーワードは、「調和・変化・安全」であり、もうひとつは「快適性・生産性・収益性」である。キーワードから北欧の街をモデルに読み方の実践を試みてみたい。

都　　市	ストックホルム （スウェーデン）	ベルゲン （ノルウェー）	コペンハーゲン （デンマーク）	札　幌 （日本）
位　　置	北緯59°	北緯61°	北緯56°	北緯43°
人　　口	209万	26万	120万	193万
平均気温 （℃）	2月　−3 7月　18	2月　−3.3 7月　17.8	2月　0 7月　16.1	2月　−2.1 8月　20.1
地　　理	湖と海のある平坦地	海に面する山岳地帯	海と運河のある平坦地	石狩平野
歴　　史	16世紀に首都になる （バイキング）	13世紀に首都 （ハンザ同盟の主都市） （バイキング）	9世紀前半、 王国統一 （バイキング）	19世紀 屯田兵による開拓
イメージ	石と木 緑 湖と橋 クルーザー 群島	フィヨルド 海、岩 伝統 観光 カラフル	赤いレンガ 賑わい 商業 運河 観光	碁盤の目のような道路 勾配急な屋根線
言　　語	スウェーデン語	ノルウェー語	デンマーク語	日本語

図表❶　街を比べる

　（注）　人口は、比較のためある時期のもので、直近の数字ではない。

●第3章●やさしい街の比べ方

a．スウェーデンのストックホルム
　（現首都）
b．ノルウェーのベルゲン
　（昔の首都）
c．デンマークのコペンハーゲン
　（現首都）

　写真❶・❷・❸は、街を上から見たときの遠景であるが、これらを比較しただけでも、街の違いを多少なりとも読みとることができよう。

　まず、共通している点は、上空（空間）の利用がほぼ一定していることで、突き出しているのは教会などの屋根や建物の塔だけである。また、公園等は別として、平地の利用効率（密度）が高いことも共通している。

　それから、写真から読みとれない点として、街を比べるときの違いを図表❶にまとめてみた。ほかにも、いくつかの要素をあげることができるが、不動産として読むときは、とくにイメージに関することが大切で、これらの内容については、順次説明することにしたい。なお、同じ北国の札幌〈写真❹〉や南に位置する福岡〈写真❺〉と比べてみるのも面白く、興味深い。上からは同じように見えても、下から見るといろいろな違いがわかってくる。上空（空間）

写真❶　ストックホルムの中心地

写真❷　ベルゲンの中心部

写真❸　コペンハーゲンの中心部

写真❹　札幌市の中心部

写真❺　福岡市の中心部

街を比べる

と地上の両方を比べないとわからないことは多い。

2　みちで読む都市

[1]　みちの読み方

　街の中に入って、まず読みとるべきことは、「みち」（道、路）である。写真❻は、ストックホルムの旧市街の細いみちであるが、自動車もない当時は、狭くても大して問題にならなかったのだと思われる。

　「みち」の読み方について、ポイントを整理すると、次のとおりである。

写真❻　旧市街地の石畳の路
（ストックホルム）

> a．系統性や連続性について、どうなっているか
> b．幅員はどのくらいか
> c．道路の構造はどうか
> d．道路内に工作物はあるか
> e．道路に接する土地はどのように利用されているか
> f．その他

写真❼　街の中心の道路（ベルゲン）

　写真❼は、古くからあるベルゲンの中心部である。幅員は20m以上あって、石が敷き詰められている。道路内には下水のマンホールがあり、上空には外灯が吊り下げられている。歩道には、街路灯と街路樹とベンチが見える。道路の系統や連続については、かなりよく、市内のどこにでも自由に行き来できる。

　幅員の広い道を、上から見て比べるのも面白い。

　写真❽は、コペンハーゲン中央駅付近の道路で、写真❾は福岡市の博多駅付近の道路である。いずれも早朝で、人も車も少ないが、人や車のための道路の白線に表示の違いが見られ、道路に設置されている標識、信号などの違いもわかる（北欧の街は、車は右側通行である）。

写真❽　コペンハーゲン中央駅付近の道路

写真❾　博多駅付近の道路

[2] 地図でみちを読む

① 地図を探す

「みち」を読むときは、いろいろな地図を探し、比べてみるとよい。図表❷は現在のストックホルムの中心街で、図表❸は同じ場所について1733年のものである。地図は貴重なもので、都市計画などの専門的な研究をする市役所の別館〈写真❿〉によく保存されていて閲覧することができる。

② 地図を読む

図表❷のGAMLASTAN（ガムラスタン）と表示のある島が昔からある旧市街で、ここには王宮や伝統ある教会もある。写真❻は、このガムラスタンの中にある住宅街である。

写真❶はストックホルムの中心地で、手前に鉄道の橋があり、その隣り合わせに自動車道があり、奥にはバスが走

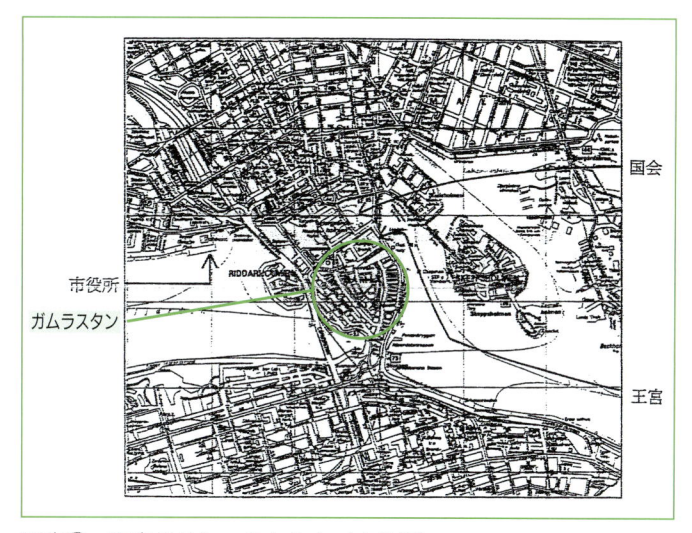

図表❷　現在のストックホルム（中心街）

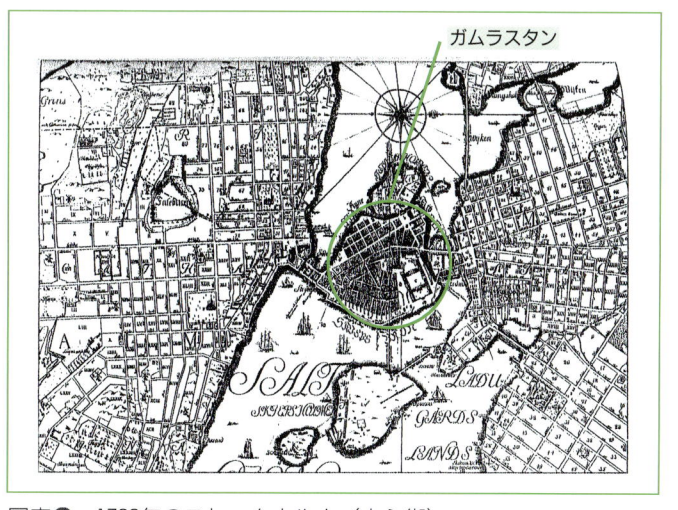

図表❸　1733年のストックホルム（中心街）

街を比べる

105

っている橋が見える。さらにその奥には、半円の大きな建物があるが、これがスウェーデンの国会議事堂である。図表❸を見ると、このときには島に橋が架けられているだけで、280年前と現在とを比べてみると様子が変わっているのがよくわかる。

ところで、2つの地図について道路の状態を比較してみると、基本的な道路網は変わっていない。日本でいえば江戸時代であるが、18世紀のスウェーデンではすでにしっかりした都市計画ができあがっていたものと推察される。

ヨーロッパも日本と同じように古くからある街と比較的新しい街との基本的な違いは「みち」である。もちろん建物が古い、新しい、ということもあろうが、根本的に道路の幅員や系統連続が違っている。

問題は、ヨーロッパの場合、古い街の道路と新しい街の道路がうまく連続しているが、日本ではそうでないところ（たとえばニュータウン）もいくつかある。

ストックホルムの古くからある街（ガムラスタン）を中心に、街は両サイドに大きく広がっている。

新潟県長岡市でも現況にはないが、長岡城跡を中心に街は広がりを見せている。

このように歴史的に街づくりの変化を調べることは、これからの街づくりについても大変参考になるのではないだろうか。

写真⓾　ストックホルムの市役所別館

写真⓫　長岡駅を中心とする市街地

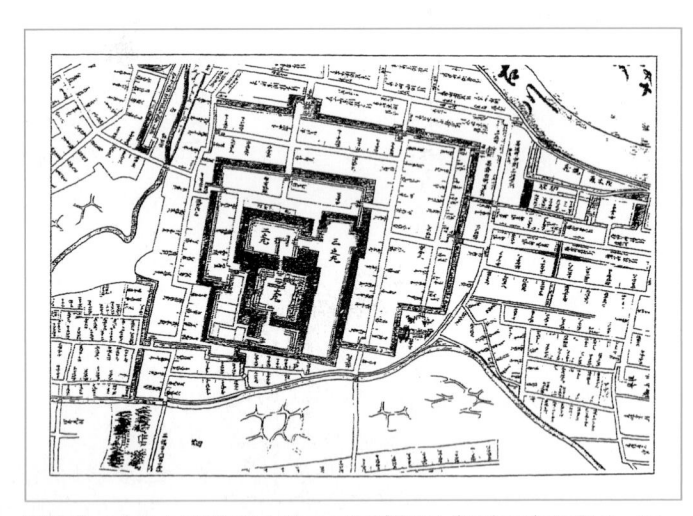

図表❹　今から300年以上前の長岡城周辺（現在の新潟県のJR長岡駅周辺　「延宝年中長岡城下図」：国書刊行会より）

　　（注）　図表❷、図表❸、写真❶（103頁）の水面は、海ではなく湖（メーラレン湖）である。

③　わが国との比較

　わが国にも古地図はかなり残されているが、過去300年の間に大きく変化した長岡市（新潟県）を例に取りあげ、地図を読んでみたい。図表❹は、いまから300年以上前の長岡城を中心とする市街地である。この城は、信濃川右岸の自然丘陵地上に築造されたものであり、当時の本丸の場所にはJR長岡駅〈写真⓫〉がある。

　（注）「延宝年中長岡城下図」（国書刊行会）に詳しい解説がある。

　比べてみて面白いのは、図表❸のガムラスタンには王宮があり、図表❹には城があることである。王宮のある島は湖に囲まれており、長岡城はいくつもの堀で囲まれている。

　街の比較は、できれば古い地図と比較しながら読んでみると、街の変化をよくつかむことができる。このようにちょっとしたことから、街の特徴を地図の上からとらえてみるのもおもしろい。つまり、一枚の地図は、ある一時点を表すものであって、変化を読むには時代の異なる地図を何枚か比較してみるとよい。

3　美しい街は、みちから

　「みち」を街全体から大きくとらえてみることである。それには実際に「みち」に立ってみて、いろいろな「みち」の種類を調べてみることである。とくに北欧の街を歩いていて気がつくのは幾何学的な模様の石畳（ペーブ・ストーン）の美しいみちである。

［1］　いろいろな模様

① 　直線の組合せ〈写真⓬・⓭〉

　直線の組合せもいろいろな模様ができあがる。パターン❶とパターン❷は同じ直線でも図柄は違っている。

② 　直線と円の組合せ〈写真⓮〉

　単純な直線と単純な半円の組合せがパターン❸である。直線と曲線のバランスのよくとれた模様といえる。

③ 　円と円の組合せ〈写真⓯・⓰〉

　やや複雑なのが円と円の組合せで、パターン❹がそのひとつの例である。できあがっている模様は非常に美しく、よく見るとかなり複雑になっている。同じ円と円の組合せでも、パターン❺はパターン❹と少し違っている。これは広場にある大きなサークルの中に、小さな円がいくつも重なり合っているものである。樹木とマッチしていて面白い。人も自然に円に沿って歩いている。

④ 　複雑な組合せ〈写真⓱〉

　直線やいろいろな曲線で組合せた模様もよく見かける。その例がパターン❻である。石

もよく見ると、大小さまざまであり、見ている人の目を楽しませてくれる。いくら見ても退屈しない模様である。

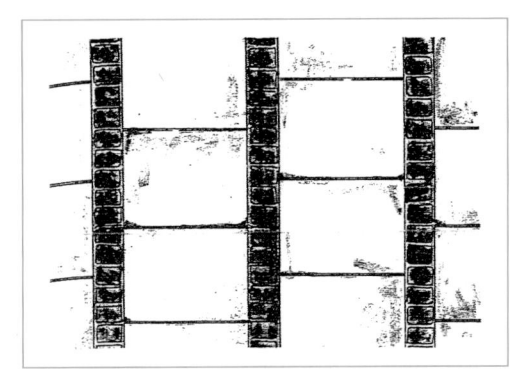

パターン❶

写真⑫　歩道の石のアクセント（コペンハーゲン）

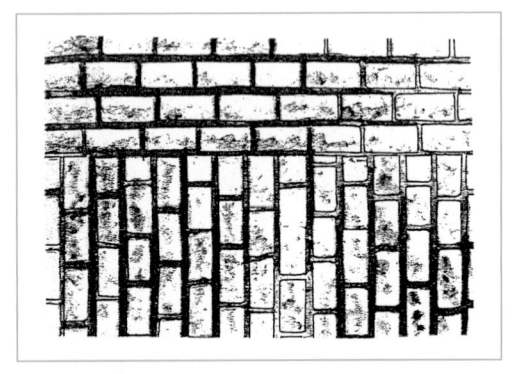

パターン❷

写真⑬　直線の組合せ（ベルゲン）

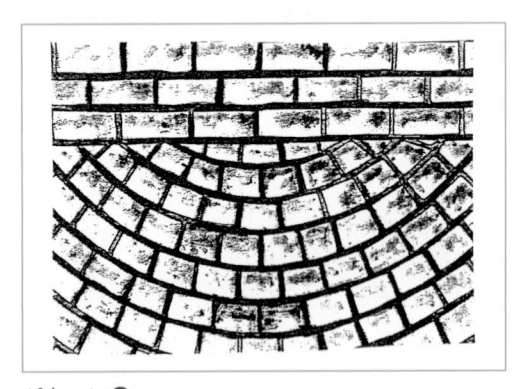

パターン❸

写真⑭　直線と円の組合せ（ベルゲン）

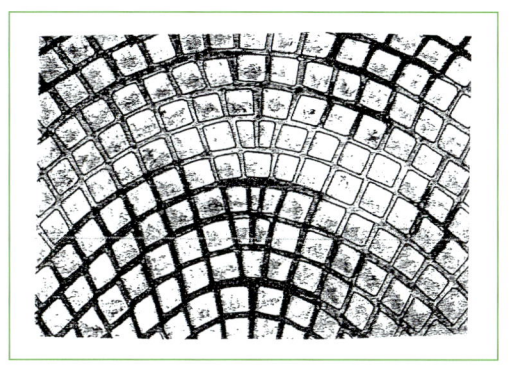

パターン❹

写真⓯　円と円の組合せ（ベルゲン）

パターン❺

写真⓰　円と円の組合せ（ベルゲン）

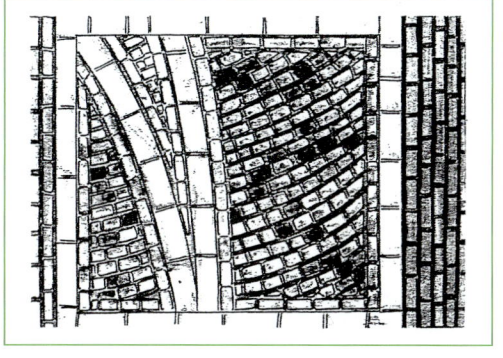

パターン❻

写真⓱　複雑な組合せ（ベルゲン）

［2］ 実用的な使い方

① やすらぎ……ベンチ〈写真⓱〉

　石畳は、やすらぎを与えてくれるものである。写真⓱にはベンチが置かれていて、人の心を和やかにしてくれることであろう。

② 安全

　石畳は、安全の面でどのような役割を果しているのか。それを示したのが以下の１）〜３）である。

　１）信号と歩道〈写真⓲〉

　　道路そのものが、バスレーンや車線変更用のために平行線（同じ幅員）になっているところも多い。場所によっては、横断歩道で信号待ちをする場所だけ石畳にして、目立つようにしている〈写真⓲〉。少し離れて見ると、道路にアクセントがあって面白い。

　２）横断歩道〈写真⓳〉

　　写真を見ると、色違いの石を敷き詰め、縞模様にした横断歩道がある。わが国では、白線のペンキで表示されているのが普通であるが、あくまで石畳を使って、道路全体の調和を考えている。

　３）道路内にある信号標識〈写真⓴〉

　　道路内にある信号標識用の工作物は、しばしば危険を伴うが、石で囲い、そのなかには石を敷き詰めている。実際には信号灯のある敷石を踏むことがないが、全体の調和がはかられている。

写真⓲　横断歩道と交通信号（コペンハーゲン）

写真⓳　横断歩道と縞模様（ベルゲン）

写真⓴　車道内の信号標識（ベルゲン）

写真㉑　歩道内のごみ箱（ストックホルム）

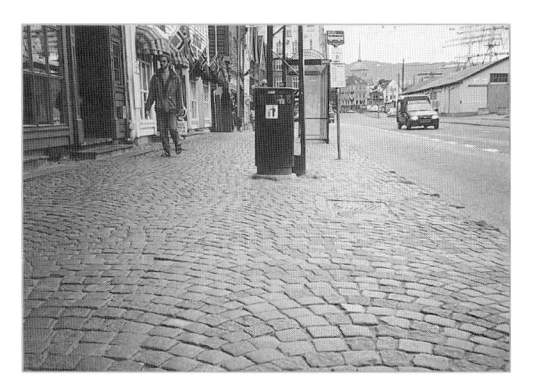

写真㉒　歩道内のごみ箱（ベルゲン）

写真㉓　歩道清掃車（ストックホルム）

写真㉔　広場の電話ボックス
　　　　（ストックホルム）

写真㉕　歩道内のバス停（ベルゲン）

[３]　みちにある施設

① 　ごみ箱〈写真㉑・㉒〉

　市街地の歩道にはごみ箱がよく目につく。利用度はわからないが、歩道を見てもごみなどは落ちていない。同じごみ箱でも都市によっていろいろ特徴がある。写真㉑はストックホルム駅周辺のダブルのごみ箱で、その付近の車道をカラフルな模様が描かれたごみ清掃車〈写真㉓〉がさらに掃除している。ごみに対する考え方は、都市計画でも大切なことである。

　写真㉒は、ベルゲンの港の付近のごみ箱である。石畳との調和を読んでみると面白い。写真㉑と㉒に表示されている文字や図柄を比べてみると、違った読み方もできる。

② 　電話ボックス〈写真㉔〉

　中央に教会があり、それに通じる石畳の路には、外灯、樹木それに電話ボックスがある。

電話ボックスは、全体の雰囲気を損なうことのないように配置されている。この景観が、ひとつの絵になっており、全体の中で石畳が引き立て役になっているといえる。なお、電柱や電線はいっさいない。

③　バス停〈写真㉕〉

　　石畳の歩道とこれに続く広場があり、車道寄りにはバス停がある。そのすぐ後ろには、ベンチがある。バス停はとくに珍しいものではないが、石畳の中に設置されているという点で、少し違った見方もできよう。

第4章

街の調和

「街の調和」について、北欧の特色ある次の3都市を比較すると、次のとおりである。

①ストックホルム……スウェーデンの首都（人口209万）、スカンジナビア半島バルト海に面している。
②ベルゲン……ノルウェーの旧首都（人口26万）、スカンジナビア半島、ノルウェー海に面している。
③コペンハーゲン……デンマークの首都（人口120万）、デンマークはスウェーデンとドイツに接している。
（注）人口は、外務省基礎データ。

「街の調和」は、それぞれの都市でどのように読むことができるか、写真を手がかりに調べてみよう。

1　木と石の調和

街の中にいて、まず目に入るのが道路と建物がある。道路についてはこれまでに詳しく述べてきたが、ここでは少し角度を変えて、木と石との調和について考えてみたい。

北欧の街は、建物や道路の材料に石やレンガを多く使っているが、そこからイメージされるそれぞれの街の特色をとらえてみると、次のような組合せになる。

- ストックホルム（スウェーデン）……石と木
- ベルゲン（ノルウェー）……木と岩
- コペンハーゲン（デンマーク）……レンガ

石には、重厚さと落ち着きがある。しかし、木と違って硬く冷たい材質であることから、石だけの街は、とかく暗く沈んだイメージがするものである。石はハードである。

一方、木は、ソフトな感じであたたかい。また、加工しやすいし、親しみやすい。北欧

（とくにスカンジナビア半島）は、森林資源が多い。石や岩（コンクリート）による冷たく重苦しいイメージをどう変えているか、そのポイントは木材の利用にある。

　石などをベースにしながらも、木との組合せによって、どう調和されているかを、道路、工作物、建物について調べてみるとそのことがよくわかる〈図表❶〉。

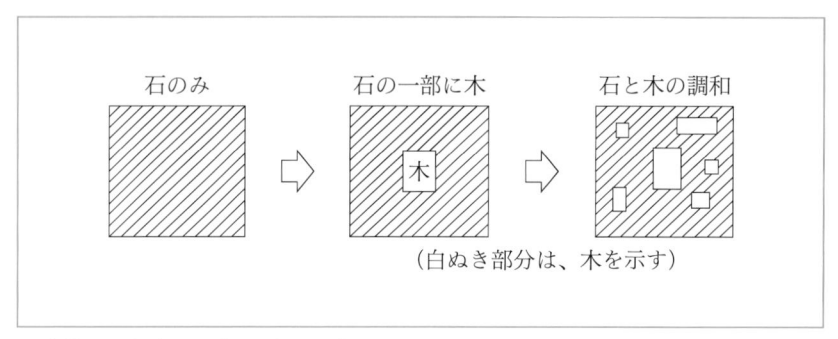

図表❶　石と木の調和のイメージ

① 道路についての石と木の調和

　道に木を使う例は少ないが、ないこともない。

　写真❶は、細街路（小路）の中央に木を使っている例である（ベルゲン市内）。歩きやすいかどうかは別として、何となく親しみやすい道である。初めて来ても、いつも通っていて、慣れた道のような感じがするから不思議である。

　写真❷は、公道に接続する通路兼ピロティである（ベルゲン市内）。手前が、円の模様になった石畳であり、左側はレンガを敷き詰め、直線の組合せの模様になっている。右側が長尺の板を敷いてあり、直線の模様になっている。3種類の材料と3つの幾何学模様がうまく調和している。

写真❶　小路の中央に組み込まれた木の道

写真❷　石、レンガ、木の3つの組合せ

写真❸　石畳と岩山につくられた木の外階段

写真❹　幼稚園の外柵

写真❺　公園の柵

写真❻　住宅の塀

② 工作物についての石と木の調和

　街を観察すると、いろいろな工作物がある。小さなものには家の垣根が、大きなものは塔や運動施設などがある。

　写真❸は、小高いところに上るのに設けられた階段である（ストックホルム市内）。この階段によって、上ったり下りたりするのに距離が短くなる。階段の背後は大きな岩山であり、地面には、長方形の石が敷き詰められている。この階段は、木でできており、いくつかの踊り場で方向を変えながら、上まで続いている。少し心もとない感じもするが、木による階段であるところが面白い。

　写真❹は、幼稚園の遊び場の外柵である（ストックホルム中心部）。石柱と石柱との間に木の柵が組み込まれていて、硬く冷たい感じの石の塀をソフトにし、変化をつけている。遠くには、木のゲートも見える。

　写真❺は、小さな公園の柵である（ストックホルム中心部）。大きな石を積み上げてつくった柵に、手すり風に渡した木の飾りは、バランスがよくとれている。写真❹と比べてみると、同じ石と木の組合せでありながら、いろいろな違いを読みとることができる。

　写真❻は、小高い丘の住宅地である（ベルゲンの郊外）。法【のり】（傾斜地のこと）は、コンクリートで頑丈につくられ、その上の住宅の塀は木造である。木造の住宅地の塀はベ

ルゲンの街のいたるところで見ることができる。周辺は、岩盤がむき出しになっているところが多い。

③ 建物についての石と木の調和

1) 玄関

写真❼は、石とレンガ造りの建物で、写真❽は石とコンクリート造りの建物である（いずれもストックホルムの旧市街）。

写真❼も写真❽もいずれも玄関の扉は木造である。扉の周りにはいろいろな彫刻や飾りがあるが、扉そのものにも彫刻が施されていて、玄関周りはよく調和している。扉の彫刻は、写真❼のほうが写真❽よりも模様は複雑で、上のほうには人物の肖像が見られる。写真❽は、入口がアーチ状になっており、扉ののぞき窓が円状になっているところが面白い。うまくバランスがとれているものだと感心する。

写真❼　石とレンガ造りの建物の玄関

2) 窓

写真❽の奥の建物には、銀行の看板が見えている。窓には、きれいな日除けのテントがあり、窓枠は木である。石とコンクリートでつくられてた銀行の建物は、頑丈で安心感があるが、一方、窓の様子を見るとソフトなイメージをつくり出すのに役立っている。

3) 天井

写真❾は、市役所の回廊とその天井である。また写真❿は、その市役所を遠景

写真❽　石とコンクリート造りの建物の玄関と銀行の窓

でとらえたもので水面近くに見えるのが回廊である。アーチ状になった柱と格子状になった天井は、丸と四角で模様もうまく調和している〈写真❾〉。柱と壁は、石、レンガ、コンクリートでつくられ、天井には木が使われている。

4) 建物の内部

市役所の建物内部〈写真❾〉は石と木の組合せによってうまくバランスがとれているが、レストラン〈写真⓫・⓬：コペンハーゲン〉でも、こうした例をよく見かける。レストランの内部〈写真⓬〉はそれほど広くはないが、木を上手に使っているので、外から見るイメージとはまったく違って、意外性を感じることがある。もっとも、石やレンガをそのまま使っている美容室やレストランなどもある。

写真❾　市役所の回廊の柱と天井（ストックホルム）

写真❿　湖面に浮かぶ市役所（ストックホルム）

写真⓫　半地下のレストラン（コペンハーゲン）

写真⓬　石造りのレストランの内部（コペンハーゲン）

　なお、コペンハーゲンのレストランや店舗には、半地下室がある建物が多くあり、入ってみると外の景色が天井に近い窓から見えて、落ち着きを感じる。

2　水と石の調和

[1]　公的建物

　写真❿は前項でも取りあげているが、有名なストックホルム市役所である（ノーベル賞の授賞式の晩餐会は、この地下にある大きなレストランで行われる）。この市役所は、見る場所によって景観がいろいろ変化する。湖（メーラレン湖）から見た市役所は、建物と水がよく調和している。

　一方、写真⓭は、その市役所の塔から見たもので、公的建物や伝統的建物が集中している島である。おとぎの国のような建物とその配置は水と実によくマッチしている。建物は、

石造り、レンガ造り、コンクリート造りである。公共建築物も、湖面と調和して、美しい街をつくり出している。ところどころに見える教会の建物も空間にアクセントをつけている。

写真⓭　美術館など公的建物の多い湖に面した地区

写真⓮　岩といろいろな住宅

[2] 住宅

住宅にはいろいろな種類のものがある。岩と水と建物との調和をベルゲンの例で見てみよう。写真⓮は、戸建て住宅、連棟住宅、中高層住宅が同一地区に集まっている例である。

① 戸建て住宅

写真⓯は、戸建て住宅をつくるための基礎工事の現場である。岩盤を削るのであるから、かなりの難工事と思われる。石を積み重ねて擁壁をつくっており、完成したものは上方の住宅地に見ることができる。

住宅の建材は木造であり、屋根は切妻か寄棟である。屋根に煙突が見えるのが北国の建物らしい。わが国の住宅によく似たところがある。岩と戸建て住宅との調和がよくとれている。

② 連棟住宅

写真⓰は、連棟住宅である。写真の下には海が見え、海面には岩が少しせり出しており、緑も十分にある。建物は、1棟2戸の連棟（長屋建）住宅である。ひな段状にきれいに並んでいる。建物と建物の間には、市内に通じる道路が見える（市内まで車で約20分）。ベルゲンでは、平坦地が少ないため、このような傾斜地に建てられているケースをよく見かける。

写真⓱は、同じ連棟住宅でもレイアウトが写真⓰とはまったく異なっている。この連棟住宅が集合した住宅群は、傾斜地を利用したもので、一団地を形成している。やはり、水（海）と岩と住宅が調和している例である。

③ 中高層住宅

写真⓲は、中高層住宅の例である。写真⓮にある中高層住宅とは少し違っている。ほか

写真⑮　岩の上の戸建住宅

写真⑯　海と岩と連棟住宅

写真⑰　岩と集合住宅

写真⑱　海と岩と中高層住宅

の住宅と同じように、水と岩とコンクリートの住宅が一体となって調和しているのを見ることができる。

3　広告と街

　街をにぎやかにするもののひとつに、広告がある。不動産のひとつとして広告を捉えるポイントは、次の5つのI（アイ）項目である。

- アイデア……広告にはアイデアが活かされているか。
- インパクト……人目を引くものか。
- イメージ……広告を見て店舗のイメージがわくか。
- インタレスト……関心を引き起こすか。
- インフォメーション……情報が伝わるか。

　このようなポイントチェックにより、広告が効果的であるかどうかを読んでみることができる。ただし、これらは相互に関係があるものであって、単独で切り離せるものではないが、あえてチェックポイントを5つに絞って調べてみることでわかることがある〈図表❷〉。

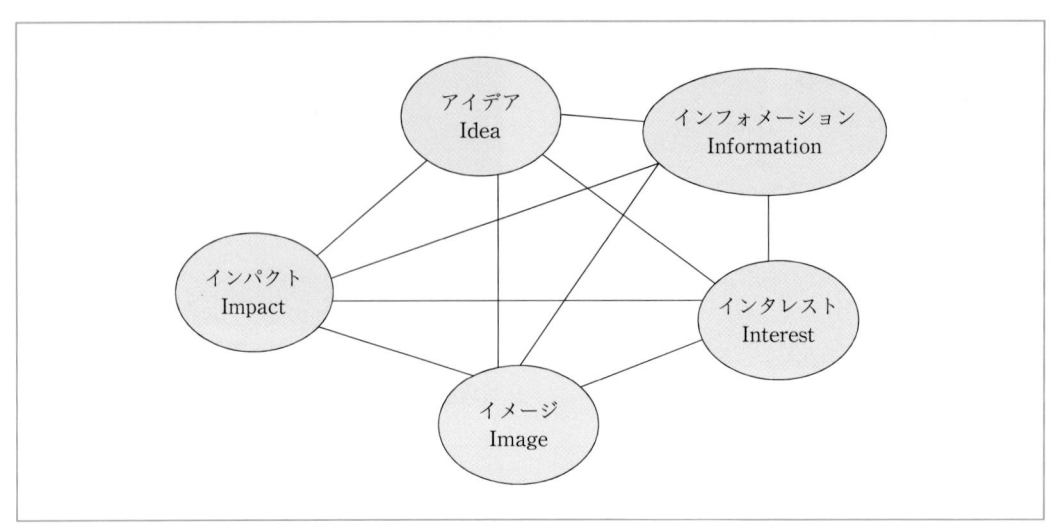

図表❷　5つのI（アイ）の関連

① アイデア
　まず、写真⓳を見ていただきたい（ストックホルム商店街）が、誰かの忘れ物を吊っているわけではない。何もないところにこのような袋を下げることは、アイデアが活かされているといえる。店は、雑貨の小物が並べられていて、店のイメージはわきにくいが、とにかく面白い。

② インパクト
　写真⓴は、ビルの正面いっぱいに表示されている広告である（コペンハーゲンの中心街）。屋上にある看板は、デンマーク語でDANSKINDUSTRI＝デンマークの産業の意味である。
　わが国でもよく知られている看板もいくつか見える。
　これが夜になると、写真㉑のように実にカラフルにネオンが咲き、夜空に浮かぶ。このような看板は、コペンハーゲンでもめずらしいが、似たような広告がほかにもあることはある。これは、昼でも夜でもインパクトがあるが、これはこれなりに調和のとれた広告といえるであろう。

③ イメージ
　写真㉒は、アンデルセンの人魚姫をイメージした店の看板である。パンや菓子などを販売しており、遠くからもよく見える（コペンハーゲンの繁華街）。イメージづくりでは、写真㉓の王冠もよく見かける（コペンハーゲン繁華街）。同じように、パン類を販売している店である。

④ インタレスト
　写真⓴は、先に説明したとおりインパクトのある広告であるが、インタレストを引き起こすものでもある。

写真❷は、いろいろな広告があって、興味深い（コペンハーゲン繁華街）。③のイメージのところで説明した王冠が見える。その後方の新しいビルを見ると、各階の角の壁にはいろいろな動物が描かれているが、これなどは、多くの人が興味をひくものだと思われる。また、下から蛇、イグアナ、イカのようなものがあり、調和のとれていないところに新たな発見と驚きがある。ほかに、婦人服店、メガネ店などの看板も見える。

⑤　インフォメーション

　写真❿には、店の名（SKAGEN）が出ているが、手前の店には図表❸のような表示が出ていて、内容がよくわかる。

　写真❷を見るとほかにも、黒に白ぬきの看板があり、図案で店の営業内容がわかるようになっている。写真を見ると手前の楕円には、白い縁取りがあるが、次にあるのは矢印だけで、後ろには正方形の看板があってメガネは黒色である。よく調和のとれた看板だといえよう。

写真⓲　アイデアを活かした広告

写真⓳　インパクトのある広告

写真㉑　写真⓳の夜のネオン

写真㉒　人魚で店のイメージづくり

写真❷ 王冠のマークの店の看板

写真❷ いろいろな看板

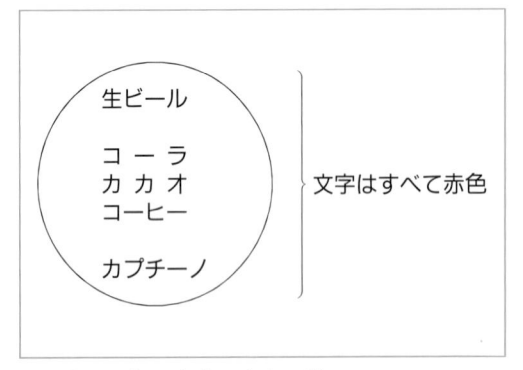

図表❸ 看板の文字は赤色で統一

（円の中：生ビール、コーラ、カカオ、コーヒー、カプチーノ）文字はすべて赤色

看板は人目につかなければ看板を出す意味がない。しかし、あまり派手すぎると、それがかえっていやみになったり、広告の規制に抵触したりすることにもなりかねない。

したがって、看板はアイデアが重要である。図表❸は、文字の色は赤で若干派手ではあるが、全体的にはバランスがとれていて品格も下っていない。

日本で面白いのは床屋の看板である。どこから見てもすぐわかる。
わかりやすいのは取り扱っている商品を立体的につくりあげて通行人に見せることである。

（例）食堂（レストラン）……フライパン
　　　靴屋　　　　　　　……靴（赤い靴）
　　　文房具店　　　　　……ゼムクリップ

しかし、取り扱うものによっては表に出せないものもある。

（例）銀行　　　　……独自のロゴとカラー
　　　水道工事店……水道の蛇口
　　　不動産業者……加盟団体のマーク

このような店舗は、5つのIを活かすことが必要になる。
いずれにしても「街の調和」ということを考えに入れなくてはならない。

第5章

街の変化

1 時の変化

[1] 街のシンボル

　街の特徴をとらえる簡単な方法は、いくつかシンボルとなっているところを探し、それらを観察してみることである。

　鉄道駅のある街は、駅舎がシンボルになっていることが多い。したがって、駅の建物の外観をよく見て、ほかと比べてみるとその違いをつかむことができる。

　写真❶は、ストックホルムの中央駅である。一見すると、ホテルのような外観である。写真の建物の両側にも関連する建物が続いているが、この写真では一部分だけが写っている。

　これを東京駅〈写真❷〉と比べてみると、東京駅のほうは記念館のような外観であるが、ストックホルム中央駅といくつか共通する点がある。それは開口部（出入口や窓など）に、アール（カーブ）がつけられていて、全体として変化に富む外観になっているという点だ。

　それからもうひとつは、不特定多数の人の出入りがあるという点であろう。ただし、ストックホルムのほうは人の歩みもゆっくりで、東京のほうはせかせかしているのが特徴だといえよう。このようなところに国民性の違いを読みとることができる。

[2] いろいろな時計

　ところで、駅は時間と切っても切れない縁がある。ストックホルム中央駅と東京駅の両方で時計を探してみると、東京駅は遠くから目立つところにあるが、近くに行くと見えないのに対して、ストックホルム中央駅は写真❶の右下のほうに時計がある。どちらが実用的であるかとか、シンボルになるかどうかは別として、駅と時計との関係性をテーマに比べてみると面白い。

　ほかにも時計と縁の深い建物としては郵便局があるが、大都市では中央駅の周辺に郵便局があることが多い。ストックホルム中央駅の近くにも郵便局〈写真❸〉があり、東京駅

の南側近くには東京中央郵便局〈写真❹〉がある。駅舎と郵便局舎とではまったく違った外観をしているが、時計が建物の中心にあるという点は共通している。

　ここで何を言いたいかというと、時の変化は街の変化を読むときの基本になるということだ。時計がどんなところに置かれているかを調べてみるだけで、いろいろなことがわかってくる。時計は、街のシンボルであるとともに、街の変化を探るうえで欠かせないものである。街の変化は、時計を調べることで知ることもできるが、時計にもいろいろあって、時計そのものがシンボルとして街に変化を与えているといえよう。

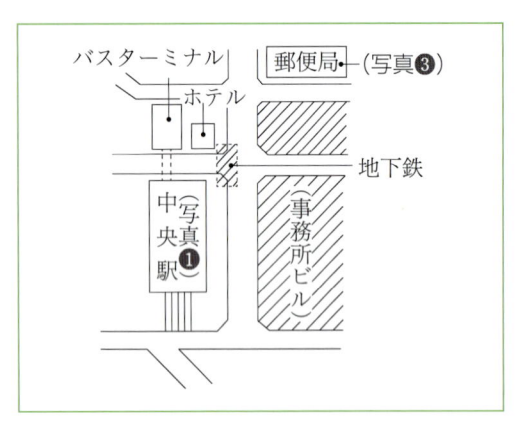

図❶　ストックホルム中央駅周辺

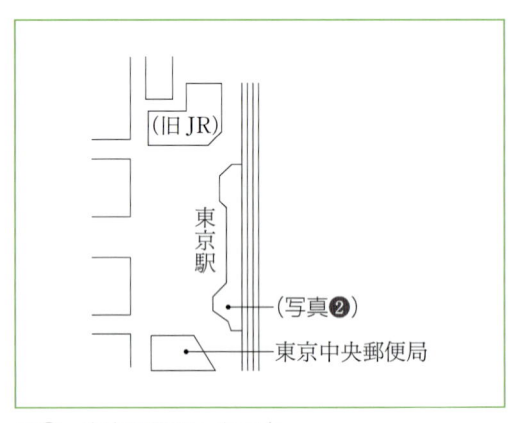

図❷　東京駅周辺：丸の内

写真❶　ストックホルム中央駅

写真❷　JR 東京駅

写真❸　ストックホルムの郵便局

写真❹　東京中央郵便局

2 流れの変化

[1] 人の流れ

　街の変化がよく表れているものに、人の流れがある。とくに、商業地域はその変化が大きい。人の流れは、商業施設や交通施設があることによって変わることが多い。商業施設というと、集客力の大きい店舗をイメージするが、都市にはデパートやスーパーマーケットなどがある。

　写真❺は、ストックホルムのデパートで、写真❻は、コペンハーゲンのデパートである。建物の外観は違っているが、窓などにアールがついているのは同じである。また、両デパートとも国旗が掲げられているのは面白い。

　写真❺と写真❻をもう少し観察すると、写真❻のほうは自転車が入口と歩道に無造作に置かれており、写真❺のほうはスッキリしている。

　ほかにも通過人口、街路樹、街路灯など比べてみると、いろいろな違いのあることがわかる。このような大型店舗が街に変化をもたらしているのは確かである。

　それから人の流れであるが、ストックホルムの繁華街〈写真❼〉とコペンハーゲンの繁華街〈写真❽〉とを比べてみると、かなりの違いがある。両方とも石やコンクリート造の

写真❺　ストックホルムのデパート

写真❻　コペンハーゲンのデパート

写真❼　ストックホルムの繁華街

写真❽　コペンハーゲンの繁華街

写真❾　大道芸人（コペンハーゲン）　　写真❿　コペンハーゲンの中央駅

冷たい感じの建物が立ち並ぶなかにあって、人の流れが大きな変化を与えている。

［2］　流れに変化を与えるもの

　ところで人の流れに、さらに変化をつけるものがある。
　写真❼は、道の上に旗が下がっていてにぎやかさを増しており、写真❽は露店が変化をつけている。写真❽の繁華街のなかに入っていくと、いたるところに大道芸人が芸を披露している光景が見られる〈写真❾〉。この芸人たちの芸を、1日見ていても面白い。なかにはプロ級の人もいて、自分のCDを売っている人もいる。芸の多くは楽器の演奏である。

- 楽器の演奏……バイオリン、アコーディオン、マリンバ、エレキギター、ドラム、鼓弓、ギター、フルート、ノコギリ（ミュージカルソー）
- 手品
- パントマイム
- 見せ物
- コミック、ピエロ

　このように、大道芸人たちの存在は、街に変化をつけるのにおおいに役立っている。

［3］　乗り物の流れ

　写真❿は、コペンハーゲンの中央駅である。ストックホルム中央駅〈写真❶〉や東京駅〈写真❷〉と比べてみてもずいぶん違っている。地下には鉄道が走り、地上には自動車が止まっている様子がうかがえる。このように、街に変化を与えるものに乗り物がある。鉄道、地下鉄、バス、タクシーなどが代表的なものである。
　鉄道駅は、人の動き、人と人が出会う場である。写真⓫は、ストックホルム中央駅のコンコース部分である。よく見ると中央に円形の穴があり、地下を見渡すことができる。この穴から直接地下に行くことはできないが、広いコンコースにおいてひとつのアクセントになっており、変化をつけているといえよう。

●第5章●街の変化

引き続き写真⓫であるが、手前にはベンチがあり、奥には売店（キオスク）、さらにその奥にはレストランがある。

写真⓬は、ストックホルムの地下鉄のプラットホームである。線路を挟んだ壁は、カラフルなタイルが張られていて美しい。壁画があるホームもある。こうした壁画は、わが国の地下鉄でも最近見られるようになってきているが、こうしたことから街の変化をとらえることができる。

写真⓭は、ストックホルムのバスターミナルである。すばらしいアトリウムと空間、ホテルのようなカフェがあるが、わが国ではなかなか見ることができない。一方、東京駅のバスターミナルは駅前の広場にあり、これがわが国のターミナルの一例である。

乗り物とそのターミナルは、街に変化を与える重要なポイントだといえる。

3　街並みの変化

[1] ワンポイント

一度できあがった街並みを変えるのは難しい。なぜなら、もともと建物を建てるときに変わることを前提にしているということでもある。街並みを見るときは、こうした建物の変化を読むことによって全体の調和をとらえてみると面白い。

写真⓮は、ストックホルム中央駅の近く

写真⓫　ストックホルム中央駅の内部

写真⓬　ストックホルムの地下鉄のプラットホーム

写真⓭　バスターミナル（ストックホルム中央駅近接）

写真⓮　ストックホルムのワールドトレードセンター（中央駅近接）

街を比べる

127

にあるワールドトレードセンターで、バスターミナルにもなっている。地階は、中央駅と地下鉄駅に通じている。外観は三角形の組合せである。1階のエントランスも壁面から飛び出している窓も三角形であるが、窓をよく観察してみると壁面と調和している。

　建物にワンポイントがあるだけで街並みそのものにも変化を与えている。写真❶は、ベルゲン市街地の建物の屋根に取りつけられた時計で、ワンポイントになっている。時計の上に「時は流れる」と表示されていて、時間もよく見える。

　このようなワンポイントを、わが国の例で見てみると、写真❶（岡山県津山市の博物館）の壁面の模様と時計がある。時計は、建物の中心にあってよく調和している。しかも、周辺に集積している文化遺産と実にマッチしているといえよう。

　このように、街並みの変化を読むには、そうしたワンポイントだけを探してみる方法がある。

[2] 広場等

　街に変化を与えるものとして、広場、公園などの公共施設がある。広場といっても、その規模の大小や、利用方法もさまざまである。広場でイベントがあると、それが街に変化をもたらすことになる。街の変化を読む方法のひとつは、広場をよく観察することである。

　写真❶は、ストックホルムの中心にある歩行者天国の広場（セルゲル広場）である。広場は、三角形の美しい幾何学模様で、水色と白色が組み合わされている。地下街に

写真❶　ベルゲンの市街地の時計

写真❶　岡山県津山市の博物館

写真❶　ストックホルムの市街地

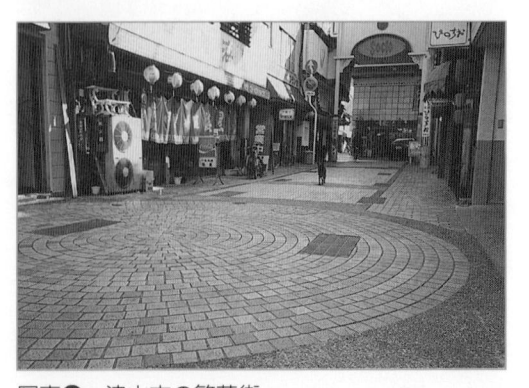

写真❶　津山市の繁華街

は商店が集まっており、地上にはシンボル塔と噴水がある。規模としてはかなり大きい。噴水は、街に変化をつけるオーソドックスなものであり、わが国でもよく見かける。

ところで、道路にも変化をつけることがある。写真⓲（津山市）は、地方都市にある繁華街の遊歩道であるが、敷石で模様をつけている例である。円と直線の組合せと、ところどころに色の違う石を入れて変化をつけている。単純な舗装よりも、費用はかかっても変化と調和の点では優れているといえよう。道路の変化については、これまでも詳しく述べてきたところであるが、街を読むときには大切なポイントになる。

[3] 建物の外観

街並みの変化は、建物の景観についても読むことができる。

写真⓳　コペンハーゲンの市街地　　写真⓴　ベルゲンの旧市街地

写真⓳と写真⓴を比べてみると、両方とも似ているが、よく見るといくつか違いがあることがわかる。

写真⓳は、コペンハーゲンの市街地で、運河のある街並みである。写真⓴はベルゲンの港に面する古い街並みである。いずれも水には接しているが、家並みは違っている。

建物の形態に着目すると、屋根形が、寄棟またはマンサード風と、切妻風とでまったく違う。材質は、レンガ、石、コンクリートで似ており、階数も地上5～6階で同じである。写真ではわからないが、コペンハーゲンの建物は、半地下になっていて、道路から建物の半地下部を見ることができる。

ところで、建物の景観としての変化は、写真⓳は、水、ボート（ヨット）、自動車、人がつくり出している。写真⓴は、建物の1階の店舗部分について、いろいろな変化が見られる。三角の屋根や1階の入口のアール部分に、変化と調和が見られる。なお、写真⓴は建物保存地区で、建物は簡単に改築することはできない。写真⓳の屋根に出ている煙突もひとつのアクセントといえよう。

4 その他の変化

[1] 昼と夜の変化

　街の変化を読むには、遊園地を調べる方法もある。都市にはいろいろな公園や遊園地があるが、写真㉑はコペンハーゲンのチボリ公園で、その代表例である。出会いの公園、年齢に関係なく楽しめる公園、朝から夜の12時まで楽しめる遊園地としてあまりにも有名だ。

　こういう施設も街に変化を与える重要なポイントといえ、スポーツ施設とともになくてはならないものである。チボリ公園は、夜になると楽しさが一段と増し、にぎやかになる〈写真㉒〉。いたるところで歓声が聞こえ、時間の経つのも忘れて楽しみに興じている。まさに、都市の変化といえる。

写真㉑　チボリ公園（コペンハーゲン）

写真㉒　チボリ公園の夜景

[2] 食の変化

　食べ物の変化も大切である。写真㉓はベルゲンのレストランである。天井に三角形の明かり採りがあり、外から見ると、周辺の三角形の屋根とうまく調和がとれている。

　ところで内部には、スモーガスボート（わが国でいうバイキング料理）のサービスがあり、魚料理を中心に種類が多い。外からは見ることのできない、内側の変化としてとらえることができよう。

[3] その他

　建物の内部については、ほかにもいろいろある。

　写真㉔は、コペンハーゲンのホテルのロビーである。入ってみると、レセプションカウンター（チェックインするカウンター）がない。写真にあるように、円形のテーブル（立ち席）がいくつかあるだけだ。テーブ

写真㉓　自然光を採り入れたレストラン

ルもいろいろ大きさがある。実は、チェックインはこのテーブルで行う。この台でカードに必要事項を記入すると、フロントマンが来て、バックヤードで手続きいっさいをしてくれる仕組みになっている。

　かしこまった、いわゆる役所のようなカウンターがなくなると、内部で面白い変化が現れる。街の変化を読むときは、建物の外側だけでなく、内部にも少し注意するとよい。

写真㉔　カウンターのないロビー

まとめ

【やさしい街の比べ方】

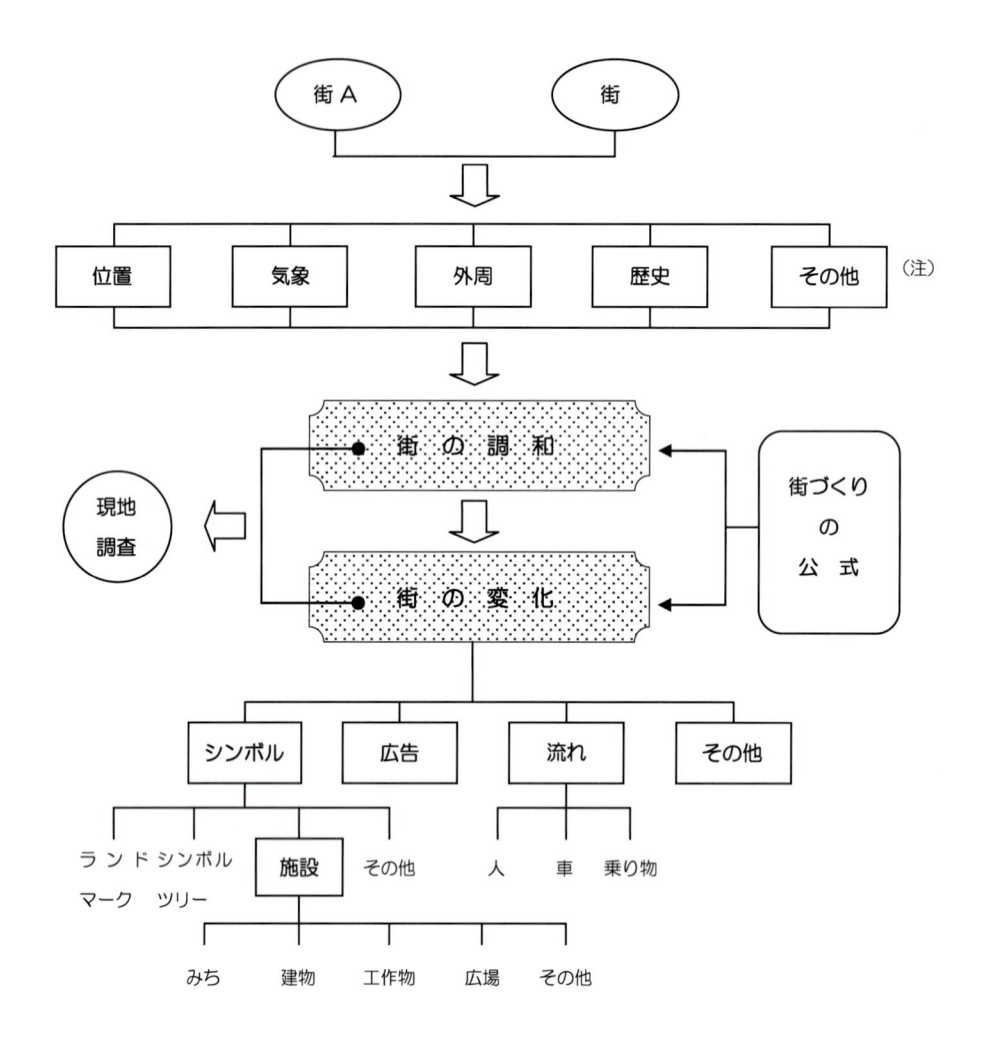

```
        街A          街B
          │          │
          └────┬─────┘
               ▼
  ┌──────┬──────┬──────┬──────┬──────┐
  │ 位置 │ 気象 │ 外周 │ 歴史 │その他│（注）
  └──────┴──────┴──────┴──────┴──────┘
               │
               ▼
        ●街 の 調 和  ◄──────┐
               │              │
               ▼          街づくり
  現地                         の
  調査   ◄──  ●街 の 変 化  ◄──  公 式
               │
  ┌───────┬───────┬───────┬───────┐
  │シンボル│ 広告 │ 流れ │その他│
  └───────┴──────┴───┬───┴──────┘
                     │
         ┌───┬───┬───┐   ┌───┬───┬──────┐
      ランド シンボル 施設 その他  人  車  乗り物
      マーク  ツリー
                │
        ┌───┬───┬───┬───┐
       みち 建物 工作物 広場 その他
```

（注）街の比較では行政単位の人口はあまり参考にならない。

第3編

街の調査に出かけよう

第1章

地域の調べ方

1　地域とは何か

[1]　大切な地域の調査

　不動産の調査では、どちらかといえば、一つひとつの土地や建物の実査に重点が置かれ、地域の調査は軽く見られがちである。しかし地域の調査は、個々の不動産についての調査に次いで必ずしなければならないものであり、個別の調査と同様に重要な調査である。

　不動産業と類似の業種はいろいろあるが、地域の調査の点では、根本的な違いがある。つまり、地域というものをどう考え、どう把握するかということである。地域をとらえるということは、簡単なようで、実は不動産に関するもっとも難しい調査のひとつである。

　身近な例でいっても、自分がいま住んでいる住宅（一戸建て、マンション、社宅、官舎、寮など種類は問わない）を中心にした「地域」について、その地域とはどこまでの範囲を指していうのかと聞かれたら、果たしてどれだけの人が即答できるだろうか。さらに、もう一歩突っ込んで、どのような根拠（基準）で地域の範囲を決めたかと聞かれれば、答えられる人はなかなかいないのではないだろうか〈図表❶〉。

　「地域」の調査は、不動産の調査において必要不可欠な項目であるが、なかなか難しくそう簡単なことではない。しかし、本当に不動産を知るためには「地域」を見過ごすことはできない。

　そこで本章では、このような「地域」について、実例や写真を使って説明していこうと思う。

写真❶　街を見渡しても、地域は簡単につかめない（新潟市）

[2] 地域を知るには、まず不動産を知る

　地域は、それを構成しているものを分解してみると、そのほとんどが不動産である。つまり、不動産が地域をつくり出しているのであり、地域は不動産と密接な関係にある。たとえば、図表❶を見てわかるように、地域はいくつもの不動産の集まりである〈写真❷・❸〉。

　ところで、不動産とは何かというと、それは土地と建物であるといわれる。しかし、どんな土地であっても不動産といえるのであろうか。

　土地は、人が利用するから不動産といえるのであって、利用していないものや利用できないものは、人とのかかわりがないので、不動産とはいえない。個々の不動産はその一つひとつが価値のあるものであって、価値ある不動産が集まって、まとまりのある不動産の地域となる。したがって、地域も価値あるものであり、地域によって価値の差が出てくる。ただし、個々の不動産の価値の合計が必ずしも地域の価値にはならないことがあるので注意する必要がある。

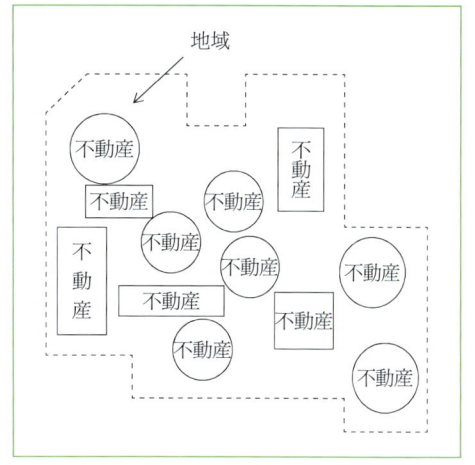

図表❶　地域は、不動産によって構成される

写真❷　埋蔵文化財の発掘現場を見ると、昔の地域が読める（千葉県）

写真❸　いろいろな不動産が集まって地域ができる（東京都）

[3] いろいろな法律によって出てくる地域・地区など

　不動産に関係する法律には、いろいろな地域・地区等が出てくる〈図表❷〉。

- 都市計画法……区域、地域、地区、街区〈写真❹～❼〉
- 国土利用計画法……地域、区域
- 土地区画整理法……地区、区域

　このなかでも種類が多くわかりにくいのが都市計画法である。ただし、都市計画法には、地域・地区などの意味についての説明はないので、実際に使われている例から説明するこ

とにしよう。また、図表❸では、地域・地区の関係と定め方の例を示した。

用　語	意　味	例　示
地域地区	都市計画のメニュー（内容）のひとつ	都市計画の内容は大きく分けて、「地域地区」など9つある
地　域	原則として比較的広い範囲を規定するのに用いられる	用途地域、防火地域と準防火地域
地　区	原則として比較的狭い範囲を規定するのに使われる	特別用途地区、高度利用地区、地区計画など
街　区	街路によって区画されたまとまりのある土地	特定街区
区域 1	大きな範囲を規定するのに用いられる	都市計画区域、市街化区域
区域 2	範囲の規定が不確定なものや、ある範囲のなかの一部を規定するのに用いられる	用途地域の定められていない区域

図表❷　都市計画法の地域地区等

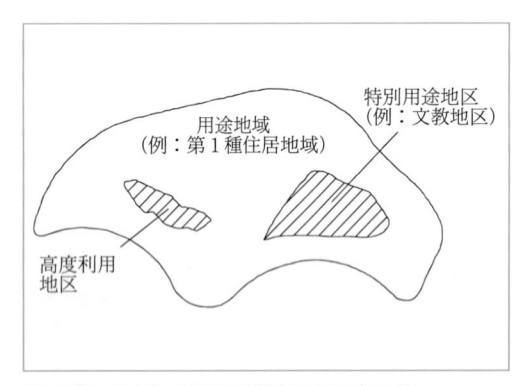

図表❸　地域・地区の関係と定め方の例

写真❹　風致地区（大阪市）

写真❺　臨港地区（新潟市）

都市計画法には、街づくりのための地域地区がいくつも規定されている（8条）。地域地区は、街の特徴を活かしたり、すでに定められている用途地域の内容をさらに充実するためなどの目的で指定される。

写真❼　地区計画で定められている区域（新潟市）

写真❻　歴史的風土特別地区（京都市）

[4]　地域の意味

　ここではっきりさせなければならないことは、これから説明する地域や地区については、都市計画法やその他の不動産関係の法令用語として使われている意味とは、必ずしも一致しないということである。しかし、不動産の集合により構成される地域は、通常は、相当に広い意味で用いられており、とくに断りのない限り、これ以降も不動産の実務で実際に使われる「地域」と同じ意味で説明する。

　もともと、都市計画法は、読んで字のごとく、あくまでも都市計画であるので、計画どおりに実現していない現地も多い。少なくとも現地は、あるまとまりのある土地の範囲ということを意味するものとして、「地域」というようにしている。

2　地域を調べる資料

　地域を調べるには、資料がないとできないといってよい。満足な地図が揃っていなかった時代に地域を調べるのは大変なことであったと思われる。しかし、資料だけあっても、地域を完全に調べられるわけではない（後で述べる実査が必要である）。

　では、どんな資料が必要になるのであろうか。それを整理したのが、次の①～③である。

① 地図・図面類

　a）都市計画図……いろいろなものがある。白図は利用しやすい（市区町村役場などで扱っている）。

　b）都市（市街地）地図

　c）地形図〈図表❹〉……5万分の1、2万5,000分の1のほか、最近、1万分の1も

発売されている（国土地理院発行。書店で扱っている）。
　d）住宅地図……航空地図などともいわれる（市販されている）。
　e）その他

② 統計資料

　a）人口、世帯数
　b）商業統計……売場面積、売上高など
　c）工業統計……生産額、出荷額
　d）住宅関係の統計……持家、借家など
　e）その他

③ その他

　写真の資料も貴重である。最近は空中から撮影したものも多く、かなり精度が高く、トリミングや拡大も可能である。

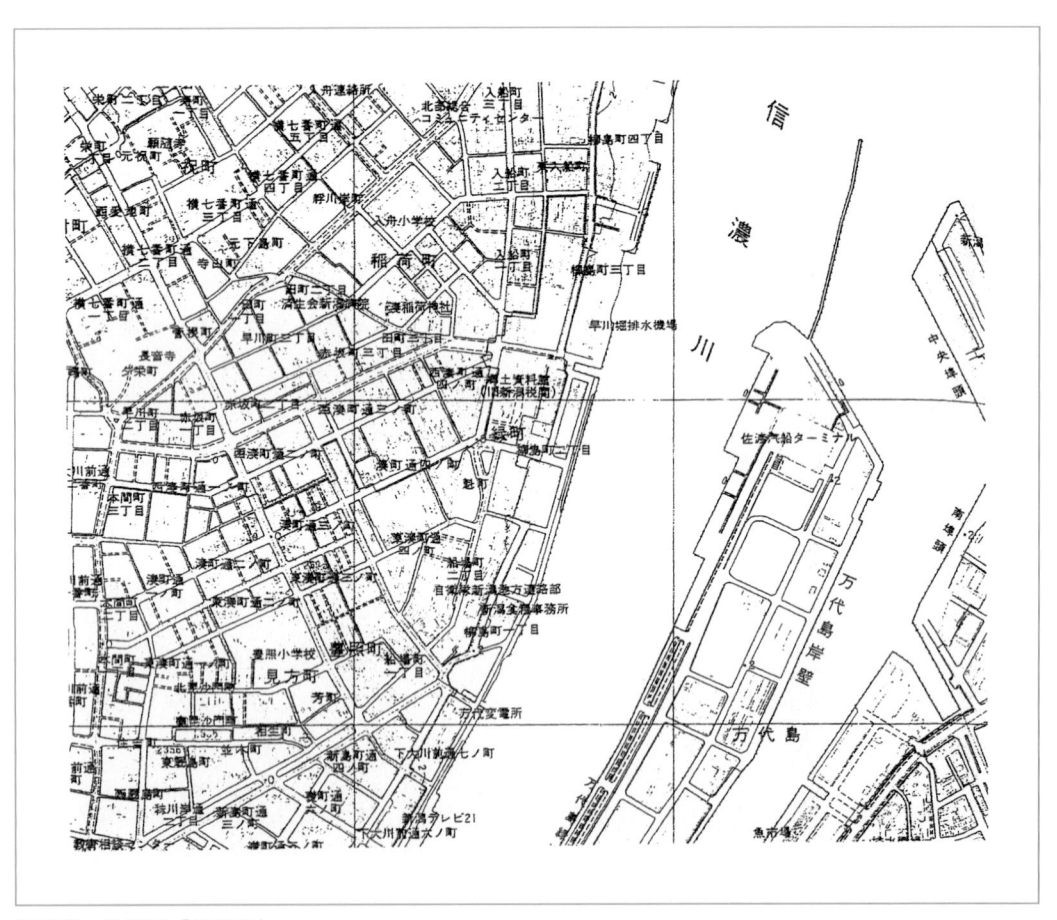

図表❹　地形図「新潟港」

3　地域を実査する方法

［1］　まとまりのある範囲

　地域とは、人が利用する（できる）土地であって、まとまりのある範囲を指す。しかし、このような説明では抽象的であるので、もっと具体性のあるものでなければ実用的でない。

　北京市（中国）の市街地〈写真❽〉には、四合院（quadrangle）という面白い住宅がある。数家族の住む住宅が四方の壁に囲まれていて、ひとつの集団をなしている〈図表❺〉。四合院は、次第に姿を消しつつあるが、伝統的な住宅の形態であり、大型のものもある。これなどはひとつの地域と考えられるものである。

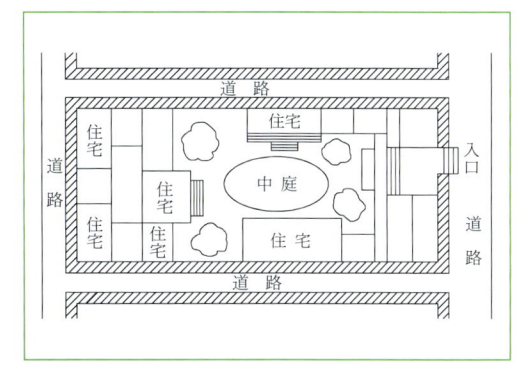

図表❺　北京の四合院の例

写真❽　北京市の中心市街地

　わが国でも住宅を数棟あるいは数十戸集合させ、ひとつのまとまりある地区につくりあげ、コミュニティを形成している例も多くなっている。

［2］　地図を読む

① 地図を揃える

　まず、何種類かの地図（図面）を揃えてみよう。同じ種類のものではなく、縮尺の小さいもの（1万分の1以下）と縮尺の大きいもの（2,500分の1以上）、さらに用途や形態によって分類されているようなものを揃える。地図が十分でないときは、既存の地図の補修正や加工も必要である。

② 読む順序

　　a）縮尺の小さいもので、やや大きな範囲を読む（まず、道路から読む）。
　　b）全体をとらえたうえで、部分について詳しく読む。
　　c）自然的条件の特徴をつかむ（河川、森林、公園、高低差など）。
　　d）土地の利用単位について読む（まず道路について詳しく、次に区画の大きさ、形状など→写真❾参照）。
　　e）建物の利用を読む（用途、形態、構造など）。

f）その他特別な施設や文化財などを読む。
g）都市計画を読む。

写真❾　地域の特徴をつかむ（中国・大連市）

写真❿　河川によって分けられた地域（新潟市）

写真⓫　河川により一体としての景観をつくり出している地域（岡山市）

写真⓬　高速道路により分断されたように見える地域。連続性はある（東京都）

③　読むときの注意点

　幅員の広い道路、河川、鉄道などにより大きく分ける〈写真❿〉。ただし、河川や道路があるからといって、地域が必ずしも分かれるとは限らない〈写真⓫、⓬〉。

　地図の上で、類似していると思われる範囲をある程度見当をつけてみる（マーカーなどを使って、線で囲ってみるとよい）。

［3］　現地を調べる
①　足で調べる

　地図上で地域を読んだら、次は現地の調査（＝実査）である。実査をするときも、縮尺の大きいものと小さいものの2種類を用意する。事前に必ず見るべきものをマークしておき、そこを中心に見て歩く。

写真を撮ることも忘れずにやらなければならないが、他人の誤解を招かないようにすることと、自動車事故にはくれぐれも気をつけることである。

　地図には、実査の順序をつけておくとよいが、ほかにも地図に出ていないことを発見することがよくあるので、地図への書込みを忘れないようにすることだ。

　調査の場所にもよるが、1回で終わらないこともある。たとえば、商業地では曜日、時間、天候などによって、地域がかなり変化することがある。また、工業地では休業日があったりする。

② 空から調べる

　費用がかかって難しいが、空から見るのは地域を調べるのに非常に役に立つ。できれば、ヘリコプターを利用したいところだ〈写真⓭〉。

　周辺に高い建物があるときは、管理人などの承諾を得て、高い位置から調べてみるのもよい。平地ではわからないことを見つけたり、まとまり具合をよくつかむことができる〈写真⓮〜⓲〉。

写真⓭　ヘリコプターとヘリポート（東京都）

写真⓮　汚染水処理場を空から見る（東京都）

写真⓯　埋立地を空から見る（東京都）

写真⓰　墨田区を空から見る（手前に国技館が見える）

写真⓱　台東区を空から見る（右中央に上野公園が見える）

写真⓲　文京区を空から見る（中央に文京区役所、手前に後楽園遊園地が見える）

4　地域の調査ポイント

［1］　地域の線は簡単に引けない

　あらかじめ地図等の資料で調べておいて、それに基づいて実査をする。地図ではわかりにくいこともある〈写真⓳〉。実査の結果によって、地域の範囲をより内容のある精度の高い設定にする。この作業は、地図上で補正が行われるが、かなりの熟練を要する。具体的な方法については、順次土地の種類別に説明することにする。

　線を引くときは、地域の特性をよくつかむ（＝地域分析）ことである。地域の特性をつかむには、「同質性」ということを考える。つまり、質的に極めて類似している範囲を判定することである。

　たとえば、ニュータウンで、用途の純化された住宅地域については調査しやすいが、実際に地域の線を引くとなると、ニュータウン全部をひとつの地域としてまとめてしまうと、精度が粗くなってしまう。マンション地域〈写真⓴〉では、どこまでを同質的とみるかは熟練を要する。

写真⓳　地下街の地域を読むのは意外に難しい（大阪市）

写真⓴　マンション群の地域はどこまでか（福岡市）

[2] 2つの地域の競合

　地域は、変化するものであり、絶対的な線引きは難しい。人が利用するということから考えてみると、ある程度相対的なものにならざるを得ない。寺町や農地についても同じことがいえよう〈写真㉑・㉒〉。

　地域には、地理的な競合（競合とは、いろいろなものが関係し合ったり、一部が重なり合ったりして、はっきり線を引くことができないことをいう）と利用上の競合があげられる〈図表❻〉。

　図表❼では、地域の競合を示しており、見方、とらえ方によっては、aからdまでいろいろな地域の線が引かれる。地域の範囲を設定するには、このような「地域の競合」を考慮する必要がある。

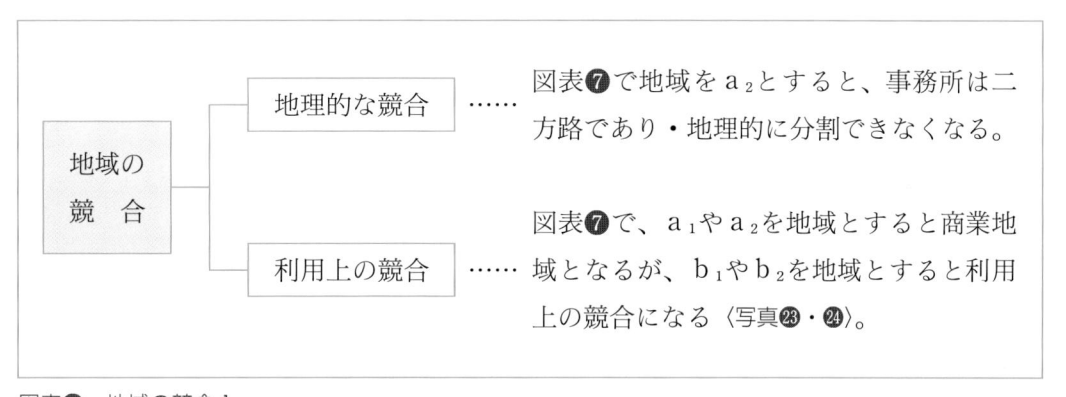

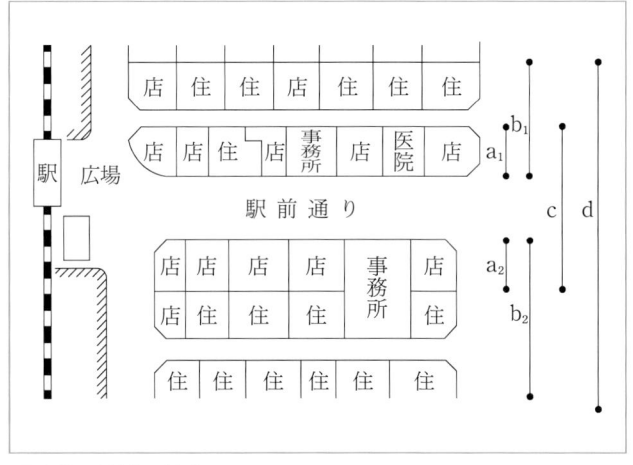

```
                ┌─ 地理的な競合 ……  図表❼で地域をa₂とすると、事務所は二
  地域の ────┤                          方路であり・地理的に分割できなくなる。
  競  合       │
                └─ 利用上の競合 ……  図表❼で、a₁やa₂を地域とすると商業地
                                          域となるが、b₁やb₂を地域とすると利用
                                          上の競合になる〈写真㉓・㉔〉。
```

図表❻　地域の競合１

　地域の分け方は絶対的な方法というのはないことの方が多い。

　したがって、地域を決めても隣りの地域と重なり合うことも稀ではない。

図表❼　地域の競合２

写真㉑　寺院が一列に並ぶ両側にビルや住宅が建っている（新潟市）

写真㉒　農地や採草放牧地にも地域はある（北海道）

写真㉓　表通りは写真❾と類似した商業地域（岡山市）

写真㉔　写真㉓の裏側は商業地域ではない（岡山市）

第2章

住宅地域の分析

1　住宅地域の分類

　地域の分析は、地域の特徴をとらえることから始められる。地域の分類は、住宅地域に限らず、一般に次のように分けられる。

　　a．同質地域（ホモジニアス・エリア）
　　b．機能地域（ファンクショナル・エリア）

　また、内容を主として判定するか、それとも地理上の範囲を限定して判定するかという分類もできる〈図表❶〉。

　　c．実質的地域（サブスタンティブ・エリア）
　　d．形式的地域（フォーマル・エリア）

　これは、調査や分析の目的によって使われる〈図表❷〉。

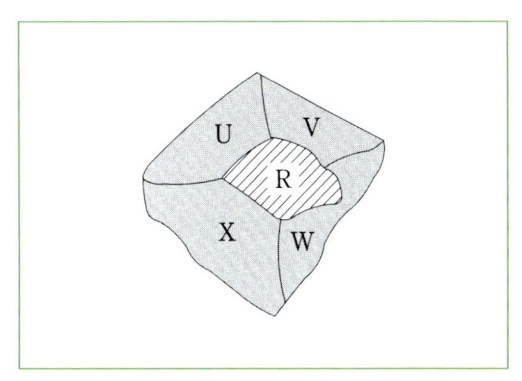

図表❶　地域Rは、地域U、V、W、Xと機能的な関係がある

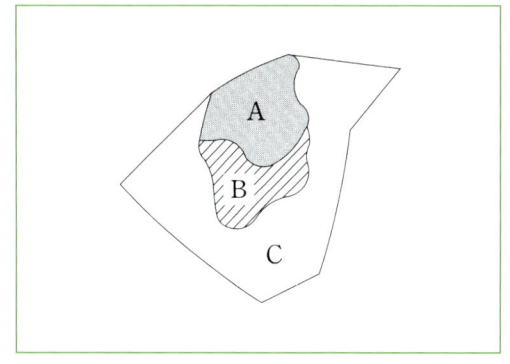

図表❷　地域A、地域Bはそれぞれ実質的内容をもち、地域Cは形式的な範囲を示す

写真❶　ロンドンの近隣住区のための商店街と住宅地域

写真❷　農地の中にいろいろな住宅がある地域

［1］　同質と機能について

　同質というのは、ある地域のどの不動産をとってみても、質的にかなり類似しているという意味である。まったく同じ不動産は2つとないので、きわめて類似していることを同質という。

　ある地域とある地域とが結合してより大きな地域になり、お互いにその機能を発揮して一体としてのまとまりが認められる。

　たとえば、広大な住宅地域で商店街がまったくないような地域は、不便で地域としては住みやすいとはいえない。そこで、いろいろな地域が結びついて機能地域（または結節地域）ができあがることになる。

　写真❶は、イギリスのタウンハウスであるが、1階は店舗が連たんしていて、近隣住民のための商店街が形成されている。このような住宅街にも店舗があり、住宅地域と一体となって地域を構成している。用途が混在している地域では、同質と機能という地域の関係は成り立ちにくく、用途が純化している地域（同じ用途だけでできあがっている地域）についてみられるものである。機能地域は、お互いに補完性があるところが面白いといえる。

　　（注）　同質＝homogeneous　　機能＝functional

［2］　実質と形式について

　実質的地域と形式的地域の違いの説明は、いろいろな例で示すことができる。たとえば、都市計画の用途地域と現況用途の地域の違いをあげることができる。

　都市計画では準工業地域に指定されていても、現況を調査すると、工場・倉庫はほとんどなく、誰が見てもマンション地域とされるような地域があったりする。形式的には、商業地域とされていても、実質的には商業としての機能を果たしていないような地域もある。

　また、写真❷に見るように、農地と住宅が半分ずつあるような地域もあり、このような地域についてはどちらかの用途に絞るなら、ある程度形式的なまとめをせざるを得ないで

あろう。

　　（注）　実質＝substantive　　形式＝formal

［3］　点、線そして面

　地域は、このようにいくつかに分類することができるが、不動産の調査でとくに重要になるのは、同質地域と機能地域である。これらの地域については、縮尺の小さい地図上で調べてみると、「点」、「線」、「面」の組合せで成り立っており〈図表❸〉、それをすべて含めて表すと、「空間」ということになる。

	点	線	面
点	農村集落の別荘地域〈写真❸〉	昔からある既存の路線住宅地域	商業地域の中心にある大型の核店舗
線	駅と駅とを結ぶ路線商店街	長く連続しているタウンハウス〈写真❶〉	駅前に集中している商業地域とそこから一筋に延びる住宅街
面	住宅地域と中心の広場〈写真❹〉	開発地域と開発地域を結ぶ商店街	大規模なニュータウン

図表❸　点・線・面の地域構成の例

写真❸　別荘地域の中に点在する住宅　　写真❹　住宅地域の中心にある広場

2　写真からつかむ地域の特徴

［1］　写真は見るものではなく読むもの

　不動産に関する現地の写真は読むものであって、記念のためとか、単に風景を楽しむためというものではない。写真のなかから不動産をできるだけ細かくとらえて、物件そのものや地域を読みとれるようにしないといけない。

　たとえば、写真❷を見て、どんな特徴をとらえることができるであろうか。単に、農地の中に住宅が点在する地域というのではなく、住宅の種類はどうか、さらにテレビの受信

はどうかなど詳しく見ていくのである。したがって、後から写真を見てそこから情報が読めるよう、いろいろな角度から多く写しておく必要がある。

［2］　5枚の写真を読む

それでは、写真❺～❾を読み比べて、地域の特徴をつかんでみよう。

> 写真❺……アメリカ西海岸にある都市の住宅地域
> 写真❻……ドイツの大都市の郊外の住宅地域
> 写真❼……カナダ西海岸の郊外の住宅地域
> 写真❽……イギリスの大都市の都心部に近い住宅地域
> 写真❾……ハワイの都心の住宅地域

これらの写真のなかから、次の項目についてできるだけ詳しく読んでみよう。読むときのコツは、住まいとしての快適性に焦点を合わせることである。また地域をつかむためのコツは、「地域の特徴に関する項目」をあらかじめ整理しておくことである。

【地域の特徴に関する項目】

① 自然的環境
　日照、温度、湿度その他の気象条件、眺望、景観、地勢、地盤、災害発生の危険など
② 社会的環境
　文化的行事、事件・事故発生率、環境整備のための活動など
③ 街路の状態
　幅員、舗装、配置、系統連続性、電柱などの工作物、歩道、街路樹、緑地など
④ 都心との距離
　最寄りの駅、バス停、空港等から都心までの距離、運行回数
⑤ 交通施設との関係
　最寄り駅、バス停までの距離、駅など交通施設の整備、幹線道路、高速道路出入口との距離
⑥ 商店街との関係
　商店街への距離、商店街の性格、規模、商品の質・量
⑦ 公的施設との関係
　小・中学校、病院・医院、図書館、美術館・博物館、都市公園、運動公園、文化会館、コンサートホールなど
⑧ 一画地の平均的な面積・形状
　住宅地に利用されている標準的な面積、または平均的な面積、形状
⑨ 画地の配置と道路との関係

区画整然としている配置、クルドサック状の計画的な配置、規則性のないランダムな配置

⑩ 土地の利用の状況

　未利用地、低利用地の多少、土地利用の実情

⑪ 周辺の状況

　周辺に隣接する土地利用や施設配置の状況

⑫ 供給処理施設の整備

　上水道、下水道、ガス、電気等、供給処理施設の整備とその質・量

⑬ 土地利用の規制

　主に法的な利用規制

【写真を読んでみる】

☆写真❺

- 住宅地域である。平家建て、2階建ての木造である。
- 道路や隣地との垣根がない。建物はセットバックして建てられている。建物はやや古いが、手入れはよい。
- 車道と歩道との高低差がない。道路に電柱が建植されており、街路樹は少ない。
- 芝生が多く、ごみ箱が設置されており、掃除が行き届いている。
- 画地の面積はそれほど広くないが、道路幅員が広いため、閑静で区画整然とした住宅地域である。

写真❺　サンフランシスコ郊外の住宅地域

☆写真❻

- 住宅地域である。木造、コンクリート造り、石造りなど構造はさまざまで、3階建ての住宅が多い。
- 隣地や道路には、敷地との境界を示す垣根やフェンスがある。
- 建物はカラフルで、デザインもそれぞれ個性が表れている。
- 街路樹はないが、敷地内に大きな樹木が

写真❻　フランクフルト郊外の住宅地域

あり、落ち着いた雰囲気である。
- 電柱はないが、自動車が路上に縦列駐車してあり、景観上あまりよくない。
- 画地の面積は比較的広いが、建物も大きいので、とくに広々とした印象は受けない。

☆写真❼
- 住宅地域である。木造２階建ての連棟式（長屋建て）の住宅である。
- １棟ごとに、道路との境界に木の塀が設けられている。建物は比較的新しい。
- 建物は道路からセットバックして建てられており、緑地が多くとられている。
- 道路には電柱も街路樹もなく、スッキリしている。
- 周辺には、公園があり、緑も多い。
- 歩道は利用する人が少ないとみえ、雑草がくい込んできている。

写真❼　バンクーバー郊外の住宅地域

☆写真❽
- 住宅地域である。コンクリート造り３階建ての連棟式住宅で、１棟の長さは100ｍ以上ある。
- 敷地と道路との境界には、工作物らしきものは何もない。
- 道路には電柱は１本もないが、街路樹もない。自家用車が縦列駐車で続いていて、道路をかなり狭くしている。
- 幾何学的な模様のデザインは見事なもので、タウンハウスらしい雰囲気である。

写真❽　ロンドンの都心部に近い住宅地域

☆写真❾
- 住宅を中心とする地域で、いわゆるマンション街である。
- よく見ると緑も多い。
- コンドミニアムは20階以上あるものが多く、この地域にかなり集中している。
- 住宅棟が密集しているが、商店街も近く便利である代わりに、多少の喧騒もある。

写真❾　ホノルルの都心部に近い住宅地域

このように、写真だけでも地域の特徴を把握し、かなりの比較をすることができる。地域分析をするときは、実査は必ずしなければならないが、例示のように写真を読みながら調べることも大切である。いくつかの外国の例を中心に比較したが、わが国についても同様である。

3 分類項目と範囲設定

[1] 分類の方法

写真による住宅地域5枚〈写真❺～❾〉を比べてみて特徴をかなりつかむことができたが、これを分類するとなると、かなり難しい。

大分類としては、道路、建物とその敷地、用途、これらの総合したものとしての環境をあげることができる。そこで、実際的な分け方をこれまで観察した写真をもとに分析整理してみよう。

① 住宅地域としての道路〈写真❿〉

　1）幅員
　2）歩道、緑地
　3）街路樹、電柱
　4）看板〈写真⓫：どの写真（❺～❾）にも看板がない〉

② 敷地

　1）セットバック、壁面線〈写真⓬〉
　2）敷地と隣地、道路との垣根、柵、塀
　3）敷地の広さ

③ 建物

　1）高さ……低層、中高層
　2）構造……木造、コンクリート造り、石造り、レンガ造り
　3）規模……建物の大きさ、地下室の有無
　4）デザイン、カラー……屋根、柱、外壁、開口部とその位置〈写真⓭・⓮〉
　5）品等……材質、設備

④ いろいろな施設

　1）公的施設
　2）工作物
　3）ランドマーク〈写真⓯〉

⑤ 環境

　地域としてみて、どんな環境といえるか。用途が混在しているようなところ〈写真⓰〉では、なかなか環境をつかみにくい。住宅地域として用途が純化しているときは、環境把握は比較的行いやすいが、いくつかの住宅地域を比べてみることが必要である。

写真⓾　道路の使い方もいろいろ工夫がなされる（ロンドン）

写真⓫　住宅地域にある看板

写真⓬　セットバックのない住宅地域

写真⓭　デザインの面白いマンション

写真⓮　いろいろな建物のデザインが街の雰囲気をつくっている

写真⓯　街灯もランドマークになる（ロンドン）

写真⓰　マンションと戸建て住宅が混在する地域では範囲設定が難しい

写真⓱　住宅地域で範囲設定をしやすい例

［2］住宅地域の範囲

住宅地域の範囲を実質的にとらえるには、いろいろな方法がある。その例をいくつか示してみよう。

1）町会（自治会）
2）開発地域
3）字【あざ】、小字【こあざ】の区域
4）商店街を利用する地域
5）新聞、牛乳配達の区域
6）コミュニティセンターを中心とする範囲
7）コンビニエンスストアを利用する範囲
8）その他

住宅地域の範囲設定は、用途が純化しているときは、地図上に表示することができるが、用途混在の地域と違って、「地理的な競合」とか「利用上の競合」といった難しい問題が少ない〈写真⓱〉。地域の範囲で実質的な地域や機能的な地域を設定するには、地上での実査のほかに空からの実査も有効である。

4　地域の具体的な範囲設定

［1］住宅地の地域

住宅地域の範囲は、規模からみて大きく3つに分けられる。

① 大きな地域

日常生活をするうえで、必要な施設がある範囲をいう。施設について例示すると、次のとおりである。

- 小学校〈写真⑱〉
- 近隣公園〈写真⑲〉
- 医院〈写真⑱〉
- 郵便局、銀行等
- 日用品店舗〈写真⑳〉

大きな地域は、はっきりした定義があるわけではないが、戸数にして1,000以上と考えてよいであろう。

② 中くらいの地域

大きな地域と次の小さな地域の中間的な規模の地域をいう。こちらは戸数にして100～500くらいである。

③ 小さな地域

小さな地域は、近所づきあいがあるほか、会えばあいさつをするような範囲である。住宅地域としてまとまりのある最小の単位であって、戸数にして30～50くらいだが、幼児が1人で行動できる範囲と考えるとわかりやすい。

写真⑱　生活に必要な施設（左：医院、右奥：小学校）

写真⑲　近隣公園と低層住宅

地域は、地理的に確定的な線をもって表示できると考えがちであるが、そうでないことの方が多いようである。つまり、地域は通常相対的な範囲であって、絶対的な確定は難しい。

写真⑳の商店街は徒歩の人だけでなく自動車の人も利用するからである。

写真⑳　商店街は地域と密接な関連がある

[２］　一般的な地域の範囲の設定

　地域は、大・中・小と分けることができるが、いずれにしても、まず比較的大きな範囲を設定することから始めるとよい。

　写真❷❶は、カナダ（バンクーバー）の住宅地域である。写真をよく観察すると、左側の河川から右側が住宅地域になっていて、大きな広がりがあるのがわかる。このような大きな住宅地域をとらえるときは、前に述べたいろいろな施設の存在を確認することも大切である。これは地域として面で連続して（つながって）いるため、中くらいの地域として範囲を設定するのは難しく、むしろ小さな地域としての範囲を決めるほうがやさしいようである。

　写真❷❷は、写真❷❶と都市は異なるが、50戸程度で小さな範囲を設定することは可能である。

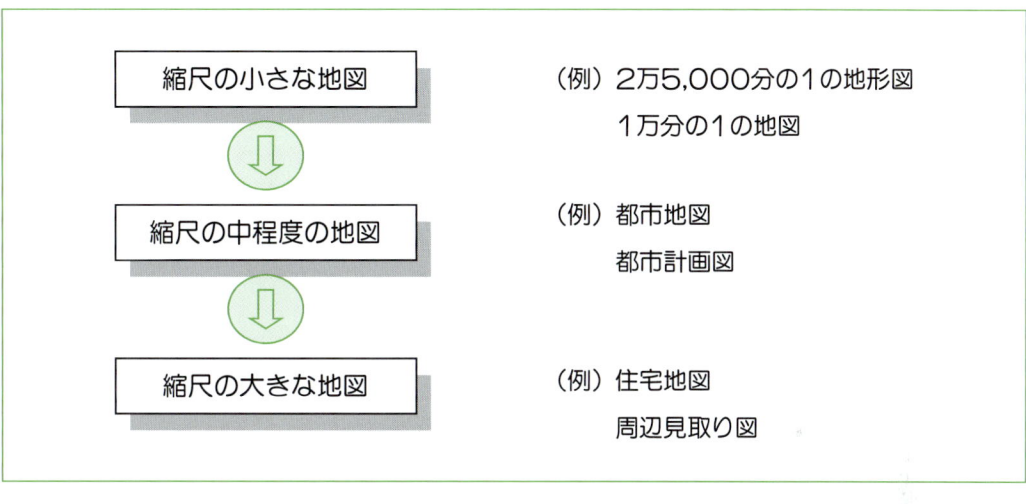

縮尺の小さな地図	（例）２万5,000分の１の地形図　１万分の１の地図
⇩	
縮尺の中程度の地図	（例）都市地図　都市計画図
⇩	
縮尺の大きな地図	（例）住宅地図　周辺見取り図

写真❷❶　空から見た住宅地域（左上は高層地区） 　　写真❷❷　区画整然とした住宅地域

5　低層の住宅地域

［1］　地域の考え方

　まず、低層の住宅地域について、小さな地域の範囲を捉えてみよう。地域は、地方によっても、また市街地の熟成の程度、歴史などによってもまとまりの範囲は異なる。住宅地域の最小のまとまりとしては、近所とのつきあいがあるのはもちろんであるが、それほど親しくつきあっていなくても、会えばあいさつをするくらいの範囲と考えればよい。

・戸建て住宅　　　　　30～50戸
・面積　　　　　　　　5,000～15,000m²

　では、このような小さな地域はどのようにしてつくられるのであろうか。不動産的なものの見方として宅地開発の面から見てみよう。まず、戸建て住宅の場合、3～5人家族とすると、どのくらいの建物が必要かということから始める。平家建てと2～3階建てとではまったく異なる。2階建てとすると、延べ面積120m²はほしいところであるから、総2階建てとすると、

120m²÷2（階）＝60m²

になる。

　住宅地域で建ぺい率による制限を50％とすると、敷地面積は次のように逆算で求められる。

60m²÷0.5＝120m²

この敷地面積は、図表❹のAのパターンになる。

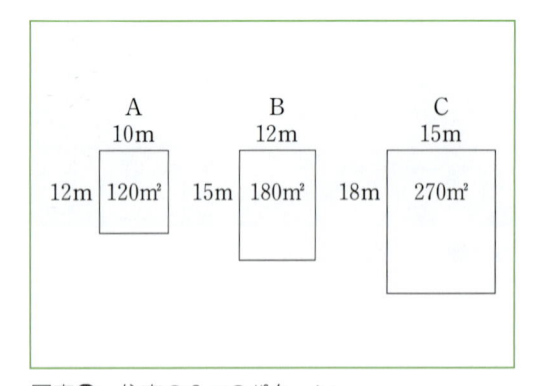

図表❹　住宅の3つのパターン

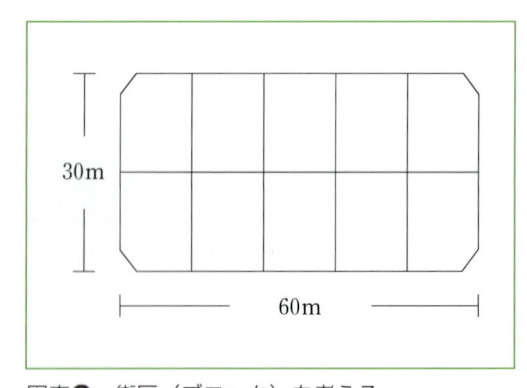

図表❺　街区（ブロック）を考える

写真㉓　低層の住宅地域はいくつかの区画が集まって街区になる

写真㉔　広々とした平屋建て住宅地域（ハワイ）

　敷地の利用は、建物の規模と密接に関連するが、それは建ぺい率、容積率などの形態規制によって異なる。

　図表❹では、3つのパターンを示しているが、Bのパターンを採用して、ブロック（街区）を考えてみる〈図表❺〉。10区画によって一街区が構成されているが、たとえば、この街区が3〜5つ集まってひとつの小さな地域ができあがる〈写真㉓〉。これは、2階建ての住宅が中心の地域であるが、もし平家建ての地域となると、地域の様子もかなり異なってくる〈写真㉔〉。

[2]　開発の基準

　また同じ2階建てでも、セットバック規制があると、敷地面積にかなりの余裕がなければならない。このような開発は、どのような基準に基づくものなのであろうか。それは、都市計画法の開発許可の基準を具体的に定めたものを調べるとわかる。

開発面積	標準宅地
1,000㎡未満	135㎡以上
1,000㎡以上10,000㎡未満	135㎡以上
10,000㎡以上	150㎡以上

図表❺　NA市の例

区　　分	宅地規模
標　準	125〜200㎡
指定容積率80％未満の区域	165㎡
上記以外の区域および市街化調整区域	125㎡

図表❻　KU市の例

この基準は都市計画区域によって異なるものであり、2つの例〈図表❺、図表❻〉を比較してみると、いくつかの違いがはっきりする。図表❺は、開発面積により1区画の面積が違い、図表❻は容積率によって違っている。
　ほかにも、細かい基準が開発用に定められているが、以上のような基準をよく調べてみると、地域をとらえるのにかなり役立つ。ただし、これは原則として新規に開発された地域に限られる。
　このようにして比べてみると、地域のまとまりをつかむことができる。
　次に、開発された地域であって、周辺が開発されていないような地域は、その範囲を容易につかむことができる〈写真㉕〉。写真㉕は、開発された範囲がはっきりしているが、写真㉖では、開発された後にさらに別な開発が行われようとしている。
　地域は、時間とともにゆっくり変化しているので、ある地域の範囲は、いつまでも同じというわけにはいかない。地域の範囲を設定するのに、公的な施設があると比較は簡単である。住宅地と研修施設の敷地が分けられているもの〈写真㉗：工事中〉とか、住宅地と通信施設の敷地が分けられているもの〈写真㉘〉のようになっていると地域を設定しやすい。しかし、写真㉙にあるように利用上の競合や地理的な競合があると、地域を分けるのは非常に難しくなる。
　このようなニュータウンでも地域の設定が難しいのであるから、既成の住宅地〈写真㉚〉の地域はもっと難しい。基本は、大きな地域設定から次第に小さな地域設定へと分けていくことである。

写真㉕　まとまった開発地区は、地域を捉えやすい

写真㉖　新・旧の開発地区は、一体として地域を構成するか

写真㉗　右の公的施設（工事中）と左の住宅地域の地域分割

写真㉘　右の公的施設と左の住宅地域の地域分割

写真㉙　住宅地域の中で、小さな範囲設定は難しい

写真㉚　既成の住宅地域の範囲設定は難しい

［3］　地域の設定

　小さな住宅地域の範囲の設定では、30〜50戸（区画）を含んだものとすると、例として、図表❻に示したように、中心（図の×印）から半径50mの円を描いたものを範囲とする。その理由は次のとおりである。半径50mの円の面積は、

$$\pi \times 50^2 = 7,854 \text{m}^2$$

　　　$\pi = 3.1416$として計算

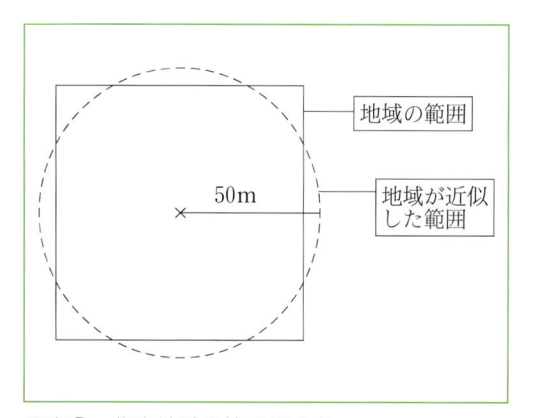

図表❻　住宅地域の範囲の設定

できるので、これに道路部分を差し引いたものとして、80％の有効宅地化率を乗ずる。

$$7,854 \times 0.8 \fallingdotseq 6,283 \text{m}^2$$

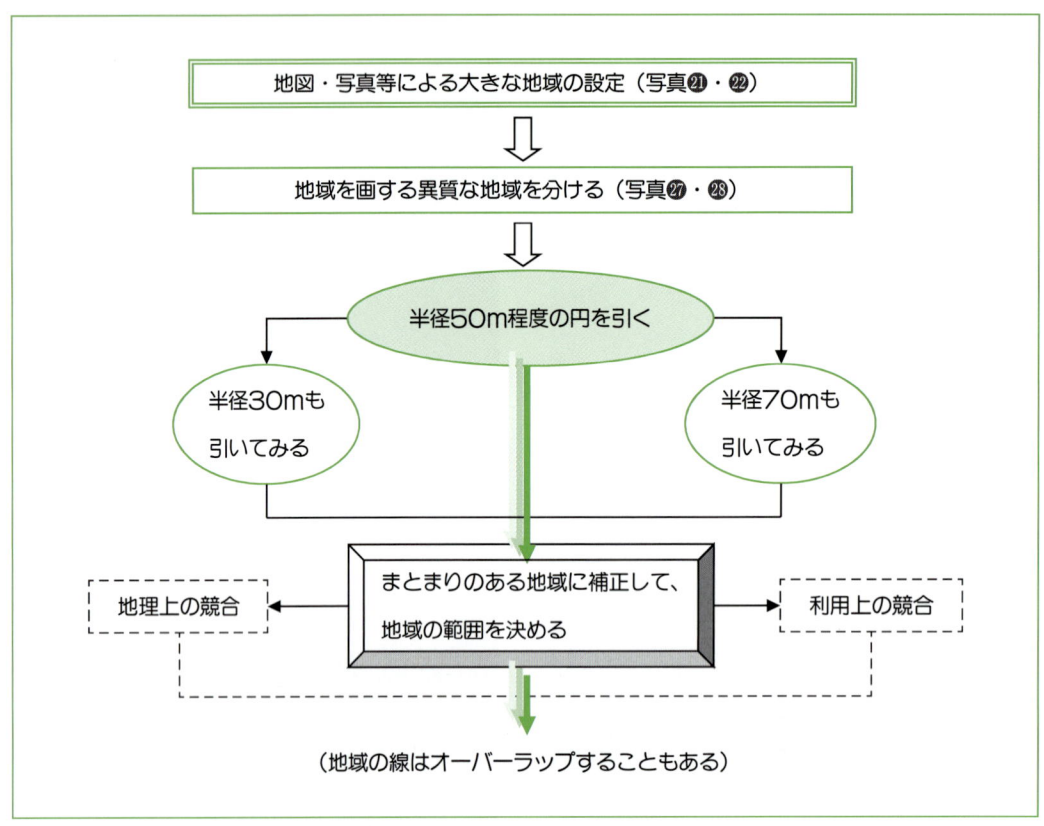

```
┌─────────────────────────────────────────────────────────────┐
│           地図・写真等による大きな地域の設定（写真㉑・㉒）      │
│                          ⇩                                  │
│           地域を画する異質な地域を分ける（写真㉗・㉘）         │
│                          ⇩                                  │
│                   半径50m程度の円を引く                       │
│              ↙              ↓              ↘                │
│       半径30mも                            半径70mも           │
│       引いてみる                            引いてみる          │
│              ↘              ↓              ↙                │
│   ┌────────┐    まとまりのある地域に補正して、   ┌────────┐   │
│   │地理上の競合│←  地域の範囲を決める         → │利用上の競合│  │
│   └────────┘                              └────────┘   │
│                          ⇩                                  │
│           （地域の線はオーバーラップすることもある）           │
└─────────────────────────────────────────────────────────────┘
```

図表❼　開発された住宅地域での地域設定の手順

これを図表❹のパターンB（180㎡／戸）で割り算すると、次のように35戸になる。

6,283÷180≒35戸

またパターンAでは、52戸になる。

この面積を正方形として計算してみると、一辺約89mの地域となる。100mとの差は若干あるものの、大まかにつかむのに便利である。

$\sqrt{7854}=88.6m$

したがって、開発された住宅地域では、図表❼のような手順で範囲を設定してみるとよい。

6　中高層と低層の共同住宅の地域

[1]　地域の考え方

　低層の戸建て住宅の場合、小さな地域は30〜50戸程度としてみた。これは開発された場合で、地理的にはおおむね半径50m程度と考えられる。

中高層住宅は、歴史が比較的新しいものであるので、戸建て住宅から類推することができる。たとえば、5階建てとすると、戸数は次のようになる〈写真㉛〉。

各階とも5戸とすると、
　　5戸×5階＝25戸／棟　　となる。
小さな地域を50戸とすると、
　　50戸÷25戸＝2棟
が範囲となり、1棟50戸とすると、その棟が地域に相当することになる。

これは、戸建て住宅の戸数から割り出したもので、必ずしもこれに当てはまらないものも多い。

たとえば、写真㉜は3棟だけの中層の団地であり、どうみてもこれが地域の範囲と考えられる。また、写真㉝にあるように、小さな島（カナダ・ビクトリア市）に建てられているマンションの団地については、明らかにひとつの地域としてみることができる。

写真㉛　中層共同住宅の地域

写真㉜　農地の中に分離独立している中層共同住宅

写真㉝　小さな島に建つマンション群

［2］ 地域の競合について

　中高層住宅や集合住宅（タウンハウス）の地域について、地域を分けることは難しい。写真㉞は、低層の連棟住宅と中層の共同住宅が隣り合わせに建てられている地域である。形態（高さ、1棟の戸数）から見ると、確かに分けられるかもしれないが、学校、利用する商業施設などが共通する場合、単純に形態だけで分けてよいかどうか、よく調べてみる必要がある。

　写真㉟は、イギリスの典型的なタウンハウスである。1棟だけで相当数の戸数があり、1棟だけで地域を構成するということもあり得よう。

　このように、共同住宅については、単純に戸数、人口、面積だけで地域の線を引くわけにはいかず、同質性という面から、いろいろな要素を比べてみて、地域の範囲を設定することになる。

写真㉞　低層と中層の住宅地域

写真㉟　典型的な長く続くタウンハウス

7　既存の住宅地域

［1］ 熟成度について

　これまでは、新しい住宅地域、または比較的新しい住宅地域の範囲設定を述べてきた。ところが、昔からある住宅地域については、その範囲はどう設定すべきであろうか。

　写真㊱や写真㊲は、既存の住宅地域である。共通している点は、空き地が多いことであり、市街地としての熟成度はどの程度か、それによって地域の範囲は異なる。建物の密度の高い地域とは異なり、小さな地域を把握することができないところも多い。熟成度の低い地域では、大・中・小の範囲を明確にすることはできず、比較的大きい範囲をもって地域とされる。

写真㊱　既存の大きな地域では、施設を読む

地域の判定の重要な手がかりになるのは、街が生成された過程であり、歴史である。昔からある集落は、通常いろいろな歴史があるものであり、その街の小史や「字」、「小字（こあざ）」の由来なども参考になることがある。

　熟成度（街らしくなっていくこと）という考え方は大事であるがわかりにくい。

　ある別荘地では、全区画の50％に建物が建てられるとそれで熟成した街としてとらえることにしているという。

写真❸ 既存の地域は範囲設定が難しい

　土地区画整理事業では、地権者が地区内の大部分を換地として処分を受けた場合には、なかなか建物が建たないという例が多い。

　要は、更地をどのように有効活用しているか、その割合は全体のどのくらいになるかを熟成度と考え、地域の性格によって熟成度の目標と目標に至るまでの期間を考えてみることである。

　熟成度が100％というのは、全区画を建売住宅で埋めつくさない限り、難しいことである。

[2］いろいろな施設のチェック

　はじめに述べたように、大きな地域では、生活に必要な施設がどのように配置されているかを調べてみる〈写真❸～❷〉。一般的な地域設定の手順を示すと、図表❽のようになる。

　この手順はあくまで、一般的なものであるので、実際に現地で調べるときは、これを参考にするとよい。

　たとえば、更地が多く、建物が少ないときは、戸数だけにこだわらずに何か根拠を探して範囲の設定を考えてみる。

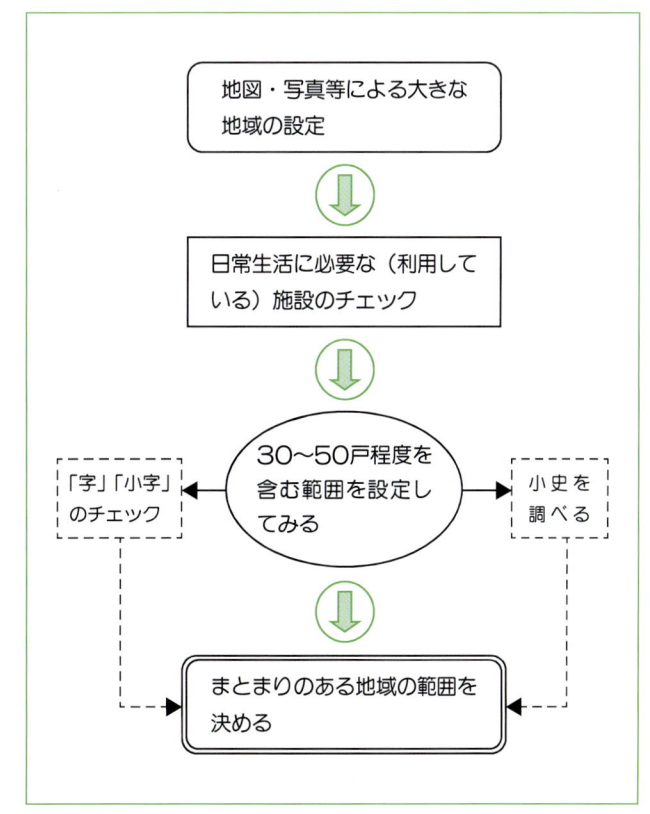

```
地図・写真等による大きな
地域の設定
    ↓
日常生活に必要な（利用して
いる）施設のチェック
    ↓
「字」「小字」 ← 30～50戸程度を → 小史を
のチェック     含む範囲を設定し    調べる
              てみる
    ↓
まとまりのある地域の範囲を
決める
```

図表❽ 一般的な地域設定の手順

第3章

具体例による比較調査

1　住宅地域の変化の比較

住宅地域を読むには、街全体の中の位置づけから始まり、最後は住宅の間取りを読む。

［1］　街の始まりは住宅にあり

　街を比べるときの基本のひとつに住宅がある。住宅は、街の特徴を表すだけでなく、住む人の考え方も表しているといえる。まず、街を大きくとらえるときは、地図を用意し、できるだけ高い所から下のほうを広く見てみるとよい。
　たとえばベルゲン（ノルウェーの第2の都市）は港町であって、平地が少なく、海と山で特徴づけられる。図表❶は、ベルゲンの中心で、入江の中にある平坦地が市の業務の中心地である。この中心部の外周は山になっていて、傾斜地に一般の住宅が建てられている。丘の上からの眺望は見事なもので、オレンジ色の屋根が鮮やかに住宅地域を表現している〈写真❶〉。上から見る住宅街も、フィヨルドといわれる氷河によりつくられた岩盤とよく調和している〈写真❷〉。
　都市計画図を読むのとは違って、このような現況を地図と比べてみると、街の構成を大きくつかむことができる。
　わが国では、北国にあって人口も同じくらいの都市として小樽市（北海道）を挙げることができる〈図表❷〉。地形的にみても坂が多く、海岸に並行して街ができあがっている点は共通している。また、古い建物が多く、道も曲がりくねっている。

写真❶　ベルゲンの住宅地を望む

写真❷　フィヨルドを背に立ち並ぶ住宅地（ベルゲン）

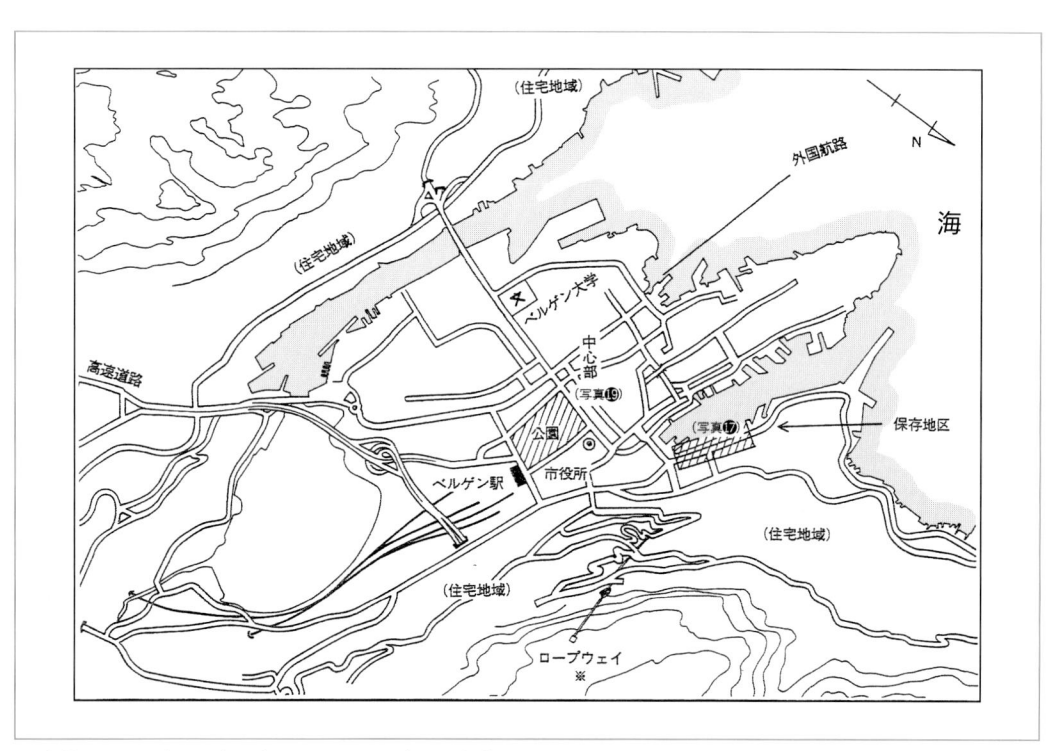

図表❶　ベルゲンの中心部とその周辺（※写真❸はこの位置から見たもの）

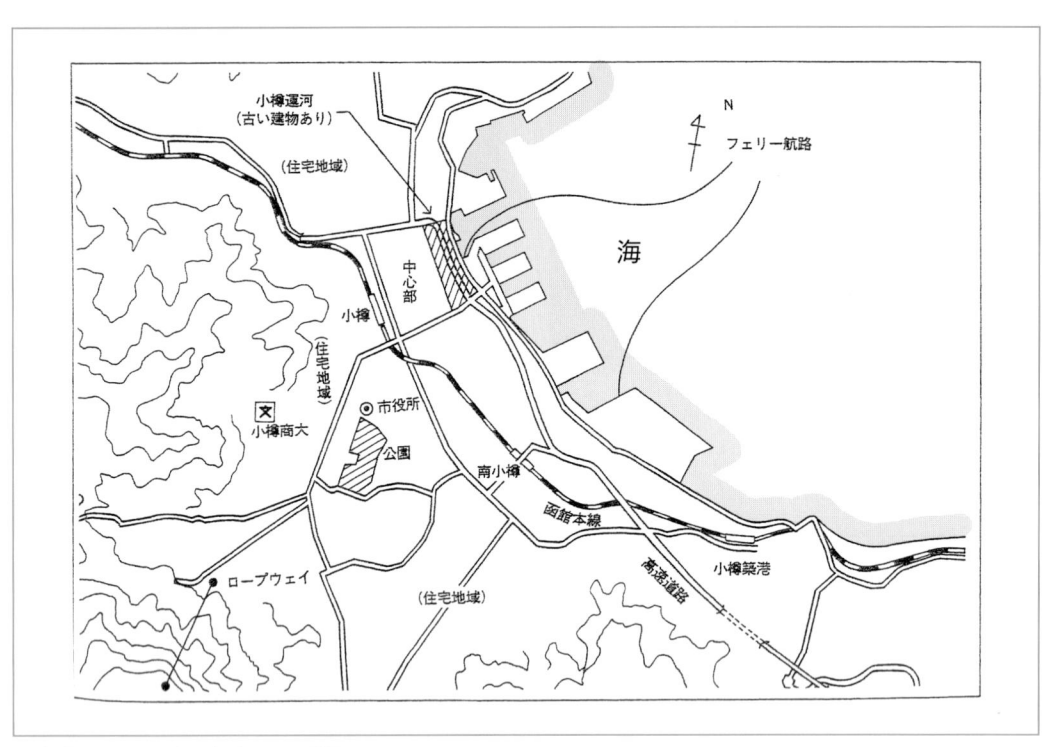

図表❷　小樽の中心部とその周辺

写真❸　ロープウェイから見た緑多い戸建て住宅地域（ベルゲン）

写真❹　連棟式住宅と中高層共同住宅群（ベルゲン）

写真❺　中層共同住宅群（ストックホルム）

写真❻　いろいろな住宅（福岡市）

[2] いろいろな住宅

住宅地域にはいろいろな住宅がある。

1) 一戸建て専用住宅……写真❸（ベルゲン）
2) 連棟式住宅と中高層共同住宅……写真❹（ベルゲン）
3) 中層共同住宅群……写真❺（ストックホルム）

このような住宅について、わが国の例と比べてみると面白い。写真❻は、福岡市の中心にある中高層共同住宅群と一戸建て専用住宅地域が隣り合っているところで、河川の向こう側にも一戸建て専用住宅地域が見える。

街づくりは、住宅づくりと同じであって、いろいろな住宅（形態、規模、色彩など）の集合で特徴づけられる。どのような街が快適であって、住みやすいかは簡単には答えが出てこない。それは、住宅のほかに必ずなければならないものがいくつかあり、それらの配置とも関係するからである。

たとえば、写真❼は、介護付きの病院であるが、一見ホテルのようなレンガ造りのきれいな建物で、庭も広い。この建物が、市の中心部にあり、同じく市の中心部にあるわが国の病院〈写真❽〉とはどこか違っている。単純に、わが国とは福祉制度が違うからといって片づけるわけにはいかない。そこには街づくりの根本的な考え方の違いがあるように思われる。

ほかにも、いろいろな施設を比べることができ、住宅地域は住宅の比較だけでは十分とはいえない。

写真❼　ホテル風の病院（ストックホルム）

写真❽　都心の病院（札幌市）

［3］ 建物の間取り

　建物の集合と個々の外観を調べてみたが、次に北欧の建物の内部の間取り（部屋の配置）を比べてみよう。

① マンション

> 1) 3DKのケース〈図表❸〉
> 　階数：3階建ての3階
> 　広さ：79m²
> 2) 3LDKのケース〈図表❹〉
> 　階数：5階建ての4階
> 　広さ：97m²

　3DKのケースは、居間兼ダイニングルームが12.3畳あるが、実際には通路があるため、7.3畳である。キッチンが独立していて、約3畳である。

　3LDKのケースは、4室あるが、家族構成によって選好されるタイプである。いずれもマンションであるが、わが国の間取りとは、少しずつ違っている。

② 一戸建て住宅（新築）〈図表❺〉

> 面積：149m²
> 間取り：居間20畳、ベッドルーム3室、クローゼット、バスルーム、ダイニングキッチン、多目的ルーム、ベランダ

　間取りをよく観察すると、マンションの場合と異なり、わが国の一戸建てとはかなりの違いがみられる。それは中央にWCがあることだ。ダイニングの食卓は出窓で明るいスペースをとっている。居間も明るいが、開口部はあまり大きくない。北国の気候のためであろう。

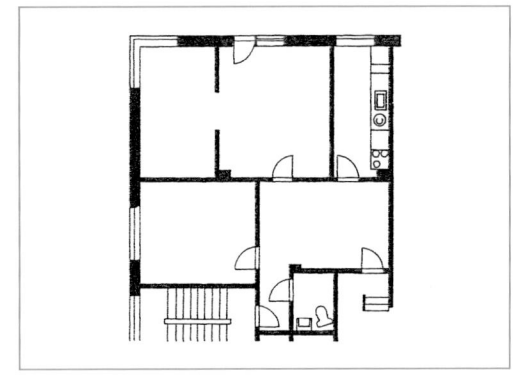

図表❸　3DKの平面図（3階）

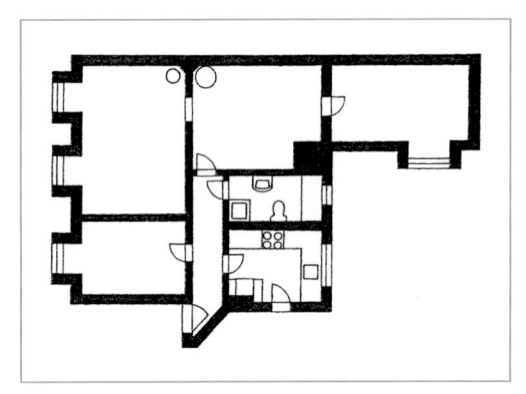

図表❹　3LDKの平面図（4階）

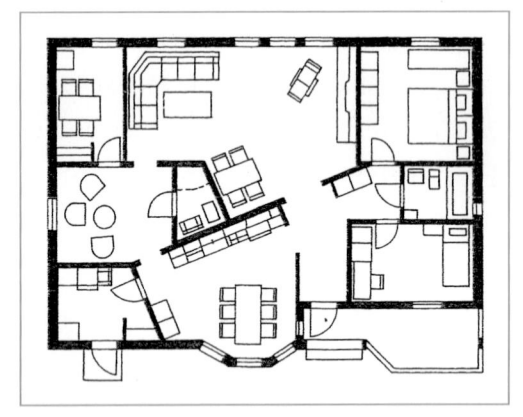

図表❺　一戸建て住宅の平面図

2　住宅の取引

[1] 物件と広告

住宅の取引は、広告に頼ることが多く、北欧でも同じである。次にコペンハーゲンの例を示そう。

① マンションの例〈図表❻〉

マンションは新築された年が問題のようである。図表❻は、1906年の新築であるから、100年以上も経過している。

② 一戸建て住宅の例〈図表❼〉

建物面積：350㎡
部屋数：9
土地：36,762㎡
地下室：70㎡
ベッドルーム：5
建築：1875／76（価格40万クローネ）

③ テラスハウス〈図表❽〉

建物面積：135㎡
部屋数：6
土地：139㎡
地下室：50㎡
ベッドルーム：3
建築：新築（価格140万4,000クローネ）
キッチン：2　バスルーム、ＴＶ室

図表❻　1906年建築のマンション（中古）（コペンハーゲン）

図表❼　1875年建築の一戸建て（中古）（コペンハーゲン）

このような広告は、日曜日の不動産広告の特集号（厚さが数センチもある）に出される。広告では、建物の外観をＰＲしているものが多く、内部を示しているものは少ない。

面白いのは、建築年数で、100年経過しているものも売りに出されている点である。

わが国では、鉄筋コンクリート造のマンションは約60年程度で、一戸建て住宅（木造）は30年程度までがマーケットで取引される限界と考えられているのとはまったく様子が違う。写真❾は、コペンハーゲンの共同住宅でレンガ造である。

地元の人によると、1930年代に新築したものが、壁が厚くしっかりしていて、よくでき

ているという。

図表❽　新築のテラスハウス
　　　　（コペンハーゲン）

写真❾　コペンハーゲンの共同住宅

[2] 住宅の価格

　次に住宅の価格を円に換算して、相互に比べてみる。経過年数の違いがあるので単純な比較はできないが、参考になるであろう。

　住宅の価格は、購入者の収入との関係で捉える必要がある。週37～40時間程度の勤務で、年収260万～300万円ぐらいのようである。

　たとえば、図表❻（中古マンション）と図表❽（新築テラスハウス）を検討してみる。

物件	価格［クローネ］	面積	単価
図表❻	640,000（11,840,000円）	107㎡	110,654円／㎡
図表❼	400,000（7,400,000円）	350㎡	21,143円／㎡
図表❽	1,404,000（25,974,000円）	135㎡	192,400円／㎡

　（注）　日本円の換算は、1クローネ＝18.5円とした。
　　　　図表❻：11,840,000円÷2,600,000円＝年収の4.6倍
　　　　図表❽：25,974,000円÷3,000,000円＝年収の8.7倍

　中古マンションについては、平均的収入であれば買えることになる。

　価格や賃料の比較をするときの参考に、デンマークの不動産マーケットの状況を新聞から引用してみよう。

　事例は少し古くなるが、図表❾では、一戸建て専用住宅の価格（図の実線）が、1993年1月を100とすると、1995年8月には130になっている。つまり、2年8か月で30％上昇したことになる。年平均11.25％であるから、かなりの上昇率である。しかしマンションの価格（図の点線）は、10％弱の上昇であるから、年3％程度で安定している。

　一方、図表❿では、戸建て住宅の賃料の変動が示されており、途中、上下の変動の過程

を経て、1995年8月には月額11万8,400円（＝6,400クローネ×18.5円）である。年収からみると、やや高い賃料水準にあるといえそうだ。

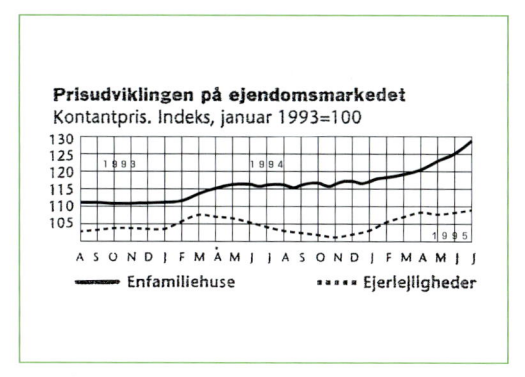

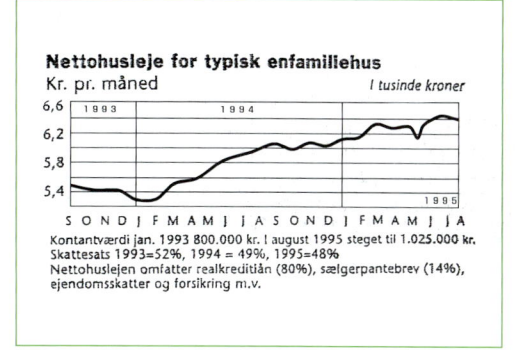

図表❾　価格の変動(1)

図表❿　価格の変動(2)

3　不動産業者の店舗

　ある街の住宅地域を調べるときは、地元の不動産業者から情報を収集することも重要である。

　不動産業者は、物件を展示しており、そのディスプレーを見ると、街の住宅の価格水準を知ることができる〈写真❿・⓫〉。

　同じ石造りのしっかりした建物であるが、物件の展示の方法に大きな違いがある。写真❿は、赤色をベースとし（本文では識別できないが）、物件は5段で表示している。一方、写真⓫の物件展示は2段でしかも間隔がある。さらに建物の内部も見える。上段には、営業時間が表示されている。

　実は、これらの物件が展示されている建物を比べてみると、写真❿が写真⓬の建物、写真⓫が写真⓭の建物である。

　物件をもう少し多く表示しているのが、写真⓮である。それぞれの地域性を考慮して店頭に物件をディスプレーしているものであり、数軒の店をのぞくと、街の住宅についてかなりのことを知ることができる。

　いずれにしても、写真❿、⓫のように物件を見たくなるような展示方法（プレート

写真❿　ベルゲンの不動産物件の展示(1)

写真⓫　ベルゲンの不動産物件の展示(2)

写真⓬　銀行の物件展示（ベルゲン）

写真⓭　不動産業者の物件展示（ベルゲン）

写真⓮　不動産業者の物件展示（ベルゲン）

の大きさ、位置、内容、カラーなど）についてよく工夫されており、参考になることが多い。

　北欧の不動産業者の店舗は、申し合わせたようにしっかりした建物に出店している。また、展示してある物件の数が少なく、見やすい位置にある。写真⓭では、通行人が見ているが、これによっても物件表示の位置関係がよくわかる。

4　住宅地域の「調和」「変化」そして「安全」

　住宅地域について少し間口を広げて述べてきたが、街づくりの基本は、住宅とその配置にあることは間違いない。住宅地域であっても、商業地域や工業地域との調和〈写真⓯・⓰〉が必要である。

　また、変化もときどきほしいところである。写真⓱にあるように、コペンハーゲンの運河とその道路には、露店が出されている。ヨーロッパの大きな街では、大通りや広場で市がたっているのをよく見かける。主として休日であるが、これが、背後にある住宅地域にも間接的な変化を与えることになる。

　水があれば、船の運航も大きな変化である。写真⓲は、ベルゲンの港であり、常に船が波に乗って動いている。住宅地域では、安全が調和や変化と同じく、重要な要素になる。たとえば、写真⓳（ベルゲン）では、自動車からの安全のために、センターに線を引くのではなく、頑丈なバリケードを設置している。しかも美観を損なわないように、デザインや色も工夫されている。歩道には、車道に飛び出したり、車道から歩道に車が突っ込まないようにしたりする柵が設けられている。

写真⓴（ストックホルム）では、見やすい位置にかなりの数の交通信号を設置し、歩行者に事故がないようきめ細かく信号標示をしている。

　住宅地域は、ほかの地域と同じように、全体として「調和」、「変化」そして「安全」に焦点を合わせて読むことが大切である。

写真⓯　市場や倉庫との調和が見られる住宅地域（ベルゲン）

写真⓰　工場との調和が見られる住宅地域（ベルゲン）

写真⓱　運河に建つマンション。大通りには市（いち）がたつ（コペンハーゲン）

写真⓲　港のランドマーク（ベルゲン）

写真⓳　道路のガード（ベルゲン）

写真⓴　道路の信号（ストックホルム）

第4章

商業地域の分析

1　いろいろな商業地域

[1] 商業の種類

　商業地域を分析する場合、まず、商業がどのように分類されるかを知っておかなければならない。それには、商業にはどのような業種があるのかを調べておく必要がある。商業の種類によって地域の特徴は異なってくる〈写真❶・❷〉。

写真❶　商業の種類によって地域の特徴を捉える

写真❷　この商店街の業種を分類してみる

　商業と一口に言っても、住宅と違ってかなりの数があり、しかも時間とともに新手の商売が現れるので、業種を細分化してもある程度のところでまとめておかないと複雑になるばかりである。商業の分類方法はいろいろあるが、不動産として考えてみると実情にもっとも合う方法は、電話帳（職業別のもの）を参考にすることであろう。商業では、住宅と違って電話は、取引にとって血管のようなものであるから、電話を必要としない商業は考えられない。

　通常の不動産取引では、どうしても住宅がメーンになってしまうが、商業地や店舗・事務所は物件数が少ないということもあるが、それに加えて、商業地域の分析が十分でない

ため取引を引き受けても、うまくその取引を進められないということが多い。したがって、商業の種類を実務に使えるようにうまく分けておき、それに基づいて分析することが必要になる。ここでは、電話帳の分類を参考にしてみよう。

不動産で伝統的な分け方に用途と形態による方法があるが、業種は、用途に関するものであり、用途の分け方に形態を組み合わせると、実務上、使いやすいものとなる。

実際に電話帳を調べてみると、かなり細分化されている。たとえば、レストランでもアフリカ料理店、イタリア料理店、フランス料理店、中国料理店など、より具体的になっている。同じ飲食店が集まる地域では、さらに細分化が必要になる。写真❸と写真❹を比べてみると、類似する点が多く面白い。

そこで、次のような大きな分類を決めておくとよい〈図表❶〉。

写真❸　飲食店の集まる商店街（日本）

写真❹　外国の飲食店の集まる商店街（ドイツ）

写真❺　駅前通りの商店街

写真❻　駅前通りに続く商店街（写真❺とは性格が異なる）

商業地域の起点を鉄道駅としたところも多いが、同じ鉄道駅起点の路線商業地域であっても、写真❺と写真❻を比べてみると、いろいろな違いがあることがわかる。アーケード、外灯、看板など比較してみると面白い。

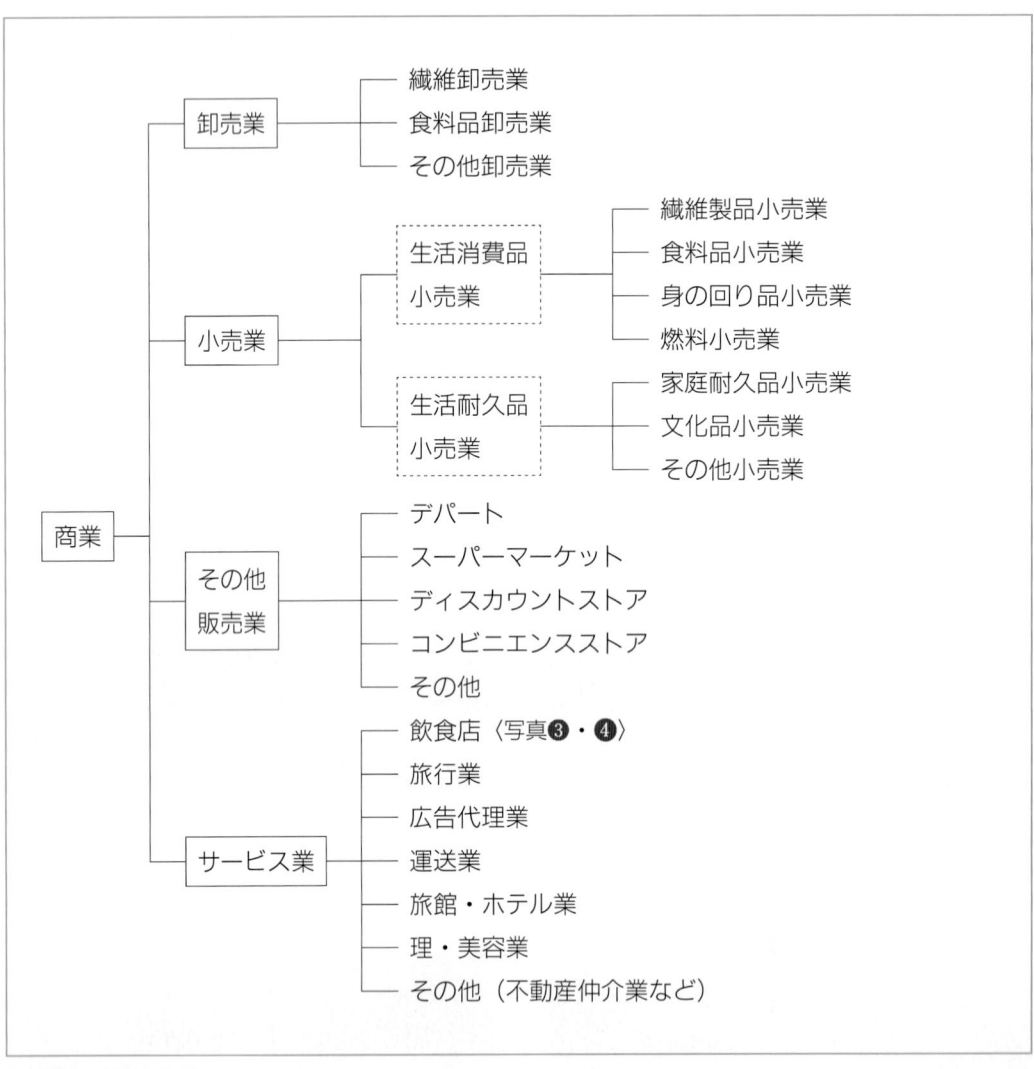

```
              ┌─ 繊維卸売業
       ┌ 卸売業 ─┼─ 食料品卸売業
       │       └─ その他卸売業
       │
       │           ┌─ 生活消費品 ─┬─ 繊維製品小売業
       │           │  小売業      ├─ 食料品小売業
       │           │              ├─ 身の回り品小売業
       ├ 小売業 ──┤              └─ 燃料小売業
       │           │
       │           └─ 生活耐久品 ─┬─ 家庭耐久品小売業
       │              小売業      ├─ 文化品小売業
       │                          └─ その他小売業
 商業 ─┤
       │           ┌─ デパート
       │           ├─ スーパーマーケット
       ├ その他 ──┼─ ディスカウントストア
       │  販売業   ├─ コンビニエンスストア
       │           └─ その他
       │
       │           ┌─ 飲食店〈写真❸・❹〉
       │           ├─ 旅行業
       │           ├─ 広告代理業
       └ サービス業┼─ 運送業
                   ├─ 旅館・ホテル業
                   ├─ 理・美容業
                   └─ その他（不動産仲介業など）
```

図表❶　商業の種類

[2] 商業地域と商圏

① 商業地域

　商業地域は、主に商店が集まっている地域と考えられるが、商業施設の集積についていろいろな角度からとらえることができる。核施設（代表例は、鉄道の駅）を中心に延びたり広がったりしている商業地域があり、商業施設が多く集まっている地域では、商店会名がついているところがある〈図表❷〉。

　次に説明するように、駅に道路が連続する商店街であっても、業種や店舗数などによって性格が違ってくる〈写真❼〉。

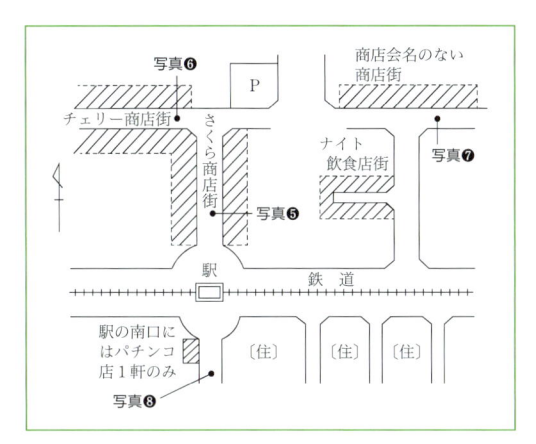

図表❷　商業地域

写真❼　駅前に店舗が1、2軒の地域

写真❽　店舗の連たん性が低くなる

写真❾　店舗の連たん性を調べる

写真❿　店舗のほとんどない事務所地区（東京）

写真⓫　片側に店舗が連たんする事務所地区（イギリス）

② 商業地域の特徴

　商業地域の特徴をとらえるために業種、建物の構造・形態等、店舗の連たん性〈写真❽〉および立地している位置から考えてみる。商業地域は、顧客を引きつける範囲（商圏）とそこに存する人口が重要であるが、それは次に述べる。

　特徴をより具体的に理解してもらうために具体例を示そう。ここで取りあげるのは、首都圏の典型的な住宅地域にある商店街の例である。

1）周辺人口
　　40,000人（世帯数　11,900）
2）商店数と業種
　　飲・食料品店　……9
　　（内訳：各種食料品1、酒・調味料2、食肉1、菓子・パン3、米穀類1、その他1）
　　衣服・衣料品店　……4
　　自転車店　……1
　　家具・建具店　……1
　　書籍・文具店　……3
　　医薬品・化粧品店……3
　　家庭用機械器具店……2
　　　　　合計23店

　このような業種分類のなかで、背後の住宅地域を大きな商圏とする場合には、鮮魚、乾物、野菜などの店舗の有無やコンビニエンスストアの有無なども調査しておく必要がある。

3）建物の構造・形態等
　　木造2階建て、一部鉄骨造3階建てあり。
　　売場面積　1,200㎡（52㎡／店）
4）店舗の連たん性
　　a．道路延長　約300m
　　b．店舗の連たん性の計算
　　　　　　　①　　②　　③
　　（300m×2）×0.7÷9＝46店
　　（注）①道路の両側が商店街のため2倍
　　　　　②道路等公共施設用地を除いた店舗化の有効率
　　　　　③1店舗当たりの平均間口の長さ（9m）
　　c．店舗化率
　　　　23店÷46店＝50％

　したがって、店舗の連たん性は約50％ということになる。ただし、残りは全部空地ということではなく、住宅やその他の施設（例：医院、接骨院、学習塾）もあり、特徴をとらえるにはこれらも考慮してみる必要がある〈写真❾〉。
　なお、店舗の連たん性については、事務所ビルが多い地区では比較が難しくなる〈写真❿・⓫〉。

③ 商圏

　商業地域の特徴をとらえるには、立地している位置と商圏の関係についても調べる必要がある。図表❸は、図表❷で示した商業地域の商圏を示したものである。

　まず、商業地域をより大きな範囲でとらえてみることから始める。その範囲のなかで、その地域はどのように立地しているか、条件をよく整理してみる。それには、商圏という意味をはっきりさせておくことである。

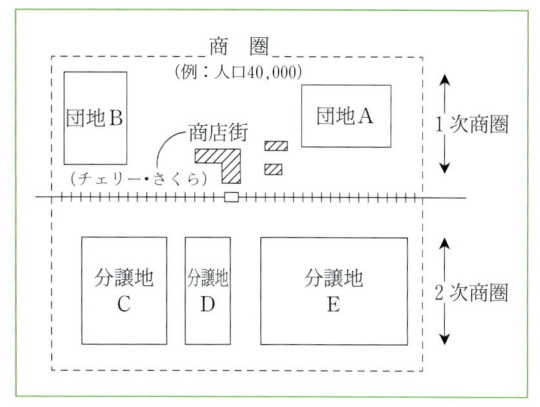

図表❸　商業地域の商圏

　「商圏」とは、商業地域（施設）が顧客を引き寄せることのできる地理的な範囲のことであり、ある商業地域と別の商業地域との商圏が競合することがある。顧客を吸引する程度について、もっとも強い商圏を1次、その次を2次（次が3次）というように区分することがよく行われる。図❸では、鉄道線路を境に1次と2次に分けているもので、おおよそ1次の半分を2次と考えるとよい。

　商圏は、最寄り品と買回り品を扱う店舗では異なり、また規模によっても郊外型によっても異なる。

　（注）①　商圏とは必ずしも一致しないが地域や都市圏を調べるとき、次の本が参考になる。
　　　　　朝日新聞社編『民力』（年度版）
　　　　②　最寄り品とは、日常よく必要とされる品で、買回り品とは、比較的高価で専門店やデパートなどに行って買い求める品をいう。

2　都市計画と商業系地域地区

[1] 用途地域と特別用途地区

　都市計画には商業に関するものがいくつかあり、都市計画図を調べることによって、商業地域の特徴を少しつかむことができる。

　商業系の用途地域では、容積率を調べることも大切で、容積率の大きい地域では、高い建物や大規模な建物が建てられる。ほかに、特別用途地区として商業専用地区があり、こ

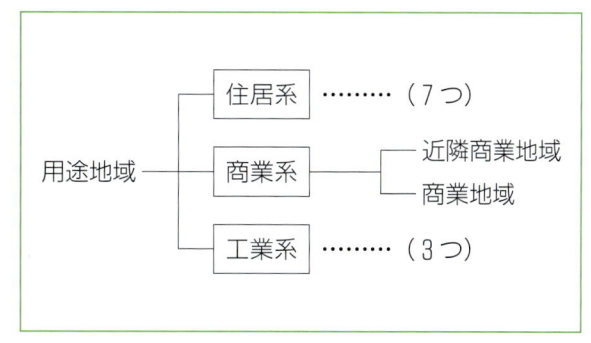

図表❹　用途地域

れも都市計画に定められることがある。ただし、都市計画と現地の商業地域とは必ずしも一致していないことがある。

たとえば、住居地域（第一種、第二種または準）であっても商業地域になっていたり、大きな容積率が定められていたりする用途地域でも、建物のほとんどが小さな建物しかない地域もある。

[2] 地区計画その他

用途に関する定めは、用途地域や特別用途地区以外にも都市計画にいくつかある。たとえば、地区計画がある。都市計画に関係しないものとして、建築協定で用途に関する定めをしたものがあり、それにより商業ゾーンが協定されている。

3 商業地域の変化

[1] 自然的変化と再開発

商業地域を分析するとき、大切なことは変化をとらえることである。しかし、これはなかなか難しい。世界的な傾向として問題になっていることは、郊外の幹線（準幹線）道路に広い駐車場のある店舗〈ロードサイドショップ：写真⑫・⑬〉がどんどん建ち始め、これらの店舗の影響を受けて既存の商店街は衰退しつつあるということである。

このように商業地域も単に人口（世帯数）の増減だけでなく、より大きな商圏のなかでの競合で、急激な変化をみることができる。

そのためにも、既存の商業地域は再開発を余儀なくされているが、ここでも大きな問題が出てくる。それは、再開発のコンセプトをどうするかということである。

単に建物をリニューアルしたり、イベント広場を設けたりしただけでは長続きしない。大切なことは、顧客に魅力を感じさせるものを盛り込んでリピート（繰り返し来てもらうこと）が期待できるようにすることである。

写真⑫　ロードサイドショップが増加しつつある地区

写真⑬　コンビニもロードサイドに進出し始めている

写真⓮　既存商店は経営努力が求められる

写真⓯　商業地域全体の調和が期待される

　こうして商業地域は徐々に、あるいは急激な変化が起こることになり、それは、根本的には業種のライフサイクルとは無縁ではない。商業地域は個々の店の経営努力〈写真⓮〉と商業地域全体としての統一・調和・変化があって繁栄が続く〈写真⓯〉。商業地域の分析は、このような変化をとらえることが、住宅地域の分析とは違った難しさがある。

写真⓰　ウォーターフロントに現れた商業施設（福岡）

　再開発ではなくて、新たに商業施設をつくる動きもある。テーマパークやウォーターフロント開発のひとつとして、斬新なデザインでつくられる例が多い〈写真⓰〉。問題は中身であり、どんなコンセプトで長続きする魅力づくりをしているかということである。

[2] 外国の例

　商業地域の変化は、外国でもよく見かける。歴史のある国だけでなく、カナダのような新しい国でも再開発は盛んである。

　写真⓱にあるように、再開発された地区は、国内はもちろん外国からの来客でにぎわっているが、商業地域としてとらえるときは、どんなところに人気があるのかをよく分析してみることである。写真⓲は、開発規模は大きくないが、専門店が多く、この地区に来ると、たとえば手芸（パッチワーク）の材料が豊富に揃えられていて、教えてもくれる。

写真⓱　工夫された再開発地区（カナダ）

また、工業地区を再開発した例では、建物はほとんど工場・倉庫のまま、ペンキを塗りかえただけで表向きは変化が少ないが、中にある専門店や手づくり教室は魅力のある品やメニューを用意し、創業以来ずっと来客数が減っていないという例もある。
　ロードサイドショップの例では、大規模な店舗（競合している）をいくつも集め、1万台以上の駐車スペースを設けているものもある。このように商業地域の変化をよく読みとることが重要になる。

写真⓲　専門店に人気のある再開発地区（カナダ）

[3]　地図からとらえる

　商業地域については、これまで説明したとおり、その分析はかなり難しい。商業地域の不動産を取引しようとすると、このような専門的な知識が必要になる。住宅地域の土地のような取引では無理であろう。
　商業地域の分析では、最近いろいろな資料が揃えられている（多くは有料）ので、それを使うことによって、かなりの分析が可能になった。不動産業は、中小企業診断業でもないし、経営コンサルタント業でもないので、ある程度のところまで分析できればよい。
　資料の一部を紹介すると、いろいろな地図がある。外国ではさまざまな地図を用意している団体等があり、それもかなり精度の高いものがある〈図表❺〉。わが国でもこのような地図とほぼ同じようなものが、少しずつ揃えられてきている。
　図表❻は、商圏や都市圏などをつかむのに使われ、そのなかで、建物の用途別〈図表❼〉、階数別〈図表❽〉、構造別〈図表❾〉の各図面によって、商業地域の分析をする（東京都中野区の一部）。これらの図面は、実物はすべてカラー印刷されており、色により概略を読むことができる。また、同じような地図で少し古いものがあれば、地域の変化も読むことができる。

図表❺　都市計画の進んでいる国（ドイツ）では、多くの種類の地図が揃えられている

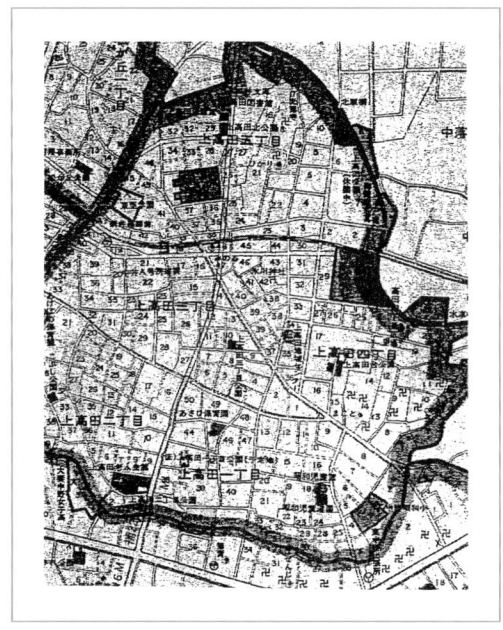

図表❻　縮尺の小さな地図で範囲をつかむ

図表❼　用途地域と土地の用途を表した地図

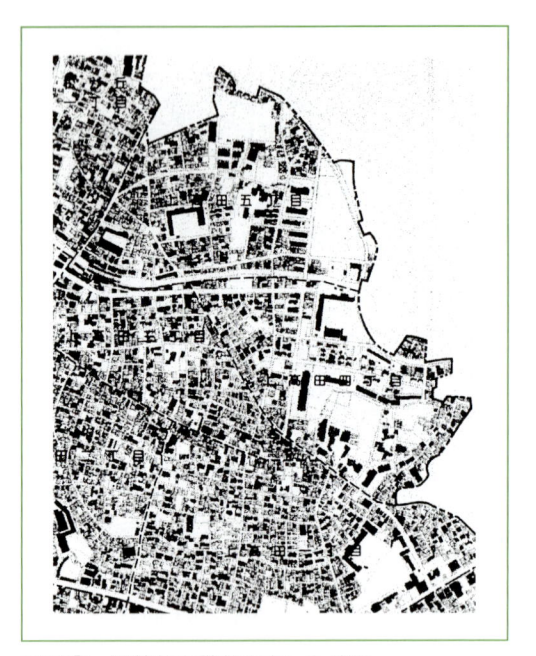

図表❽　建築物の階数を表した地図 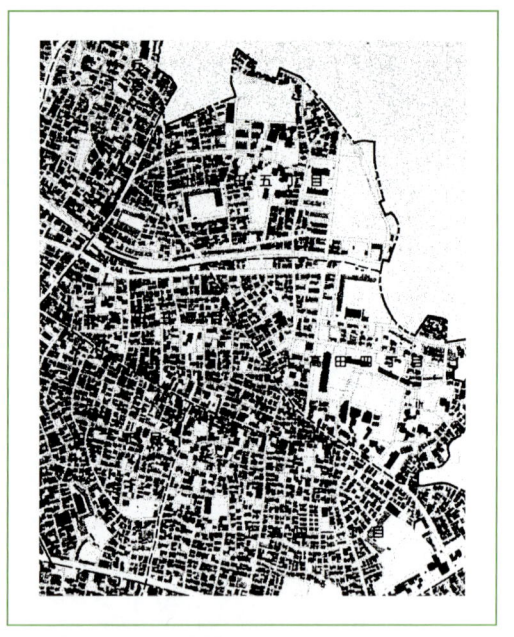　　　　　図表❾　建築物の構造を表した地図

　このように地図による分析も地域分析に役立てることができ、これは商業地域だけでなく、他の地域分析にも使うことができる。

4　商業地域と鉄道駅

［１］　鉄道の種類

　商業地域にはいろいろな施設等があるが、そこから分類する方法がある。商業地域をとらえて、それを分析するには、共通する点から見ることも実用的である。

　そこでまず、駅に連続する商店街（商業地域）について取りあげてみようと思う。駅といえば鉄道の駅〈写真❶〉が中心であるが、船の駅〈写真❷〉も昔からあり、最近は道（バス等）の駅〈写真㉑〉も多くなってきているがここで取りあげるのは、鉄道の駅である。駅付近の商業地域は、わが国のどこにでもみられ、地域をとらえやすい典型的なものである。駅前通り商店街を特徴づけるものは、駅そのものである。

　駅は鉄道の種類によって基本的な特徴が決まる。そこで、駅前通りを調査するときには、鉄道の種類を分析することが重要になる。

　鉄道の種類は、次のように分けられる〈図表❿〉。旧国鉄がＪＲに変わったとはい

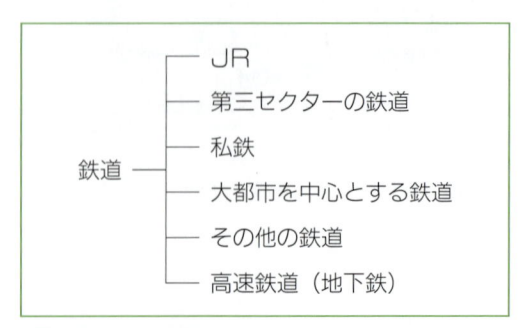

```
        ┌── JR
        ├── 第三セクターの鉄道
        ├── 私鉄
鉄道 ───┤
        ├── 大都市を中心とする鉄道
        ├── その他の鉄道
        └── 高速鉄道（地下鉄）
```

図表❿　鉄道の種類

え、JR利用駅は、その利便性・連続性の面から他の私鉄と区別されることがある。

[2] 駅舎の規模

　駅舎の規模は、駅ごとにかなりの格差がある。極端なケースとして駅舎のない駅もあり、また逆に一見して駅とわからないような大規模のものもあったりする〈写真㉒〉。駅の規模が大きくなると、次に述べる鉄道施設以外の施設が併設されていることが多い。ただし、駅舎が大規模で併設施設が多くあっても、乗降客が多いとは限らない。新幹線の大都市間にある駅は、その例である〈写真㉓〉。

　鉄道の駅は、利用客が多い。したがって、いろいろな業種の営業が次つぎに考え出される。商業の基本は何といっても人の集まり、すなわち、不特定多数の人であるので、通勤、通学の利用客は一種の固定的な顧客となりうる。しかし、最近は利用客の減少が著しい駅も多くなってきていて、解決策が見つからないため、図書室や育児室などの併設も試みられている。

写真⑲　地方中核都市の駅は、商業地のひとつの中心となる

写真⑳　フェリーポートやジェットフォイルのターミナル

写真㉑　道の駅（鉄道駅に代わる新しい駅）

写真㉒　大きな駅舎（手前の2つの細長い屋根）（ストックホルム）

写真㉓　駅舎の規模と乗降客数が比例するとは限らない

写真㉔　利用者にとっては駅舎の一部になっているステーション・モール

［3］　駅の出入口

　駅舎も建物であるから、その出口、入口が大切になる。典型的なものは、鉄道線路を挟んで両側に出入口がある駅である。南口と北口、東口と西口ということがよくある。もちろん片側にしか出入口がないものも多い。逆に出入口の数がかなり多いものがある。

　駅前通りは、出入口に通じるのが原則であるから、その位置、開口部、アプローチなどはかなり重要なものになる。

［4］　併設されるもの

　駅を調べるには、どのような施設が併設されているかを分類してみると把握しやすい〈写真㉔・㉕〉。

① 　私的なもの

　1）物販の小売業
　　・衣料品　　・装飾品　　・薬品、化粧品　　・書店、文房具店
　　・青果物店　・鮮魚店　　・みやげ物店　　　・その他
　2）飲食業
　　・一般食堂　　・レストラン　　・喫茶、パーラー　　・居酒屋
　　・立食スタンド　　・その他
　3）その他のサービス業
　　・理容業、美容業　・浴場業（サウナ）　・物品の預かり（コインロッカー）
　　・映画館　・不動産業　・旅行代理業

② 公的なもの

　1）市区町村役場の支所（出張所）
　2）郵便局
　3）交番
　4）多目的ホール
　5）その他

③ その他のもの

　1）デパート
　2）ホテル
　3）結婚式場
　4）有料化粧室（トイレ）
　5）診療所
　6）フィットネスクラブ
　7）特別会員制クラブ
　8）文化教室

写真㉕　大規模なデパート2つが隣接する駅

5　駅前広場

[1]　広場の規模

　広場は、駅前通りの出発点であり、終点でもある。利用上は、道路と広場の区別はあまりない。広場の規模は、駅前の広がりであり、広ければ広いほど駅前通りへの距離が長くなる。

　もっとも、広場のほとんどない駅もあり、広場がない場合には、繁華性が高くなる傾向が見られる代わりに、落ち着きのない駅前になる。広場の規模は、次に述べる街の顔とも直接関係してくる〈写真㉖〉。

写真㉖　駅前広場は一般の駐車場

[2]　モニュメント、ランドマーク、看板

　駅前広場には、街のシンボルや街の行事としてもっとも力を入れているＰＲ塔（工作物）が広場の中心に設置されている〈写真㉗〉。広場を調べるときは、このようなシンボル

は何を表しているのか、その意味するところの確認が必要である。

[3] 駐車場（駐輪場）

いまや駐車場や駐輪場の施設は、駅前広場に必要不可欠のものといえる。駐車場は、タクシーとバスにその大部分を専用され、一般の自動車の駐車スペースは、きわめて少ないのが通常である。

しかし、駅であっても駐車場スペースのない広場は自動車によるショッピングやレストランの利用は難しい。このようなところにもロードサイドショップとの競合による後退が自然に表れてくる〈写真㉘〉。

[4] ロータリー、緑地

広場にロータリーを作るか否か、意見は2つにわかれよう。街の顔であれば、ロータリーや緑地がほしいし、少しでも広く活用しようとすれば、ロータリーはないほうがよい。商業地域を読むときは、このように少し奥深く読んでみる必要があり、わずかのロータリーを撤去したために美観が損なわれるようでは、広場を拡げた意味がなくなってしまうであろう。

写真㉗　時計（写真中央のポール上）のあるモニュメント

写真㉘　商況活性化のために駅前広場地下に駐車場が設けられている

写真㉙　車での外来者には、駅前広場の進入、退出は運転しやすいか

写真㉚　人が優先か、車が優先か（自動車もとおる道）

[5] 歩車道の連続関係

駅前広場は、一般に車路がループになっているところが多いが、その車路は使いやすいかどうかが問題である〈写真㉙〉。大切なことは、自動車社会に移行するとき、「人の優先」が叫ばれたものであるが、いつの間にか声が少なくなり、広場によってはどう見ても自動車優先の車路になっているケースが多い。広場を調べるときは、このような点にも着目することが大切である〈写真㉚〉。

[6] 駅前の工作物、建物

駅に降り立って見ると、まず目に入るものは何か、同じように見える駅前広場であっても、真っ先に見えるものは同じではない。電光掲示板やパチンコ店のネオン、いろいろなものがある。

これは、街の第一印象として大切であるばかりでなく、ある程度、商店街を性格づけることになる〈写真㉛〉。

写真㉛　駅を出て、まず何が目に入るか

6　駅の利用者

[1] 総数とトレンド

駅の乗降客数は、駅前通りの繁華性に直接影響を与える重要な要因といえる。乗降客数を詳しく調べるには、次に述べるように、さまざまな要因による分類が必要になるが、まず、1か月、1年というように一定の期間の総数を把握し、次に1日当たりの人数を計算することである。

1日当たりの人数をいつの年の平均値で求めるかを決め、次に何年間かの変化を調べてみよう。長期にわたる場合の変化（トレンド）は、駅前通りの商業特性と重要な関係にあることがわかってくる。

[2] 利用者の分類

駅施設の利用者の分類は、①年齢層、②性別、③職業（おおよそのもの）と学生・主婦に分け、さらに、ⓐ曜日、ⓑ時間帯、ⓒ天候・気温などにより、クロス調査・集計をしてみると、かなり詳しいことまでわかってくる。それには、まず、図表⓫にあ

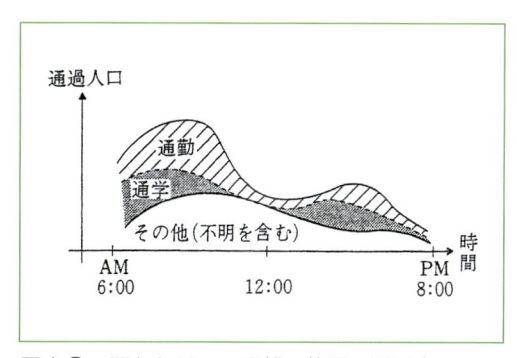

図表⓫　駅から30mの距離の位置の通過人口

るように、鉄道駅に至近の位置での通過客を調べてみることである。

7　駅前通り商店街の特徴

［1］　駅の特徴からとらえる

　これまで、駅前通り商店街を特徴づける重要な要素として、駅施設について、さまざまな角度から分析を試みた。

　駅前通り商店街は、基本的には駅の性格で決まり、単純にとらえることができることもあるが、そうでないことも多い。したがって、商業地域として駅前通りを分析するには、まず、駅の特徴をとらえることから始める。

写真❷　鉄道が廃止された駅。街の中心はどこか

　ただし、鉄道が廃止され、駅が昔のままで残っていても、利用されていないときは別な方法で調査をしなければならない〈写真❷〉。

［2］　商店街を調査する

　次に商店街を調べるが、それは図表⓬のモデルによって説明しよう。

① まず基準点を決めよう

　図表⓬では、南口広場の駅前通りの人口を基準点とし、100という指数で表している。この100は、土地の価格、通過人口、収益性などいろいろな指数として使えるものであるが、図表⓬では、通過人口として表している〈写真❸〜❺〉。

② 道路の分岐点で人の流れの変化をつかもう

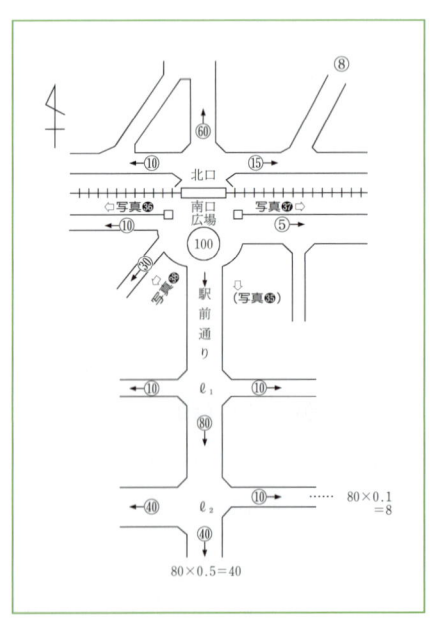

　駅前通りで、駅から離れるにしたがって通過人口がどのように変化するかは、商業地域を調べるときに非常に重要になる。第1交差点 ℓ_1 では、減少して80になり、第2交差点 ℓ_2 ではさらに減少して40になっている〈写真❻〉。

図表⓬　商店街調査ではまず基準点を決める

写真㉝　駅前通りも、駅から離れると人通りが急激に減る

写真㉞　駅前通りの側道は、かなり人通りが少ない

写真㉟　駅前通りの側道でもほとんど人が通らないこともある

写真㊱　駅前通りは、この駅至近の分岐点で大きく分かれる

③　全体の流れを把握しよう

　このような人の流れの変化を調べるには、やや長い距離を設定しよう。その間でいくつかのポイント（ℓ_1、ℓ_2）をさらに設定して調べ、その結果、全体としてどのような変化があるかをとらえてみるとよい〈図表⓭〉。

[3] 人の流れによる分類

　人の流れに着目して、商業地域の範囲を分けることができる。駅から遠ざかるにしたがって、通過人口はどのように減少するか、その特徴をとらえる。これは実際に測定してみる必要があり、その結果をどのような曲線をもって近似することができるかを当てはめてみる。図表⓮は、そのひとつの例

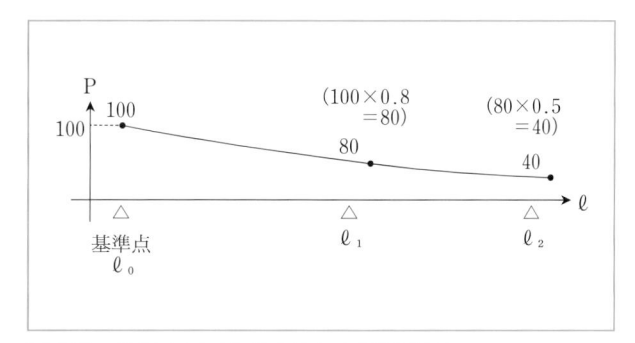

図表⓭　通過人口（全体の流れを把握する）

である。

　図表⓮では、駅の出入り口で100％であった人の数が20m離れると、60％（つまり40％の減少）になり、65m離れると約20％になってしまう。これは駅とその周辺に商業施設が過度に集積し、通勤・通学はバス便、自転車を主な交通手段としている地域によく見られるパターンである。

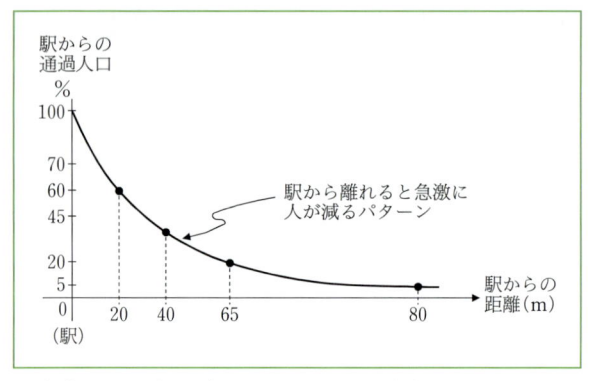

図表⓮　通過人口（人の流れによる分類）

[4]　既存の商店街の地域割

　既存の商店街は、古くなればなるほど店舗が密集しているところが多い。とくに駅前商店街についてはそのことがいえる。

　モデルケースとして図表⓯では、昔ふうに間口を2.5間（約4m）として店が4軒集まり、隣棟間隔を0.5mとすると、図表⓯にあるように18.5mになる。この4店舗と向かいの4店舗、あわせて8店舗が顧客のよく利用する店だとすると、それから先へ行く人は非常に少なくなる。

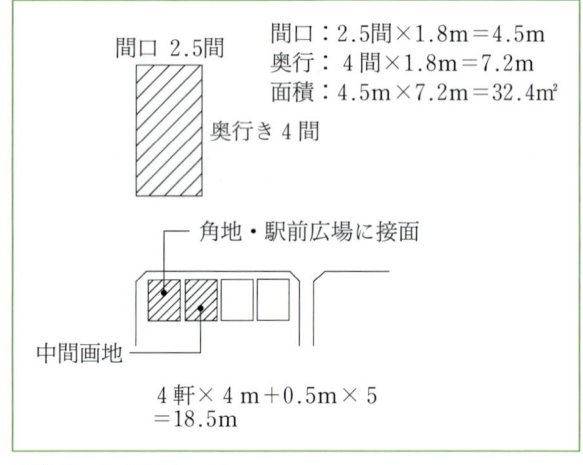

図表⓯　モデルケース

　そこで、図表⓮とあわせて考えてみると、第1の地域は約20mまで、第2の地域は約25〜45mまで、第3の地域は約50〜70mまでの範囲として分類が可能になる。

8　実際に比べてみる

　商業地域のなかでも、とくに駅前通り商店街を調べるときは、いくつかの通りについて、2、3の角度から観察して比較してみるとよい。

[1]　収益性から調べる

　小売店舗の品揃え、品質や食堂のメニューを観察すると、だいたいの収益性をつか

写真㊲　駅商店街の特徴は、品揃えやメニューでもヒントが得られる

むことができる。これにより通過客の層をおおよそではあるが、知ることができよう〈写真㊲〉。

[2] 店舗の連たん性を比べる

建物1戸1戸を表示した地図をもとに、店舗の種類とその連たん性（店舗化率）を調べてみる。これによっても、ある程度、地域を分けることができる〈写真㊳・㊴〉。

写真㊳　未熟成の駅至近の地域

写真㊴　熟成している駅前通り商店街

[3] 客層を観察する

客層を観察することは、これまで述べたとおりであるが、駅の出入口の利用者数を調べてみることも参考になる。たとえば、改札口（自動）の出口、入口の数の変化について調べてみると面白い〈図表⓰〉

駅の改札口の数			A市		B市	
			(出口)	(入口)	(出口)	(入口)
	AM 7：00〜8：00	東口	4	10	3	5
		西口	2	3	2	3
	PM 6：00〜7：00	東口	6	3	5	3
		西口	3	2	3	2

（例）　A市人口30万、B市人口10万

図表⓰　駅の出入り口の利用者数を調べる

まとめ

【やさしい街の調査】
　街を調べるときは、次の図にあるように基本的には4つの項目から始めるとよい。そして、いくつかの項目について、必ず現地調査を行い、街の特徴をとらえることによって、街づくりの基本資料にすることができる。

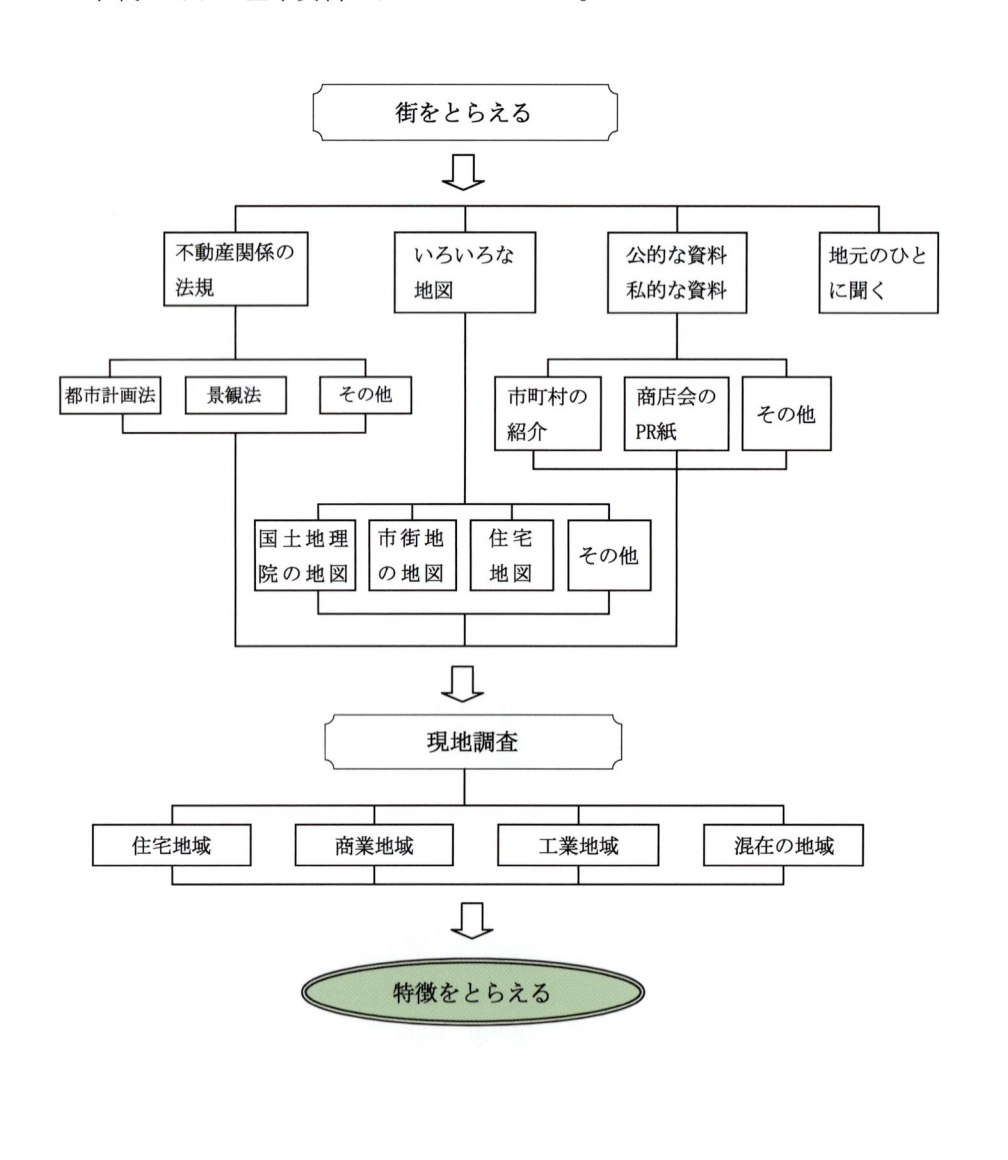

```
            街をとらえる
                ↓
   ┌─────────┬─────────┬─────────┐
不動産関係の  いろいろな  公的な資料  地元のひと
   法規       地図      私的な資料   に聞く
   │           │           │
┌──┼──┐        │       ┌──┼──┐
都市  景観  その他       市町村の 商店会の その他
計画法 法              紹介    PR紙
            │
     ┌──┬──┬──┐
   国土地理 市街地 住宅  その他
   院の地図 の地図 地図
                ↓
            現地調査
                ↓
   ┌──────┬──────┬──────┐
 住宅地域 商業地域 工業地域 混在の地域
                ↓
           特徴をとらえる
```

第4編

街づくりの進め方

第1章

街を多角的にとらえる

　不動産に精通してくると、街の見方が変わってきて、よく知っている街でも新しいことを発見したり、初めて訪れたりする街でもポイントのつかみ方が違ってくる。不動産を通して、街をどのように読んだらよいか、どんな手法で街がつくられるかを本章では述べる。

1　街は不動産の集まったもの

[1]　街をつくる不動産

　まずは身近なところで街を観察してみよう。人口の多少や建物の中高層・低層に関係なく普段と違った見方をしてみるとよい。不動産という抽象的なものではなく、もっと具体的な施設で見てみると面白い。街を形づくる施設は種類が多いが、都市計画法の都市施設（法11条）を参考に分類し、主なものを例示してみると、図表❶「都市の施設」のとおりになる。

　たくさんある施設のなかで、どの街にも共通する基本的なものは「交通施設」の道路である。道路（水路）を線で表し、いろいろな施設を点でそのなかに書き込んでみると、街の特徴を端的につかむことができる〈写真❶〉。

写真❶　道路を線で捉えてみる
　　　　（ニューヨーク）

写真❷　立体交差している道路
　　　　（ニューヨーク）

施　　設	主なもの
a．交通施設	道路〈写真❶・❷〉、鉄道、駐車場、ターミナル
b．公共空地	公園、緑地、広場、墓園
c．供給・処理施設	水道、電気供給施設、ガス供給施設、下水道、汚物処理場、ごみ焼却場
d．水路	河川、運河、その他の水路〈写真❸〉
e．教育施設	学校、図書館、研究施設
f．文化施設	文化会館、芸術劇場、コンサートホール
g．医療施設	病院、診療所、医院
h．社会福祉施設	保育所、老人ホーム、福祉ホーム
i．市場	小売市場、卸売市場
j．商業施設	デパート、小売店、ホテル、飲食店
k．住宅施設	住宅団地（低層・中高層）
l．官公庁施設	国の機関、市町村役場
m．流通業務団地	
n．工業団地	工場、倉庫
o．電力施設・電気通信施設	変電所、通信施設
p．防災施設	防風、防火、防水、防雪、防砂、防潮
q．運動・レジャー施設	陸上競技場、動物園
r．その他の施設	と畜場、火葬場

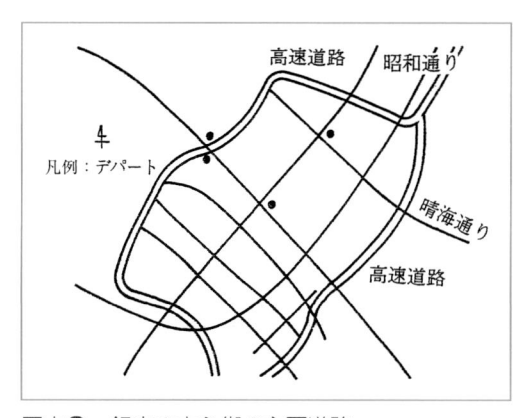

図表❶　都市の施設

図表❷　銀座の中心街の主要道路

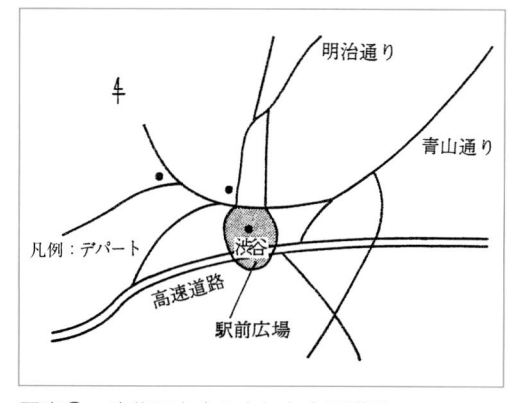

図表❸　渋谷駅を中心とした主要道路

　図表❷・❸は、東京の代表的な商業地である銀座と渋谷の例を示している。主要な道路を線で示すと、両地区の違いがはっきり出ている。道路の系統連続性、配置の状態のほかに、広場（渋谷は駅前にあり、銀座にはない）についても違いが見られる。

2　街には寿命があるか

[1]　街も年をとる

　街にも寿命があって、年をとってくたびれてしまう街もあれば、年をとらない街もある。また、年をとって、魅力を増す街もある。

　通常は、人間の寿命と同じように、20〜30年で成熟し、50〜60年で峠を越えて、70〜80年も経つと街は衰弱してしまう。したがって、20〜30年の頃に、次のビジョンを持って手を打たないと、街は死んでしまうことになる。しかし、街全体がすべて衰えてしまうわけではなく、わずかではあるが年をとるごとに魅力を増し、厚みを感じさせる街もある。リニューアルやリハビリが必要なのは、人間ばかりでなく街も同じであり、そのような見方をしてみると面白い。

写真❸　昔の水路（水道）（京都）
※写真❷と比べると面白い。

[2]　街には歴史がある

　日本一の商業地である銀座も、昔から繁華性のある商業地区であったわけではない。古くは、銀座の北東方約1kmのところにある人形町や浜町のほうが繁華性のある街であった。歴史の流れのなかで、次第に銀座の街がにぎわい始め、現在では日本一の繁華街というだけでなく、世界のトップクラスのブランドが集まる世界有数の商業地区になっている。

写真❹　銀座7丁目から中心街を望む（銀座）

写真❺　マイン河から中心街を望む（フランクフルト）

　これほど有名な話ではなくても、どんな小さな街でも歴史があり、その歴史を調べてみることが、街を読むときに必要なことである。それも不動産の面から見た読み方をしてみると、意外なことを発見する。たとえば、銀座に借地が意外に多いのも、歴史的なことを調べてみると答えが出てくる。

また、外国の街を比較する場合も同じことで、歴史を知ることが大切だ。たとえば、写真❹（東京・銀座）と写真❺（ドイツ・フランクフルト）を比べただけでは、見たところ同じようで街の特徴をつかむのが難しいといえよう。

［3］ビジョンは何か

街を読むときは、ビジョン（vision）を調べてみることも大切である。ビジョンのある街もあれば、はっきりしたビジョンのない街もある。

ビジョンとは将来どのような街にしたいか、その未来像をいう。ある外国の都市では主に次のような項目についてビジョンを定めている〈写真❻〉。

1）経済的な都市の成長
2）自然的な環境
3）住宅と関連施設
4）産業の立地
5）交通に関すること
6）歴史的遺産
7）都市環境

写真❻　街にはビジョンが必要である
（ノースバンクーバー）

3　街は地域でとらえる

［1］シンボルでとらえる

昔の街は、シンボルをつかみやすかった。たとえば、城下町では、「城」である。また、高度経済成長を遂げる前までは、鉄道駅であった。

シンボルとなるものは、ランドマークが多い〈図表❹参照〉。高層のビルや奇抜なデザインの建物や工作物だけではない〈写真❼〉。街としてシンボルといえるようなものならば、いろいろなものを挙げてみることができるはずである。

写真❼　ビルの壁につくられた日時計
（フランクフルト）
※シンボルになっている。

シンボルを、観光的なものあるいは単なる目印とせずに、街の中心的なもの、地域の中心的なものとして、とらえてみるとわかりやすい。いくつかシンボルとなるところを中心に地域ができ、地域が集まって街ができあがっている。

ランドマークは、100のものが紹介されている。		
・古い住宅	・灯台	・ホール
・イン（宿泊施設）	・銅像〈写真❽〉	・病院
・教会	・チャペル	・警察署
・古い市電	・古い校舎	・寺院
・クラブ	・鉄鋼会館	・宣教師の家
・駅	・農家	・給水塔
・交換所	・ホテル〈写真❾・❿〉	・塾
・イタリア庭園	・船のターミナル	・銀行
・古い船	・墓地	・博物館
・図書館	・古い役場	

（注）「ビクトリア・ランドマーク集」より

図表❹　ランドマークの例（カナダ・ビクトリア市）

写真❽　銅像はランドマークになる（フランクフルト）

写真❾　ホテルが街のシンボルになっている例（ビクトリア）

写真❿　ホテルや風車はランドマークになる（長崎・ハウステンボス）

［2］　用途・機能の面からとらえる

　もうひとつの地域のとらえ方としては、地域を用途や機能の面から見てみることである。ある地域は、どのような機能を持っているか、ということを観察しながら地域というものをとらえてみよう。

　図表❺は、生活と活動する場を機能面から分けたものであるが、わが国の街は、必ずしもこのようにはなっていない。ニュータウンのように計画的につくられた街は別として、むしろ用途混在の街が多い。都市計画で用途地域が指定されていても、実際には用途地域

の用途が実現していないことがよくあるが、用途規制そのものが、ある程度の用途混在を前提としているためである。

　しかし、街をよく観察すると、はっきりした地理的な線を引くことはできないにしても、あるまとまりのある範囲をとらえることができる。用途混在している地域では難しい面があるが、慣れてくると、まとまりをつかむことができる。地域は、このように機能的な面からも理解することができる。

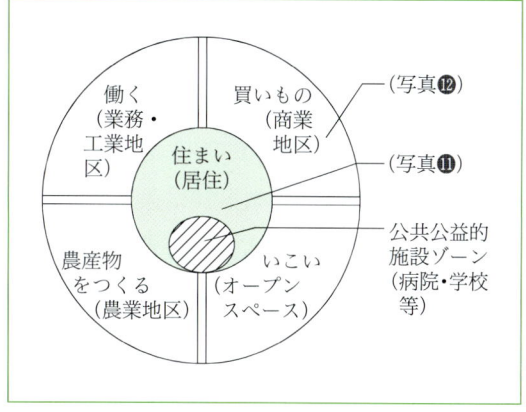

図表❺　ビジネスマンの生活と活動を機能面から分類したもの

4　住んでみたい街

［1］　住むための条件

　街の魅力は、主観的に決められるところが多い。ある人が気に入っても、他の人から見れば魅力がないということがよくある。とくに、大都市ではそのことがいえる。しかし、共通していえることも多いので、それについて考えてみたい。

　具体的な施設と街の魅力の関係を示す興味深いデータ〈図表❻〉があるが、ここで扱っているのは、すべて大都市の例である。図表にあるような順位は、中小都市や町村ではかなり入れ替わる。住むために必要な条件を考えてみると、都市施設の整備の状況が違えば、条件も違うのが当然である。

　また、年齢層によっても、この順位は変わるが、必要な条件は、順位は別にして共通しているといえる。

---

① 　福祉施設……老人ホーム、保健所
② 　医療施設
③ 　ごみ処理場
④ 　公園・緑地
⑤ 　通勤のための鉄道、ガス等
⑥ 　通勤のための居住地周辺の道路
⑦ 　文化施設……図書館、美術館、公民館等
⑧ 　教育施設……大学、高校、小・中学校等
⑨ 　下水道

（注）　総理府「月刊世論調査」
図表❻　居住地域で整備・充実が必要だと思う施設（大都市）

[2] 見る街から住む街へ

　街を観光目的で訪れるのと、本当に住んでみたい街は、必ずしも一致しない。言葉の壁を考慮しないで、住んでみたい外国の都市を挙げるなら、どんなところがあるのか。それを示したのが、図表❼のデータである。

　順位に関係なく、ベスト10に入っている都市は、国の安全性の問題は別として、興味深いものがある。どの都市も、海外旅行が好きな人なら、行ったことがある有名なところばかりだ。しかし、観光で訪れて印象がよい都市であっても、住んでみたいかと問われると、必ずしもイエスと答えが返ってくるとは限らない。

順位	地　　名	総合点
1	ハワイ州（米国）〈写真⓭〉	43
2	シドニー（オーストラリア）	10
3	カリフォルニア州（米国）	9
4	パース（オーストラリア）	8
5	バンクーバー（カナダ）〈写真⓮〉	7
6	シアトル（米国）	5
6	フイレンツェ（伊）	5
6	クライストチャーチ（ニュージーランド）	5
9	ニース（仏）	4
9	フロリダ州（米国）	4

（注）「日本経済新聞」平成11年1月4日付
図表❼　定年後に住みたい海外の街ベスト10

　図表❻で示したような基本的な条件が整っているかどうかに加えて、住みやすいかどうか、さらに魅力があるかどうかで、結論づけられる。住みやすいかどうかについては、季節が日本と逆では困るというような主観的なことが入ってくる余地がある。しかし、住むからには生活をエンジョイできるような街でなくてはならない。

　それには、コミュニティという基本的なことが必要になってくる。不動産を取り扱ってみると、法的に定められた業者の責務（たとえば重要事項の説明）からさらに一歩も二歩も進んで、「地域コミュニティ」という考え方を常に持つことが必要となる。つまり、一つひとつ（単体として）の不動産に精通し、そのうえで不動産の有効活用へと進むことである。目標としては、地域やコミュニティの見方を習得し、住みやすい街、住みたい街（できれば外国も含めて）についてコメントやアドバイスができるところに置きたいものである。

```
┌─────────────────────────────────────────────────────────────┐
│   ┌──────────┐      ┌──────────┐      ┌──────────┐          │
│   │ 単体としての│ ←→  │不動産から見│ ←→  │不動産から見│          │
│   │ 不動産    │      │た地域    │      │た街      │          │
│   └──────────┘      └──────────┘      └──────────┘          │
└─────────────────────────────────────────────────────────────┘
```

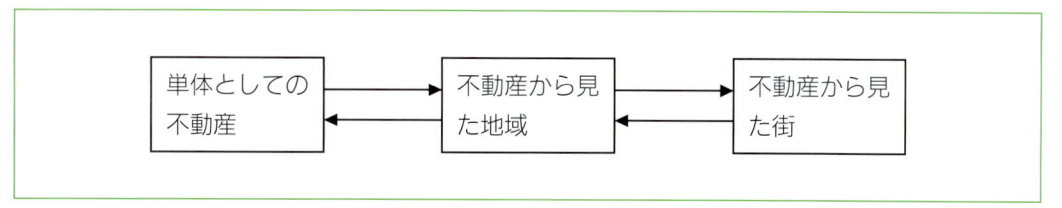

図表❹　地域コミュニティを考慮した不動産の有効な活用の仕方

5　明日の街を読む

［1］　いろいろな街を比べてみよう

　街を比較する場合、難しい手法はいろいろあるが、項目をいくつかに絞ってみるとよい。たとえば、郵便ポストである。宅配便の取次店が全国的にかなり多くなり、集荷サービスまで手を広げているが、通常の郵便は、依然として変わっていない。また、ある地域内に公衆電話がいくつあるか、そして、その配置はどのようになっているか、これも面白い比較の方法である〈写真⓯〉。

　さらに、コミュニティセンターなど複数の公的な施設をどのように配置することが、市民サービスとして適当かなどということを研究する分野がある。

　外国では、街の比較をするのに、2つの都市で飲み物のコーラの種類と数量を分析して街の特徴をつかんだという学術的な報告例もある。あまり難しく考えずに、商店の種類、数、配置の状況について、調査し分析してみると、街の一面を読むことができる。たとえば、喫茶店、パン屋、クリーニング店、理容・美容院、スーパー、コンビニなどである。

　このような分析は、地域計画とか地域分析といわれる専門分野があり、かなり高度の統計的手法が使われている。統計的手法としては、クラスター分析がある。

［2］　明日の街を読んでみる

　これまで、不動産から見た街をどのようにとらえたらよいかを述べてきた。いわば、総論的なもので、不動産がどのように街をつくっているか、単体としての不動産から地域へと話を広げてきた。

　不動産に精通してくると、本当に面白いのは、調査や分析ではなく、明日の街を読んでみることである。これはかなり難しい。いわば上級コースに属することである。しかし、一歩ずつステップアップしていかないと、急には街を読めるようにはなれない。不動産の開発や取引で必要なことは、街をどのようにとらえ、明日の街をどう読むかということである。

　このことは街の大小には関係なく、どんな街にも共通することである。仕事やレジャーで街を訪れるときには、このようなことを心がけることにより、明日の街を読む力が、次

第に身につくことになる。なお、テーマパークなどをよく調べてみると、ビジョン、都市施設、シンボルなど、街づくりの参考になることが多くある〈写真⑯〉。

写真⑪　一戸建て住宅専用の地区（ビクトリア）

写真⑫　デパート、銀行、オフィスなどが集中する商業地区（ビクトリア）

写真⑬　造成宅地内にある戸建て住宅（ハワイ）

写真⑭　バンクーバーの高級マンション

写真⑮　街づくりも、公衆電話の配置を調べてみると面白い（ビクトリア）

写真⑯　テーマパークは、街づくりに参考になることが多い（長崎・ハウステンボス）

第 2 章

街をタテとヨコから読む

1 街をタテに読む

　街をタテに読むときの要素として「快適性」、「生産性」および「収益性」の3つを挙げることができる〈図表❶〉。

[1] 快適性
① 住宅地区について

　不動産を読むときの第1のポイントは、同じ種類（用途）のものについて、できるだけ詳しく調べてみることである。同じ種類の不動産ということでは、住宅が把握しやすい。住宅の用に供することを「居住用」ともいい、住宅を居宅【きょたく】ということもある。

　住宅地区を調べるときには、抽象的な用語であるが、「快適性」がとくに大切である。快適性は、英語でアメニティ（amenity）という。住みやすさ、住み心地などのことをいい、1つひとつの住宅のことではなく、地区（地域）全体について

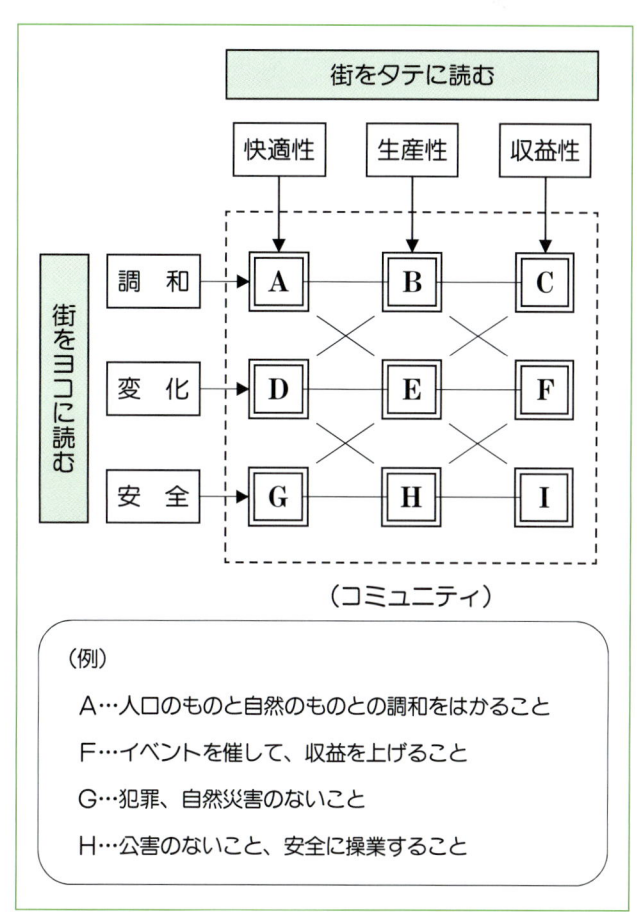

```
街をタテに読む
   ↓         ↓         ↓
 快適性   生産性    収益性
┌─────────────────────────┐
│  調　和 →  A ── B ── C  │
街│              ╳   ╳       │
をヨ│  変　化 →  D ── E ── F  │
コに│              ╳   ╳       │
読む│  安　全 →  G ── H ── I  │
└─────────────────────────┘
         （コミュニティ）

（例）
　A…人口のものと自然のものとの調和をはかること
　F…イベントを催して、収益を上げること
　G…犯罪、自然災害のないこと
　H…公害のないこと、安全に操業すること
```

図表❶　街をタテとヨコから読む

205

写真❶　郊外の住宅地（ドイツ）

写真❷　南国のリゾートマンション（ハワイ）

写真❸　海沿いの港町（長崎）
　　　※写真❺と比較してみる

写真❹　高台から港町を一望
　　　（サンフランシスコ）

使われる用語である。

　快適性を調べるとき、どうしても主観的な要素が入りがちであるが、なるべく客観的な要素をもって調べる必要がある。住みたくなるような住宅地区〈写真❶・❷〉を考えてみるとよい。

　つまり、生活の場は、生産の場でもなく、収益を上げる場でもない。個々の生活が尊重され、全体としてまとまりのあるものでなければならない。コミュニティとして考えてみると、住宅街として整っており、交通条件がよく、道路、公園、その他公的施設が整備されていて、買い物にも不便のないところといえる。

　快適性は、相対的な要素であって絶対的なものではない。したがって、快適性を調べるときは、広く類似した住宅地区と比較してみるとよい〈写真❸・❹〉。

　長崎とサンフランシスコは同じ港町で似ている点が多いが、街をつくっている根本的なことになると、よく調べてみないとわからないものである。

② 用途混在の地区

　ところで、わが国の住宅地区は、店舗や小さな工場（作業所）が混在していることがよくある。用途混在の地区について快適性を調べることはかなり難しい。このような地区は、「住」だけを取り出して、それを住宅地区として特徴をつかんでみるとわかりやすい〈図

表❷〉。

　そして、地区全体として商業施設等（店舗、工場など）がどのような影響を与えているか（プラスまたはマイナス）を調べてみることによって、用途混在の地区の特徴をつかむことができる。ただし、これについては何度もやってみる必要がある。

[２] 生産性

　街をタテに読むときの第２のポイントは、「生産性」である。街は、住宅地区ばかりではなく、工業地区もある。工場、作業所、流通・配送所、倉庫などでは、いかに効率を上げるかが大切で、これらについて、生産性という用語が使われる。

　生産性は、英語でプロダクティビティ（productivity）といい、工場などで、同じ人員で同じ設備を使っても、つくられる製品の数量（質）が違うことがあり、このようなとき生産性が問題にされる。

　工場の立地条件が時代とともに変わりつつある。昔は、人里離れた原野や海岸が選ばれたものであるが、最近は空港に近いことも条件のひとつとされている。このことは、ドイツなどでははっきりしていて、主要な立地条件として、次の３つを挙げている。

　１）空港
　２）道路
　３）河川

　鉄道も重要な条件であるが、道路のほうがより重要であろう。なお、港湾もあるが、内陸では河川の港が重要な役割を果たす。

　工場地区について、生産性を調べるときには、原料の搬入と製品の搬出が不動産からみた重要なポイントになる。

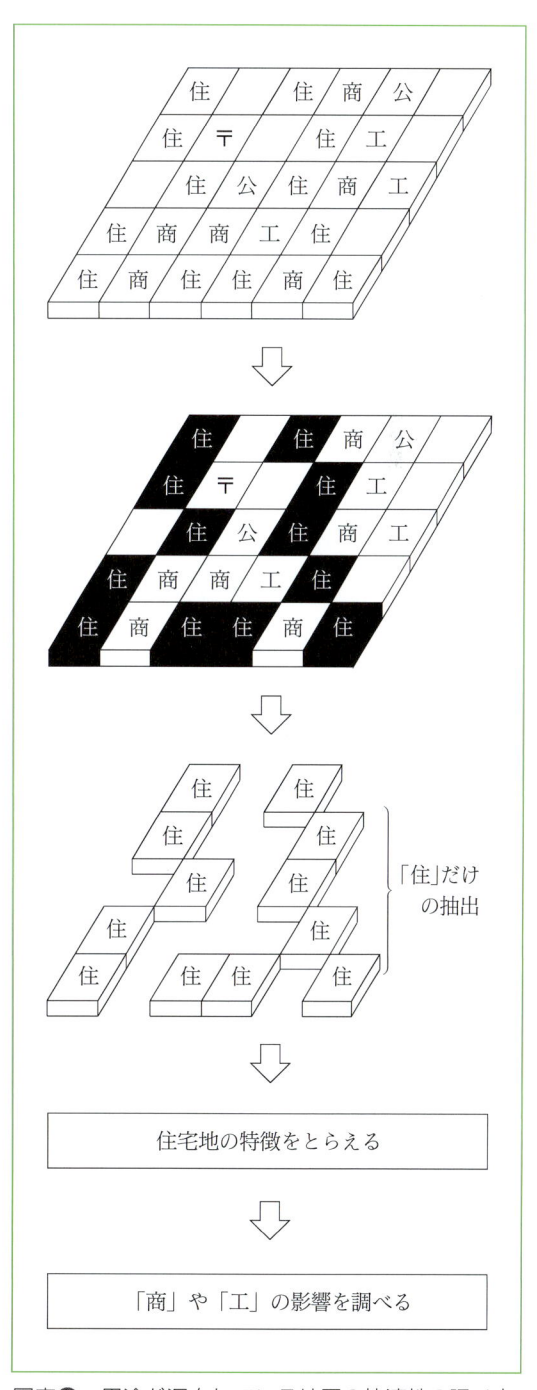

図表❷　用途が混在している地区の快適性の調べ方

[3] 収益性

　街には、生活のうえで欠くことのできない商店がある。店舗、事務所などいろいろな商業施設が集まって、商業地区となる。商業地区をタテに読むと、そのポイントは「収益性」ということになる。

　国際色豊かな都市には、いわゆる中華街があるが、たとえば、次の3つを比べてみると面白い。

> 長崎市……写真❺
> 横浜市……写真❻
> ビクトリア市（カナダ）……写真❼

写真❺　人の流れから収益性を探る（長崎）

　ほかにも、有名なサンフランシスコのチャイナタウンなど、いろいろな中華街がある。

　街の広がりということもあるが、収益性はどうかということである。このようなことは、簡単には調べられず、調査にはかなりのノウハウや費用を必要とする。しかし、不動産としてみると、それほど難しく考えなくてもよい。食事の時間（昼と夕方）の平均的な人の流れを写真に収めて、後で比べてみると大体のことはつかめる。

写真❻　観光客でにぎわう中華街（横浜）
※写真❻・❽と比較する

　写真❺・❻・❼は、時刻も天候もほぼ同じである。横浜の写真は少し小さいが、人の流れがほかと比べてかなり多いことがわかる。

写真❼　ビクトリア市の中華街（カナダ）

　収益性については、このほかにいろいろな面で調べることができる。

2　街をヨコに読む

　街を読むときのポイントは、1）いろいろな住宅地区や商業地区などに共通すること、2）用途混在の地区に共通すること、3）異なる用途の地区が隣り合わせにあることなど、

いくつかあるが、「調和」、「変化」、そして「安全」が重要である。

[1] 調和ということ

① 住宅地区の調和

住宅地区では、「みち」と「みどり」との調和が重要である。写真❽は、ロサンゼルスの著名な住宅地である。

街を調べるときは、建物の豪華さもさることながら、まず、「みち」と「みどり」を見ることから始める。みちは、道路幅員、道路の構造（カラーのモザイク石）、系統連続、歩車道分離、街路樹、側溝などであろう。しかし、あるひとつの地区だけを読むのではなく、たとえば、写真❽と❾の住宅地を比べてみると、その違いがはっきりする。

写真❾は、ドイツ・フランクフルト（マイン）郊外にある環境良好な住宅地である。道路を比べてみても、歩道が広く、車道には駐車用のスペースが設けられている。こちらも石を敷きつめているが、様子はまったく違う。また、街路樹がほとんどないのも大きな特徴である。しかし、どちらも、調和という点では、優れているといえよう。

さらに、写真❾を詳しく読むと、共同住宅が奥のほうにあって、一戸建て住宅とうまく調和していることがわかる。このように、住宅地区について、ほかにも調和ということを考えながら読んでみると面白い。もちろん、調和していない例も多い。

写真❽　有名人が多く住む高級住宅街（ロサンゼルス）

写真❾　共同住宅と一戸建て住宅の調和に注目（ドイツ）

② 商業地区の調和

商業地区では、いろいろな目的で集客がはかられる。もちろん、収益を上げるのが第1の目的となるが、ほかにもランドマーク的な存在になることをねらっている場合だってある。そこで、調和という面から読んでみたい。

写真❿　クリスマスツリー（ロサンゼルス）
※不動産との調和がポイント

写真⓫　商業ビル敷地内のモニュメント
　　　　（名古屋）

写真⓬　ブロードウェイの"足と靴"
　　　　（ニューヨーク）

　写真❿は、ロサンゼルスの中心部にあるモニュメントであり、かなり人目をひく。一方、写真⓫は、名古屋市の高度商業地区にあるモニュメントである。こちらは、建物の敷地内にあり、人の通行は自由である。

　写真⓬は、ニューヨークのミュージカルを上演する劇場が集まっているところで、かなり目立つ"足と靴"である。芸術的に見てどうかということではなく、不動産という面から街を読むとき、調和しているかどうかがポイントである。いずれも、商業地区の街の雰囲気づくりにはよく調和しているといえる。

［2］　変化ということ

　街をヨコに読むときの第2のポイントは、変化である。

　同じ場所について、10～20年くらい住んでいたり、働いていたりすると、街の変化をとらえやすい。しかし、突然訪れた街については、変化の様子は、街をよく知る人に聞いてみる必要がある。変化を読むには、調和と違ってほかの街と比べてみればよいというものでもない。

　写真⓭は、古い街が変化し、高層のマンション地区になりつつあるところである。さらに、写真⓮は長い時間をかけて道路が広げられつつあるところである。

　このような変化は、外部からよく観察してみると、ある程度のことはわかるが、そうでない変化もある。写真⓯は、東京・銀座の平日の日中であるが、これが土・日曜日の午後ともなると、車道は歩行者天国になって、人が多く集まり、風景は一変する。このような変化は、一度訪れただけではわからないことが多い。

写真⓭　古い建物と高層ビルの対比
　　　　（ニューヨーク）

写真⓮　広がりゆく道路（東京・港区）

写真⓯　平日の銀座（東京）
※曜日、時間帯を変えて訪れよう

写真⓰　内部をトランクルームに変えた建物
　　　　（サンフランシスコ）

写真⓱　用途の変化（ニューヨーク）

　違った変化として、建物は変わらないが、中身が少しずつ変わっていく例がある。写真⓰は、サンフランシスコの例で、建物の内部を変えて、いわゆるトランクルームにしているものである。このような例は、ほかでも見ることができる。写真⓱の場合は、ニューヨークの倉庫の多い地区で、倉庫をほかの用途に変えていく例を見ることができる。そのひとつに、ビリヤード場に変えた例があり、写真⓲はその料金表である。1時間10ドルで、VIPルーム（個室）は25ドル支払えば使用できる。このような変化をとらえることは難しいが、不動産に精通して慣れてくると、変化の先取りについての相談をもちかけられることがある。

　不動産の取引ではなく、コンサルティングになるが、このような仕事は、不動産業務のなかでも上級といえるものである。

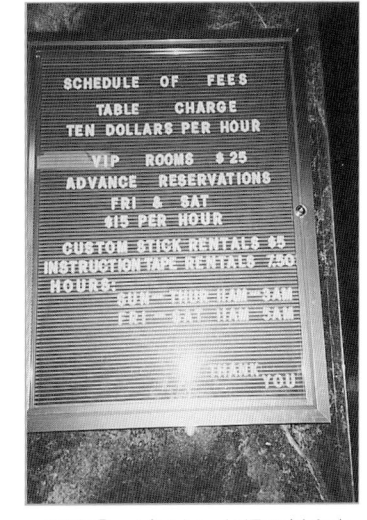

写真⓲　ビリヤード場の料金表
　　　　（ニューヨーク）

[3] 安全ということ

　第3は、安全である。第3のポイントというよりは、最近の都市の現状からみて、これが第1かもしれない。安全については、自然災害に対する安全と人為的な不安行為に対する安全とに分けられる。人為的な面に関しては、犯罪と公害的なものに分けられよう。

　写真⓳は、小公園のなかにあるトイレである。日本の公衆トイレは、清潔さの点では問題があるが、安全という点では、外国と比べて比較的よいといえよう。このような街のなかでの安全ということについては、とくに重要である。

　ある外国の大都市では、オフィスビル内のトイレはすべて鍵がかけられている。使う人は、いちいち鍵をもらってトイレに行くという。

写真⓳　公園内の公衆トイレ（東京・港区）
※安全性が重要

　このように目に見えないところでも、街をヨコから読んでみると、少しずつ街の本質的な面を探ることができる。

　写真⓴は、パトカーである。三輪車で狭いところをどこでも入っていき、市民の安全を守っている。ホノルルは、アメリカ本土と比べて安全性の高い州都である。

　ところで、自然災害の有無も安全を確認するときの重要なポイントである。地震、

写真⓴　三輪車のパトカー（ハワイ）

風水害、がけくずれ、火災など、災害はなくならない。一般に、環境条件が良好なところでは、災害のおそれと背中合わせになっていることが多い。たとえば、景色のよいところでは、斜面地が多かったり、河川や海岸に近いところだったりする。

　安全ということに関しては、調和や変化とは違った読み方をしなければならず、それなりに難しい。自然災害に関しては、現地を見てもわからないことが多く、過去の記録を調べてみる必要がある。あるひとつの事実だけで、「街の安全」ということを判断してはならず、人為的な不安行為についても総合的に考えてみることが大切である。

　いずれにしても、安全は、街をヨコに読むときの重要な、しかもきわめて難しい要素であるといえよう。最近の傾向としてどの街でも安全がとくに重視される。

3 街は複雑な要素の組合せ

［１］ イメージをつかむ

　写真㉑は、ニューヨークの中心街である。このような地区についてどう読んだらよいか。ただ、高層ビルの集まる地区では特徴を表していない。

　街は、複雑な要素の組合せでできあがっているので、なかなかとらえにくい。図表❶にあったように街をタテに読んでみる。次に、ヨコに読んでみて、タテとの関連を考えてみる。このように分析してみると、複雑で不透明な街も少しずつ透明になってくるであろう。そして、超高層建物の集まっている街（たとえば、東京・西新宿）と比べてみると、地区のイメージをつかむことができる。

写真㉑　高層ビルの集まる地区
　　　　（ニューヨーク）
　　　※特徴がとらえにくい

［２］ 積極的な要素と消極的な要素

　街は、いろいろな要素からできあがっているが、それはいくつかの見方をすることができる。「動」と「静」、「点・線」と「平面・空間」、「遊び」と「仕事」、「新」と「旧」など、枚挙にいとまがない。

　街を積極的に形づくる要素と、目には見えないが、必ず考えなければならないもの（たとえば安全）として、消極的な要素とに分けてみることもできる。そして、不動産の不変的な物的面だけをとらえるのではなく、可変的な面もとらえてみなければならないのである。

第3章

街づくり公式カテゴリーⅠの調査

街を読むには、いろいろな街を比べてみると読みやすい。街を不動産の面からとらえてみると、快適性の点からも、また収益性の点からも絶対的ということはなく、常によりよい方向に進めていくことが期待される。

街の比較でわかりやすいのは、収益性の面である。同じ店舗をA市とB市に出店してみて、収益（売上高または利益）に大きな差が出ることがよくあるが、街を読むときは、このようにある面について比べてみると特徴をとらえやすい。

図表❶にあるように、ポイントを整理する際には、A市のa_3町とB市のb_1町は、外見上は類似していても、収益性の面で地域との調和はどうなっているか、イベントなどの変化がどうなっているかを読んでみることが大切である。

写真❶　街は、地区・地域・圏域で捉える

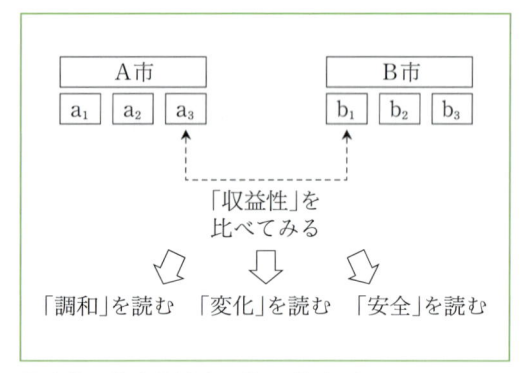

図表❶　街を比較する際のポイント

1　快適、調和、変化

[1]　快適、調和、変化

住宅地を読むときの大きなポイントは、快適性である。快適性とは、すなわち、住み心地のことであるが、これについては比較的広い範囲の「地域」と狭い範囲の「地区」とに分けて読む必要がある。

地域や地区のほかに、もっと広い範囲を示す用語として「圏域」もある〈写真❶〉。

いずれにしてもこれらの用語は、はっきりした定義や範囲を決めることができないので、一般的な用語として述べることとしたい。

① 地域でとらえる

ここでいう地域とは、ある街の市街地を中心とする範囲で漠然とした意味で述べている。快適性を考える要素にはいろいろなものがあるが、街を比較するため、住みやすいといわれるカナダのビクトリア市の例で、地域の快適性を調べるため、項目を以下のとおり拾い出してみた。

　　a．交通機関
　　　・レンタカー
　　　・タクシー
　　　・自転車
　　　・市内観光バス
　　　・公共のバス
　　b．宿泊施設
　　　・ホテル
　　　・モーテル
　　　・イン
　　　・ビーアンドビー（ベッド・アンド・ブレックファースト）
　　　・テント・アンド・トレイラーパーク
　　c．食事の店
　　　・朝食
　　　・昼食
　　　・ブランチ
　　　・夕食（価格の安い店、中くらいの店、高い店に分けられる。また、国別の料理にも分けられる）
　　d．観光等
　　　・アトラクション……庭園、シーランド、その他
　　　・美術館、博物館……小さいものも含めて8つある
　　　・歴史的建造物
　　　・山、墓園
　　　・観光旅行コース
　　e．買い物
　　　・専門店

- ショッピングセンター〈写真❷〉
- 旧市街の店
- マーケットスクエア〈クラシックやジャズのコンサートあり。写真❸〉
    (注) オールドイングランドのコンセプトによる再開発地区
- チャイナタウン
- アンティーク通り
- 表通りにない店
- ダウンタウンの店

f．芸術とエンターテインメント
- 演劇
- 音楽
- ダンス
- 絵画ギャラリー（17店あり）
- ナイトライフ（ライブミュージック、レコード音楽やカップルのためのカクテル・パブ、ゲイクラブ）

g．公園、庭園、湖、ビーチ
- 都市公園（10か所）
- 郊外公園等（15か所）

h．レクリエーション
- 自転車
- カヌー、カヤック
- 釣り
- フィットネス
- ジョギング
- テニス
- ウエイト（ジム）
- ゴルフ（プライベートコース、パブリックコース）
- ハイキング、乗馬、散策
- ヨット、クルージング
- スキューバダイビング
- スケート
- 水泳
- ウインドサーフィン
- 子供向けのもの

写真❷　ショッピングセンター

写真❸　倉庫を改装したマーケットスクエア

写真❹　"R1・B" 地区を中心とした航空写真（ほかに "R1・A" などがある）

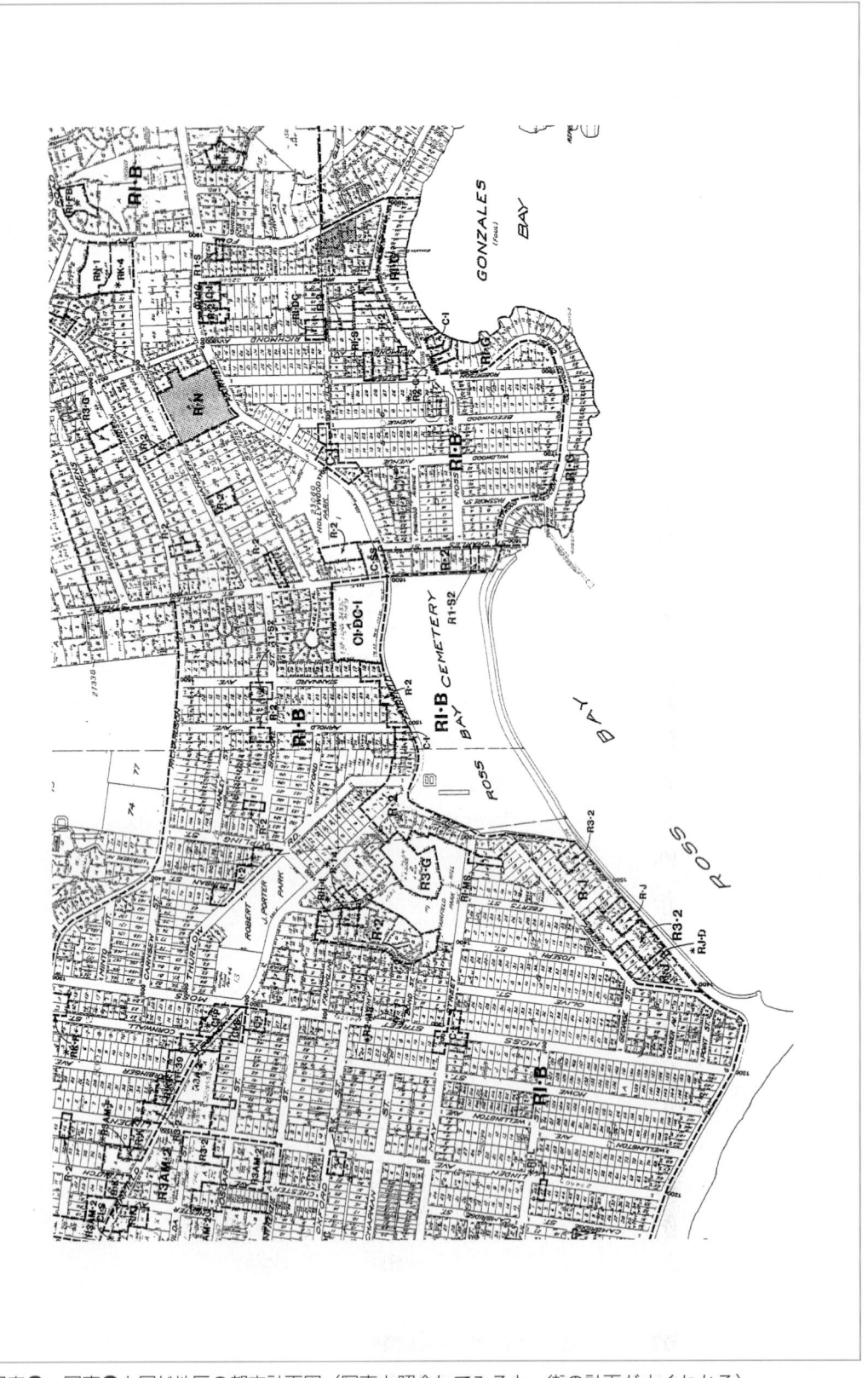

図表❷　写真❹と同じ地区の都市計画図（写真と照合してみると、街の計画がよくわかる）

このように、いろいろな面で多くのメニューが揃っていると、住み心地のよい快適な街ができあがる。地域全体としてとらえたものであり、必ずしもすべてが機能的に配置されているとは限らないが、人口（約8万人）の割にはバラエティに富んでいる街だということができる。

② 地区でとらえる

写真❺　"R1・B" 地区

地域よりももう少し狭い範囲である地区でとらえてみることも必要である。地区の特徴を基本的に決めるものに「用途地域」がある。用途地域を定めることをゾーニング（zoning）という。

図表❷は、都市計画図（ビクトリア市）の一部であり、一戸建て専用住宅の地区（R1・B）を示している。道路幅員は、約20ｍあり、敷地面積は、1区画当たり約660㎡である。この地区を上空から見ると、写真❹のとおりであり、都市計画図〈図表❷〉と比べてみると面白い。住宅地区は、図面とまったく同じように区画整然とした街になっている〈写真❺〉。

［２］「調和」を考える

① 用途の調和

一戸建て専用住宅の地区についての用途制限を、ビクトリア市とわが国の建築基準法とで比べてみる〈図表❸〉。

	わが国の例	ビクトリア市の例
	第一種低層住居専用地域（建築基準法）	R1・Bゾーン（バイロー）
建てることができるもの	・住宅、共同住宅、寄宿舎、下宿 ・店舗兼用住宅、事務所兼用住宅（一定規模以下） ・学校（幼、小、中、高） ・図書館 ・神社、寺院、教会 ・老人ホーム、福祉施設、保育所 ・診療所 ・公衆浴場 ・交番、公衆電話所	・一世帯専用住宅 ・公共建物 ・一世帯専用住宅に関係する商品の展示場 ・附属建物 ・教会 ・ホームメンテナンス

（注）　バイロー（bylaw）＝条例など
　　　建築規制は、用途・形態などについてバイローに具体的に定められている。

図表❸　建築規制

このように比べてみると、もっとも用途規制の厳しい住宅専用地区でも大きな差があることがわかる。

ビクトリアの例では、一世帯住宅以外には住宅は建てられないが、わが国では、アパート（共同住宅）も建てることができる。つまり住宅であれば、寄宿舎（寮）などでもよい。一戸建て住宅の中に、このような多世帯の住宅が混じると、用途について適当な調和がないと住みやすい街にならない。

㋺形態の調和

建物の形態（建物の敷地のなかの位置、建ぺい率、高さ、延べ面積など）についての調和は、用途の調和と同じくらい重要である。ビクトリアのR1・B地区では、敷地面積の最小限度を定めたり、わが国と同じように高さ制限を定めたりしている。

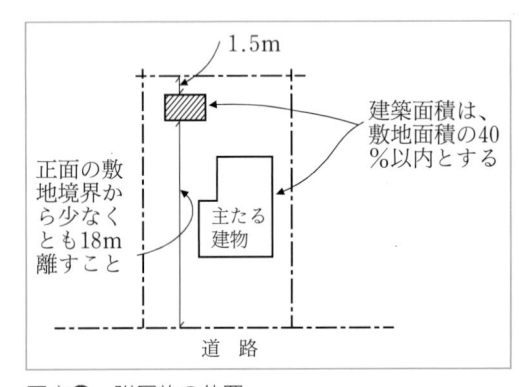

図表❹　附属物の位置　　　　　　　図表❺　ノースバンクーバーの例

また、わが国でも、一部の地区では、建物を敷地境界線から後退させる定めをしているところもあるが、大部分は50cm以上離すということで建物が建てられている。ビクトリアでは、建物を敷地境界線から十分離して、プライバシーや日影問題をクリアしているだけでなく、ガレージのような附属建物についても厳しい規制が定められている。

図表❹は、附属建物の位置（敷地内）を制限している例であり、敷地面積が広いからといって、まったく自由に使ってよいというのではない。このような調和も快適性を高めるのに重要といえる。

また、高さ制限を定めている地区で、地区が変わると、急に高さに差ができてしまう。このようなことを調和する方法として、異なる地区の境界の付近は、急に変えずに徐々に高さを変えて、調和を図る方法がとられているところもある〈図表❺〉。

[3]　「変化」を考える

① プラスの変化

住宅を中心とする街では、調和だけでなく変化もほしい。変化は、地域や地区で徐々に観察されるものもあれば、急激に変わるものもある。また、変化をつくり出すことも考えられる。これにはいろいろなものがあり（たとえば、祭り、七夕、クリスマスに各家庭で

飾りつけをする）、地域としてはイベントが考えられる。

ビクトリア市のイベントの例を示すと、次のとおりである。

- 1月　ホッケートーナメントほか3
- 2月　ファインアートフェスティバルほか1
- 4月　バンクーバー島ロデオほか3
- 5月　ビクトリアの日、ガーデンツアーほか7
- 6月　オークベイ・ティーパーティーほか7
- 7月　ビクトリア・インターナショナルフェスティバル、ラテンミュージックフェスティバルほか7
- 8月　ビクトリア・コメディフェスティバルほか7
- 9月　クラシックボートフェスティバルほか3
- 10月　ロイヤルビクトリアマラソンほか2
- 12月　クリスマス、ボクシングデイほか3

② マイナスの変化

　街の変化もプラスだけとは限らない。住む人が少なくなったり、街路の樹木、工作物等のメンテナンスが悪かったりと、次第にマイナスの変化が現れる。建物は古くなると、マイナスの変化が現れがちであるが、古いからこそ保存しようとする考え方がある。たとえば、ビクトリアでは、伝統ある建造物を保存するための基金制度がある。

　このような制度がうまく機能すると、建物は古いままで保存され、街のなかでうまく調和し、そのことがまた快適性にもつながることになる〈写真❼〉。

写真❻　メンテナンスが行き届いている

写真❼　保存された古い建物（書店）

[4]　「安全」を考える

① 交通問題

　快適性の高い住宅地であっても、違法駐車を見受けることがよくある。十分な敷地がありマナーがしっかりしている地区では、道路に自動車や自転車を放置しておくことはないであろう。写真❽を見ると、放置し

た自動車はどこにも見えない。

② ハンディキャップ、ケア、健康問題

　車椅子の人が街を1人でどの範囲まで出かけることができるかという問いは、街を別の視点から見るうえで重要である。

　ケアを必要とするプログラムは、どの程度揃っているかは、快適性の判定で重要である。たとえば、健康と安全、診断、教育などあらゆる面でライセンスを持った人がケアに当たることが可能かどうかということがあげられる。

写真❽　放置した自転車はどこにもない

③ 自然災害対策

　地形や気候などによる自然災害が皆無という街はないであろう。防災に対する対策や災害が発生した場合の対応なども、安全の面から快適性を判断する重要な要素だといえよう。

2　小さな国に学ぶ

　日本では、不動産業は大きな転換期に入り、明日の方向を探りつつあるが、なかなか未来に向けた方向性を見いだせないでいる。そのなかでビジネスチャンスをつかむには、不動産業者が、地域よりも、もっと狭い範囲の「地元」に密着した「街づくり」に参画することだと考えられる。

　そこで、ヨーロッパのなかでも面積は小さいが、1人当たりの国民所得の高い国として、リヒテンシュタインやルクセンブルク、スイスの小都市ルガノの例から学ぶことにしたい。

1．リヒテンシュタイン

［1］ 街づくりの三要素

① 調和ということ

　リヒテンシュタインは、山が多く平地は少ない。農業や酪農が中心だった国が工業国に変わった。都市計画の担当者は、環境の調和に苦労しているという。街や郊外を歩いていても、ちょっと見ただけでは工場とわからない。住宅街についても同様によく調和がとれている。街には電柱や電線をほとんど見かけない〈写真❾〉。

② 変化ということ

　落ち着いている半面、中心部には活気が見られる。ドイツ、スイス、オーストリア、イタリアなど近隣の国からの特産品が売られている。レストランやホテルも一流のものが多い。しかも消費税は、他のヨーロッパ諸国よりも安い。活気のある理由はこのようなことだけでなく、所得水準の高いことにあるようだ。

写真❾　電柱のない美しい街並み　　写真❿　個性的な趣向をこらした家が多い

【リヒテンシュタイン公国の概要】

１．どこにあるか
　ヨーロッパ中部、スイス（国境はライン川）とオーストリアとの境にある小さな国（緯度は北海道よりも北）

２．面積・人口・気候
　160km²、約36,000人（内、首都ファドーツは約5,000人）。北海道と似た気候
　＊2011年現在の外務省資料による。

３．交通、産業
　バス自家用車。高度な工業（コンクリートドリ、義歯など）のほか、商業サービスには定評がある。

　生活のエンジョイは、住宅の面にも現れている。それぞれの住宅が趣好をこらしているのを見るのも楽しい〈写真❿〉。

③　安全ということ

　街づくりにとって安全は欠かせない。天災では山くずれや洪水があるが、リヒテンシュタインは、ライン川の治水に力を入れている。

　安全について、特記すべきことは犯罪のないことである。リヒテンシュタインの刑務所には現在のところ、お客さんは1人もいないらしい。ホテルでも場所によっては部屋のカギは玄関の脇のボックスにだれでも自由に出し入れができる。もちろんフロントにカギを預けてもよいが、泊まり客は扉のない小さなボックスに無造作に入れて出かけて行く。こんなことは考えられないことだ。

　車の人に対する安全も徹底している。車道より歩道の方が広い場所も多い。横断歩道では必ず車が止まる。渡り切るまで車は待っている。

[2]　街の顔

　リヒテンシュタインの首都はファドーツ（人口約5,000人）である。この街にはいくつもの顔がある。

①　城

　リヒテンシュタインは公国であり、大公一家の居城が小高い丘にあり、街のどこからも見ることができるランドマークとなっている。

②　郵便局

　街のなかには教会、政府の建物、市役所、銀行、博物館など主要な建物がいくつかあるが、中心は郵便局であろう〈写真⓫の左側の建物〉。

　市役所の一部はこのなかにあり、都市計画の専門官もこのなかの個室で仕事をしている。

③　山と川

　スイスとの国境になるライン川の中心部の南と西には、2,500mを超えるアルプスの山が見える。自然環境は、最も大切な財産であり、自然が豊かだからこそ生活にも余裕が出てくる。もちろん、スポーツも盛んだ。

[3]　交通

　リヒテンシュタインの案内書には、まずどのようにしてこの国に来られるかが示されている。交通は決して便利とはいえない。わが国では過疎化で困っている街でさえも、この国よりももっと交通の便のよいところがたくさんある。通常は、チューリヒから鉄道（急行）に約2時間乗り、リヒテンシュタインに最も近いスイスの駅（たとえば、

写真⓫　市民の足となっているバス

ブックス）で下車して自動車（タクシー、バス）で国境を越える。

　国内は、ポストバスといわれる乗り合いバス〈写真⓫〉が市民の足となっているが、中心部や住宅街を移動するには、足がもっとも確実で安心な手段だといえる。因みにライン川までは20分も歩けば着いてしまう。

　バス停には必ず屋根があり、ベンチや電話、ごみ箱が置かれている。街にはごみなど落ちていないし、自動販売機なども見当たらない。

［4］　街づくりのスタート

　街づくりのスタートは、「教会」であるという〈写真⓬〉。ファドーツの都市計画の専門官ミヒャエル氏はこのように説明し、次第に中心部に計画を進めているという。わが国では、どんな小さな村落でも神社や寺がまったくない街はないであろう。何かヒントになりそうなことである。

　リヒテンシュタインの首都ファドーツでは、わが国の小さな農村集落でもよく見かけるような狭くて複雑な道を整備し、時間をかけて快適な街につくるのに苦労している。小さな集落であるから計画を立てやすいのか、それとも小さな範囲に主要な建物が集中しているから都市計画の実現が難しいのか、どうやらファドーツは後者のようである。

写真⓬　街づくりの起点となっている教会

　野外音楽堂をつくり、広場もつくり、緑も残し、ということになるとかなり困難を伴うことになろう。

　それにしても、これだけの都市計画の実現には相当の予算が必要なはずだ。ファドーツの発祥の地とは反対の方向から都市計画を進め、順次中心部に向かっている。街づくりを進めていくには、かなりのコンサル的な知識や経験を必要とする。

［5］　歴史と経済

　リヒテンシュタインの経済を支えているものは、金属、機械、精密工業、農・牧畜業、金属業、観光業などである。

- 工業技術者　47.7％
- ホテル、レストランその他サービス　28.8％
- 金融、行政　13.1％
- 農・畜産業その他　10.4％

このような産業構造で、1人当たりの国内総生産は、118,000ドル（2007年）である。日本と比べるとかなり差がある（2011年の数字で46,000ドル）。GDPについては、世界最高水準といってよいだろう。

　街を少し歩いてみただけで、いかにインフラが整備されているかがよくわかる。しかし、ここまでくるまでには、歴史的にも長い道のりがあったようである。

　建国は1719年であるが、1806年までは神聖ローマ帝国下に、その後もドイツ、オーストリアの支配下にあった。1866年に独立すると、第1次・第2次大戦では非武装中立を貫き、1990年には国連に加盟している。街づくりが進んだのは、ハイレベルの工業化が進んだこの30〜40年と考えられ、その変化は首都ファドーツの中心部を比べてみると理解できる〈図表❺の1942年の街と、図表❻の1990年の街〉。

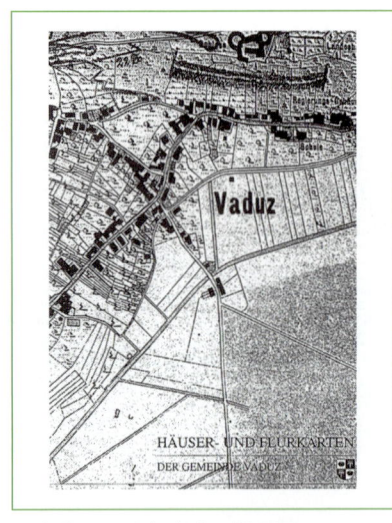

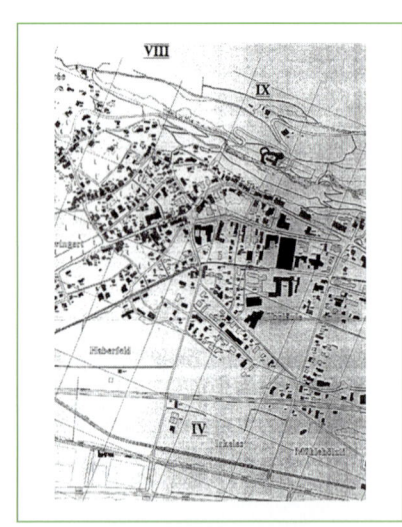

図表❺　1942年当時の街の図

図表❻　1990年当時の街の図

［6］街のコンセプト

　リヒテンシュタインの国づくり・街づくりのコンセプトは、「ヨーロッパの宝石」、「ダイナミックな経済をもつ小さな国」という言葉に表れている。

　この点について先ほどのミヒャエル氏に話を聞くと、自然と工業との調和にもっとも苦労しているという。私が乗った飛行機からは工場らしい建物が見えたが、市の中心部はもちろん、郊外でもなかなか工場は見つからない。しかし、世界的技術水準をもつ企業の本部（工場）がここには確かに存在する。

［7］何を学ぶか

　冬は寒く、平地が少ない。鉄道もないに等しい。しかも、人口が5,000人で過疎というならリヒテンシュタインの首都は過疎の街である。しかし、中心部は活気に満ちている。

　国の基本的な考え方について、1）リラックス、2）スポーツ、3）カルチャー、4）

フーズというキーワード（「住みやすさ」を表わすカテゴリー）を手掛りに探っていくことにしたい。

リヒテンシュタインは、「もっとも小さいパッケージのなかにヨーロッパのベストなものがすべて詰め込まれている」といわれている。たとえば、美術館、博物館、ギャラリー、図書館、劇場、映画館、スポーツ施設（スイミング5か所、テニス、スカッシュ、フィットネス、乗馬、ボーリング、ビリヤード、サイクリング、ハイキング、登山、ウインタースポーツ）、ホビー教室、ディスコなど、かなりの種類と数になる。

ホテルなどの宿泊施設は46あり、有名なレストランもいくつかある。そして、良質なワインは、街の人たちの自慢である。写真❸は、ぶどう畑と上等なワインを提供するレストランである。

年間の観光客は7～8万人である。ヨーロッパのほかの国に比べると観光施設は非常に少ない。国と国との境をうまく利用し、グルメに楽しんでもらう、休養にきてもらう、そんなところにも街が活気づけている要因があるようだ。

写真❸　ぶどう畑とレストラン

それにしても、従業員の対応の良さと街の清潔さには見習う点が多い。地元の街づくりでは、小さいことからコンサルすることによって、やがて大きな成果を生むことになる。

2．ルクセンブルク

[1]　大きく見える小さな国
①　小さな国ルクセンブルク

国名を知っている人は多いが、小さな国なので地図で見つけるのも容易でない。ルクセンブルク大公国は、ベルギー、フランス、ドイツに囲まれた神奈川県くらいの広さの国で、人口は、国全体で53万人、ルクセンブルク市（首都）で9万人となっている。日本からも多くの企業が進出しており、

写真❹　ルクセンブルクの中心市街地

調べてみると、いろいろ日本との関係も深い国だということがわかった。写真を見てわかるとおり中心街は、わが国の大都市に様子が似ており、日本にいると錯覚しそうなほどである〈写真❹〉。

② おすすめの特産品

　これからの街づくりには、特産品がなくてはならない。しかし、輸入や他県産のものに頼り、観光客を当てにするようでは、当然、安定した街づくりは望めない。

　ルクセンブルクの特産品は、陶器、ビール、ハム、そしてチョコレートなどの菓子類だ。それから、北欧に負けないくらい、おいしいパンもある。特産品は、駅に展示されているが〈写真⓯〉、もう一度見直してみる必要がある。

写真⓯　ルクセンブルク駅の特産品の陳列

[2]　新しいものと古いものの調和

① 旧市街地と新市街地

　街づくりには、調和が大切だ。わが国にも、多くの街に旧市街地と新市街地とがあるが、どのようにその調和が保たれているのだろう。ルクセンブルク市は、旧と新に分かれていて、それがうまく調和しており、旧はショッピング中心、新はビジネス中心になっている。

　新市街地では、奇抜なデザインで目をみはるような近代建築がいくつかある。これが、100年以上も経過している建物とマッチしているから不思議だ。まさに調和のなかに変化があるという感じだ。

② ランドマークは何か

　街づくりで欠かせないのは、ランドマークである。ランドマークにもさまざまなものがあるが、暗くなってからの街路灯は実に美しい。とくに上空からの眺めは格別だ。

　身近にある例を見ても、元気のない街は、夜になると薄暗い蛍光灯がポツポツあって、ところどころで点滅している。街づくりは、こんなところにも盲点があるようだ。

[3]　ルクセンブルクの不動産

① 安定した不動産市況

　ルクセンブルクの不動産価格は、最近横ばい傾向で、ほぼ安定している。一時はヨーロッパ各国の人が流れ込んできて、急激に上昇したこともあったが、いまは落ち着いているというのが地元の人の見方だ。街のなかでは、住宅だけでなく、店舗や事務所でも貸し物件の看板や空き室になっているスペースをほとんど見かけない。

② 売買は安く、賃貸は高い

　ルクセンブルクといえども、もちろん、不動産には高いものから安いものまでいろいろある。しかし日本と比べた場合、「売買価格は比較的安く、家賃は高い」のが特徴だといえよう。郊外の手ごろな新築一戸建て住宅は2,400万円程度で買える。都心に近くても連

棟式住宅（タウンハウス）なら、もう少し安い。しかし、50m²程度のアパート（家具付き、車庫有り）は9～10万円で、新築で2部屋あると14万円くらいになる。

③　不動産の広告媒体

不動産業者の店舗もところどころにあり、店頭には物件が展示されている。しかし、地元の人たちは、物件情報を新聞で入手することが多いという。

一般紙のほかに、不動産専門の情報紙（200円）もある。不動産ニュース紙（IMMO・NEWS＝イモ・ニュース）では部屋数の違いにより分類し、さらに地名ごとに分類している。このほかに売り物件と貸し物件が見やすくまとめられ、全体で40面と盛りだくさんだ。

[4]　住宅と街づくり

① タウンハウスで街づくり

不動産業者が売り出す分譲住宅は、タウンハウスが多い〈写真⓰〉。写真⓰の右手前の工事中の建物によると、構造はブロック造り3階建てだ。1棟3～5住戸で、各住戸ごとに屋根と外壁に段差があり、外壁の色が少しずつ違う。タテ割りだから、各住戸とも3層（階）で、小さな庭がついている。傾斜地利用の場合に、この程度の建物が多い。

写真⓰　ルクセンブルクの新築工事中の集合住宅　　写真⓱　自動車減速目的の隆起（ハンプ）

② セキュリティーと交通安全

一戸建てでも共同住宅でも、住宅地は「安全」が重要なポイントになる。一戸建てでは、建物正面上部の屋根の近くに目立たないように赤色灯とサイレンのスピーカーがつけられている。緊急の場合、近隣の人に知らせるためだ。

また、道路に、車道を分断するように溝が付けられているものがある〈写真⓱〉。ここで必ずいったん停止しないと車はバウンドしてしまう。もちろん、溝の手前には、大きく「凹」の図の入った標識が出されている〈写真⓲〉。

写真⓲　自動車減速のため道路の窪みに注意標識

③　小さな街の中心施設

　ルクセンブルク国内には、小さな街や村がたくさんある。こういうところには、必ず教会があるが、普段、人の集まるところはホテルやカフェだ。どんな小さな村にも必ずホテルがあり、ここがくつろぎの場となり、コミュニケーションの場にもなっている。こういったことも、街づくりには大切な要素だといえよう。

[５]　商業地の特性

① 　駅前は中心ではない

　ルクセンブルク市の鉄道駅は、駅舎のなかの正面中央に大きなステンドグラスがあり美しい。

　わが国との大きな違いは、改札がまったくなく、自由にホームへ行けることだが、改札らしい所にタイムレコーダーのようなものがあって、キップを差し込むと日付と時間が刻印される。この駅は、国際都市にあるが、空港と違い多少汚れが目立ち、駅前は商業の中心とはいえない。

②　商店の地元密着

　にぎわいのある商店街は旧市街地にある。商店街をよく観察すると、活性化の理由がいくつかあるようだ。そのひとつが、商店の地元密着の方法である。

　たとえば、街で本屋はどこかと聞くと、どんな本を探しているかと逆に質問されてしまう。つまり本屋は、本のデパートではなく、専門店なのである。子供向けの本、美術書など本屋はすべて専門店〈写真⑲〉となっており、他の店との違いを出している。

写真⑲　分野別に専門書店が立ち並ぶ商店街

　本屋だけでなく、ほかの業種でも同じである。郊外店の勢いに押されて地盤沈下のひどいわが国の小さな商店街にとってもおおいに参考になるのではなかろうか。

　もうひとつの活性化の理由は、広場の活用だ。どんな小さな街にもちょっとした広場があるが、この活用が非常に上手だと感

写真⑳　市役所前の広場を開放

じる。たとえば、市役所や町役場の前を広場として開放している〈写真⑳〉が、人がよく集まるような利用の仕方については、見習うべきところがある。

[6] おしゃれな街
① めかし込む

ルクセンブルク大公国は、郊外に行っても、おしゃれな街が必ずといってよいほどある。つまり、おしゃれな街や広場には、おしゃれな服装の人が集まってくる。

建物が立派でも、集まる人がめかし込んでいなければ、本当の意味でのおしゃれな街にはならない。小さなホテル、カフェ、商店などに出かけるときの、さりげない服装・アクセサリー、それからちょっと目立つ持ち物が、街の雰囲気づくりに大きく貢献している。

② カフェで老夫婦がビール

昼前だというのに歩道に出された椅子に、70歳過ぎの老夫婦が座って、楽しそうにビールを飲んでいる。現地で飲むビールは日本と違ってアルコール度数の低いものから高いものまでさまざまあるので、注文の際アルコール度数についてウエートレスから質問されると、種類が多いので迷ってしまうことがある。その老夫婦はおそらくアルコール度数の低いビールでも注文し、コーヒーを飲むようなつもりで楽しんでいるのだろう。またビールが注がれるグラスの形も、その銘柄によって違っているので、それだけで楽しい雰囲気になってくる。

地元の人が外に出て昼間から楽しめるものがあるかどうかをチェックしてみることは、街づくりの面でとても大切なことである。

街づくりは、大きなテーマではあるが、地元密着の観点からとらえてみると、決して夢物語ではないことがわかる。それが何よりも地元で不動産業を営む人にとって、大きなビジネスチャンスにつながると期待しているは私だけでないはずだ。

3．スイスの小都市ルガノ
―― 新しいものと古いものとの調査 ――

小さな街づくりを探るため、イタリア国境に近いスイスの小都市ルガノとその周辺の集落を約1週間かけて調査してきた。わが国の街づくりにおいても参考になることをいくつか紹介したい。

[1] スイス・ルガノ市の概況

スイスは、国内で使用されている公用語の数の多いことで有名だが、ドイツ語、フランス語、イタリア語、地元の言葉など、実に多くの言語が日常的に使用されている。

そのなかで、ルガノ市は、国の南部に位

写真㉑　ルガノ湖に面する古くからある街ルガノ市（スイス）

置し、ルガノ湖に面する古くからある街である〈写真㉑〉。スイスのなかでもそれほど海抜は高くなく、冬期も雪が少なく過ごしやすい。1900年の終わりごろ、人口は市部で3万人未満であったが、街づくりはしっかりしていた。

さて、街にいて気づいたことは、看板や標識類はすべてイタリア語で表記されていることだ〈写真㉒〉。また、いたるところで見かけるのが赤地に白抜きの十字の旗である。産業の中心は農業、工業、商業、観光等である。

農家といっても、わが国と同じように、会社勤めの人が多い。またダウンタウンは、人口の割には通過する人や車が多く、活気に溢れている。

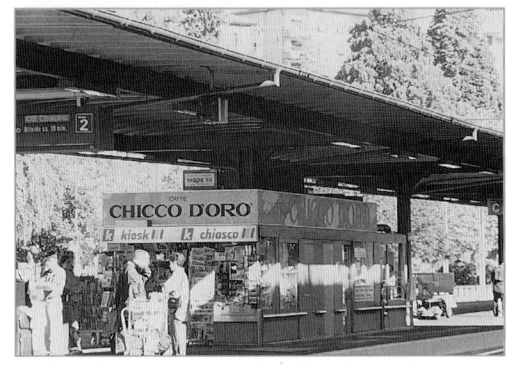

写真㉒　看板、標識の類はすべてイタリア語標記

[2]　都市計画について

①　都市計画のゾーニング

ルガノ市の都市計画課では、用途規制を面白い方法で行っている。都市計画図〈図表❼〉を見た限りでは、変わった点はないようであるが、内容を調べてみると次のことに気づく。

1）旧市街地区とそれ以外の地区に分ける。
2）地区ごとに建物の階数の制限を定める。
3）騒音規制地区を定める。
4）住居の最低確保の割合を定める。
5）その他

3）の騒音規制が面白い。単純に自動車の騒音だけとは限らない。たとえば、ディスコの音楽も規制の対象である。商業系の地区では、騒音規制は厳しく、住居系の地区や建物のほとんどない地区では規制もない。また、商業系の地区でも住宅の付置義務が定められ、規制のゆるやかなところでも20％以上だ。

快適な街づくりのための工夫がなされているのがよくわかるが、このような規制を定めるのに住民の同意をとるのが大変で、どこの国も同じである。

下水道については、市内とその近郊はすべて公共下水になっていて〈写真㉓〉、市街地で高低差のあるところは、下水をポンプアップして流している。

写真㉓　下水道は市内と近郊はすべて公共下水

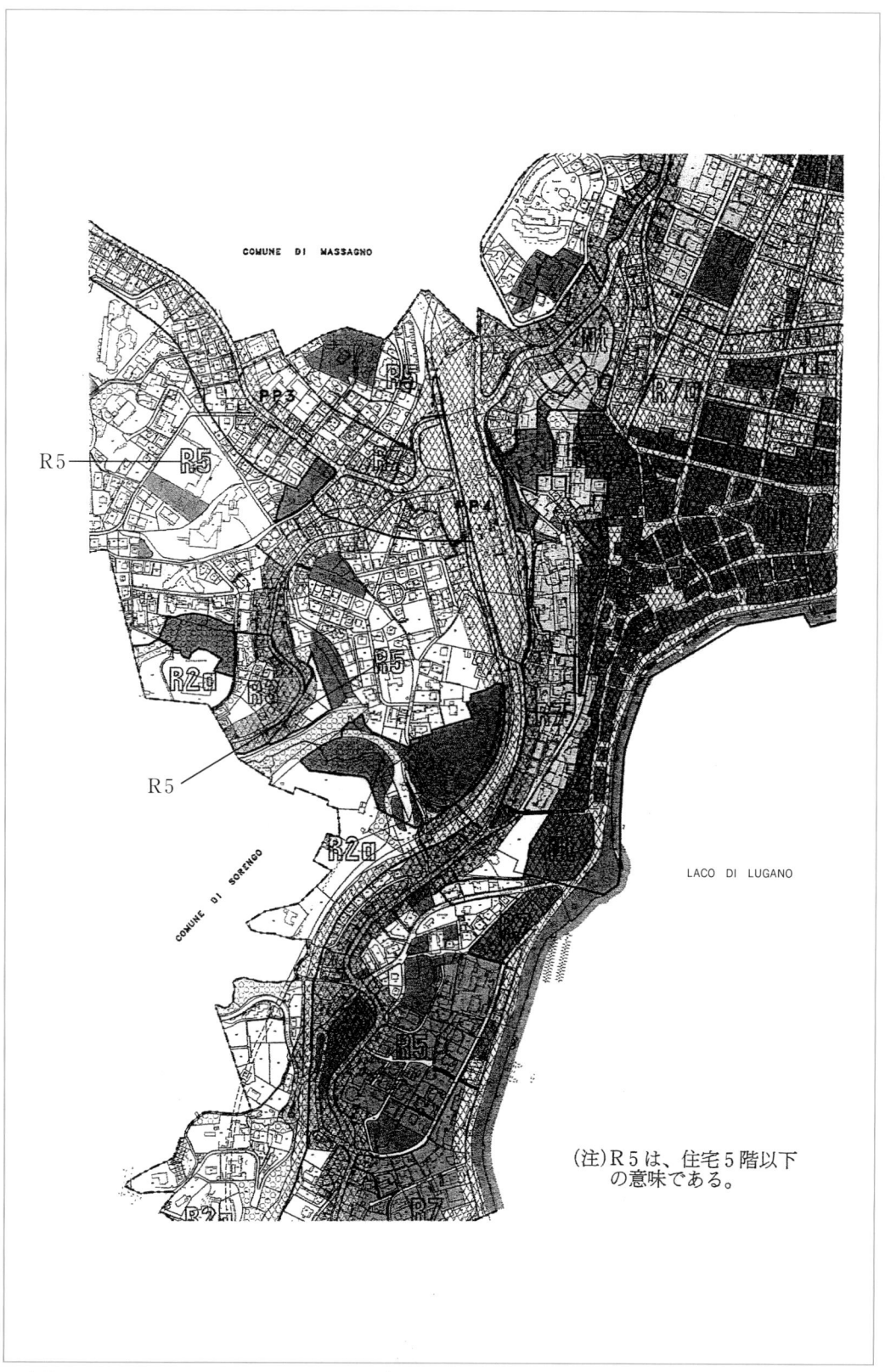

(注)R5は、住宅5階以下の意味である。

図表❼　スイスのルガノ市の市街地

また、電気・通信関係のケーブルは地中に埋設されており、小さい街ながら都市施設はよく整備されている。とくに鉄道駅は高台にあるので、市街地に行くには短い距離ではあるが、坂道を上り下りしなくてはならない〈写真㉔〉。そこで、駅から直線コースでケーブルカー（約1分、片道約75円）があり、よく利用されている〈写真㉕〉。

写真㉔　坂道が多い

写真㉕　駅からの坂道はケーブルカーを利用

[3]　建物の利用と保存

　ルガノやその周辺では、古いものを大切にする習慣がある。これは何もスイスに限ったことではないが、ルガノでは面白いことがいくつかある。それは保存しながら建物の用途を変えていることだ。ここではそうした例をいくつか示すことにしよう。

① 病院と大学

　ルガノでは、長年の夢が実現し大学が新設されている。経済学部と情報学部（スイス・イタリア大学）は市街地にあり、建築学部（建築アカデミー）は郊外にある。このことだけなら、日本と何も変わるところはないが、市街地にある校舎も郊外にある校舎も、いずれも古い病院を転用したのである〈写真㉖〉。しかも、郊外にある校舎の隣地に現在も病院がある〈写真㉗〉。校舎の

写真㉖

写真㉗　建築アカデミー（右）と病院

なかに入ってみると、以前、病院だった様子はまったくなく、内部も使いやすく改良されている。

たとえば、建築学部では、恐らく病院の廊下であったと思われる場所をたくさんのブースに区切って4人ずつ学生用の机が置かれている。なんとぜいたくな使い方だろう。大学管理の責任者モリゾリ氏は、「机の上がゴチャゴチャしている学生は勉強しており、きれいに片づいている机は熱心ではない証拠ですよ」と言う。ポイントを突いた見方だ。

② 官公庁と映画館

古くなった公的建物の再利用の例がある。

都市ガス事業部が移転したため、古い建物であるが空室になったままである。いろいろ議論の末、再利用ということになったようであるが、その用途は、映画館にすることで、しかも4〜5館を入れるという〈写真㉘〉。

公的建物や施設を商業用に転用することは、なかなか考えられないことであるが、これからの街づくりをするときに参考になる。

写真㉘　映画館に転用する公共建物

③ 駐車場の開放

中心部からそう遠くないところに大きなスポーツ施設がある。ここには広大な駐車場が設けられているが、施設の使われていないときはガラガラである。

ルガノの中心部は、ほかの街と同じようにラッシュのときはかなり混雑する。そこで、このスポーツ施設の駐車場を開放して、市民に利用してもらっている。

変わっている点は、駐車場から中心部までバスを運行していることだ。わが国でもデパートなどで離れた駐車場との間を送迎バスがピストン輸送をしているのをよく見かけるが、発想は似ているかもしれない。

[4] 住宅と住宅地

ルガノは平坦地が少ないためと住みやすい街であるため、住宅の価格はかなり高い。連棟式住宅であっても1住戸当たり4,000万〜5,000万円はする。面白いのは、中古住宅でも価格がそれほど下がらないことだ。

種類別に特徴を整理してみよう。

① アパート〈写真㉙〉

ルガノに限らず、チューリッヒなどでも

写真㉙　募集中のアパート

アパートは多い。わが国のアパートとの基本的な違いは、外観だけではアパートとわからない建物が多いことである。庭つきのアパートもある。つまり、定住指向がある点が根本的な違いのようだ。

② 戸建て住宅〈写真㉚〉

戸建て住宅は少ないので、中心部ではなかなか見つけられない。車で20〜30分郊外に行ったところでよく見かける。中心部の戸建て住宅は、自宅の半分を仕切って貸している例もある。

写真㉚　戸建て住宅

③ 連棟式住宅〈写真㉛〉

自然的条件を考慮して、ルガノでは連棟式住宅が多い。3棟〜6棟くらいのものがよく見受けられ、2階〜3階建てが一般的である。庭は広くなく、傾斜地に建てられているものが多い。

写真㉛　連棟式住宅

④ 別荘

別荘もまとまって建てられている。永住している人も多く、古くからある集落といろいろな面での調和がはかられている。

⑤ その他

学生寮はなく、アパートを利用するのが一般的で1室に2名〜3名という例も珍しくない。家賃は、共同生活で1人当たり3万円／月というから安くない。

[5]　街の調和

街づくりに関し、大切なことのひとつに抽象的だが、街の調和があげられる。調和が保たれていないと、快適性の面やその他いろいろな面で問題が生じる。

ルガノについて、街のなかでどのように調和が保たれているかをいくつか例示してみたい。

① 古いものと新しいもの

高いところから街全体を眺めてみると、古い街と新しい街があるのがよくわかる。古くからある街には、200〜300年前に建てられたものが多く、そのなかに新しい建物がよく調和している〈写真㉜・㉝〉。調和しているという意味は、単に建物の形態だけでなく、色彩や意匠もそれぞれが個性を持ちながら、全体として美しい景観になっている。

ルガノ地方は、イタリア語圏であるから、道路標識などもすべてイタリア語で、市役所

写真㉜　新しい役場（手前）と古い建物の調和がみられる

写真㉝　古い日時計と衛星放送のアンテナ

で出す公文書もイタリア語だ。ルガノから鉄道や車に乗って、イタリア国に入っても、よく見ていないとどこが国境かわからないくらい自然に変わっている。

② 水、山、緑

　山のないところはあっても水や緑のないところはない。とくに、水をどう活かすか、緑をどう配置するかは街づくりをするのに大きな課題といえる。河川や湖沼を活かしていない市町村も多いが、ルガノでは、湖、山、緑がみごとな調和をつくり出している〈写真㉞〉。

写真㉞　水、山、緑の調和

③ その他

　街のなかには、いろいろな面で調和しているところを見かける。たとえば、ホテルでも五つ星ホテルもあれば無印のホテルもある。それがうまくバランスしているから面白い。靴屋の店先で焼きたてのパンを売っている風景もあまり違和感がない。

［6］街の変化

　ルガノとその周辺集落を歩いてみると、街に変化を与えるものがいくつかある。

① 朝市〈写真㉟〉

　市役所前の広場の市に、野菜、くだもの、肉（うさぎ、とり）、卵、菓子、パン、チーズ、ハム、ソーセージ、ジャムなどいろいろなものが出される。なかには朝早く起きて山菜を摘んで売っている元気なおばあ

写真㉟　市役所前の朝市

さんもいる。

② 野外コンサート

　ルガノは、季節によってはなかなか暗くならないことがある。午後9時頃からは、広場に大勢の人が集まり、それぞれコンサートを楽しんでいる。入場料はない。

③ ランドマークと広場〈写真㊱〉

　街のいたる所にランドマークがある。天然水に恵まれているので、水飲み場が多い。もちろんオブジェや彫刻もある。小さな広場があちこちにあるが、よく見ると何かしらランドマークがある。

④ 教会の鐘〈写真㊲〉

　音による変化は教会の鐘である。静かに流れる時を刻むように鐘の音が聞こえる。田舎で過ごすときの時間の区切りとして大切なアクセントだ。

写真㊱　水飲み場

写真㊲　教会の鐘

[7] 街の安全等

① 交通

　自動車はほとんどクラクションを鳴らさない。交差点の横断歩道は白い線ではなく黄色い線で目立つ。黄色の線に人がちょっとでも足をかけると、見ていた限りでは車は必ず止まる。

　交差点にロータリーを設けているところが多い〈写真㊳〉。そこには信号がない。かなり減速しないと方向転換だけでなく、直進もできないようになっている。車優先ではない街づくりには参考になる。

写真㊳　交差点に設けられたロータリー

② 防犯

　田舎では、外出のとき建物にカギをかけていない。かけたときは、近所に預ける。何とも安全、安心なことで、わが国も昔はそうであった。

③ その他

　残念なことが、ひとつある。それは落書きの多いことだ。建物、塀、橋、いたるところにスプレーで落書きしてある。これはルガノだけでなくチューリッヒでも見かける。

第 4 章

街づくり公式カテゴリーIIの調査

街づくりの仕事は、非常に難しい仕事である。街は人が住み、活動する場であるから、街づくりはだれかが必ずやらなければならない仕事であるといえよう。その役割分担は別として、この仕事は一定の手順を踏むことによって、実行可能な仕事である。それはこれまでに述べてきたような右の順序によって進めることができる〈図表❶〉。

1　街の調査

スイスの小さな都市ルガノの街を調査するなかで、これまで述べてきた街づくりのポイントをいくつかピックアップしながら、実査した内容をごく抽象的にまとめてみた。

その調査方法は、次のとおりである。

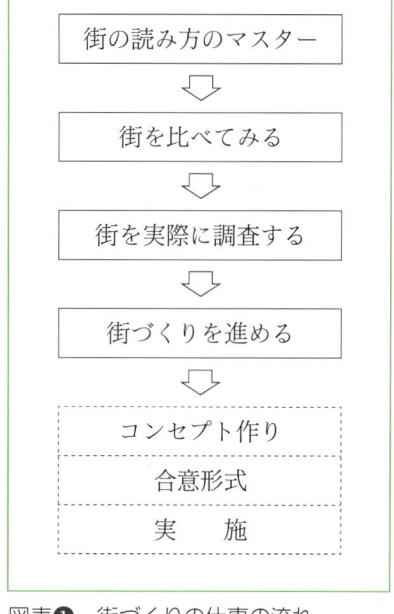

```
街の読み方のマスター
   ⇩
街を比べてみる
   ⇩
街を実際に調査する
   ⇩
街づくりを進める
   ⇩
コンセプト作り
合意形式
実　　施
```

図表❶　街づくりの仕事の流れ

- ルガノ市　広報課、都市計画課、スポーツ課へ調査
- スイス・イタリア大学へ調査
- 建築アカデミーへ調査
- 市街地実査
- 郊外実査（ルガージャ、カスタニョーラ、ガンドリア、アローニア、メンデリッソ、その他）
- 空中からの実査（同上の地区）
- 資料の調査（都市計画図ほか約50点）

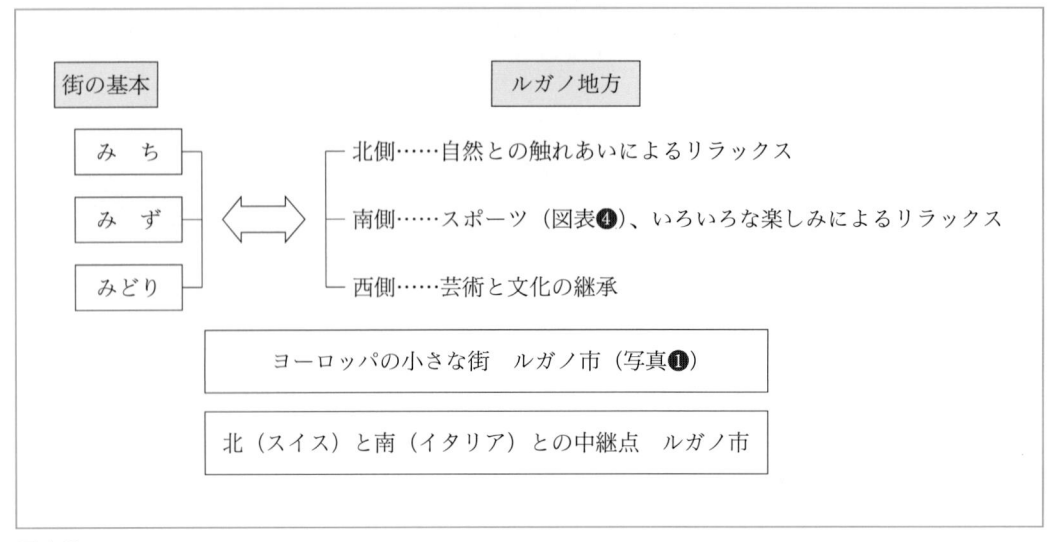

```
街の基本              ルガノ地方
 ┌─みち┐      ┌─ 北側……自然との触れあいによるリラックス
 ├─みず├─ ⇔ ─┼─ 南側……スポーツ（図表❹）、いろいろな楽しみによるリラックス
 └─みどり┘    └─ 西側……芸術と文化の継承

        ┌──────────────────────────┐
        │ ヨーロッパの小さな街　ルガノ市（写真❶） │
        └──────────────────────────┘
        ┌──────────────────────────┐
        │ 北（スイス）と南（イタリア）との中継点　ルガノ市 │
        └──────────────────────────┘
```

図表❷

　このような街の基本を詳細に把握したうえで、街の最終的な評価は、街づくりの基本公式により整理をし、さらにスポーツ、カルチャー、フーズそしてリラックスについて調べてみることである。

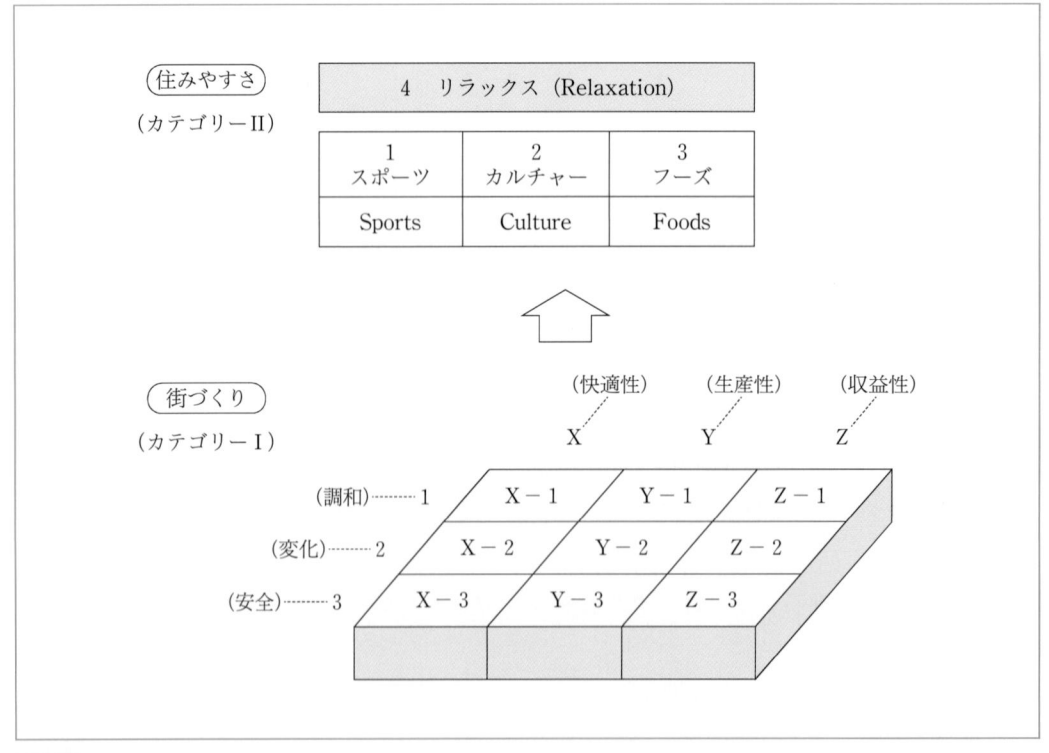

(住みやすさ)　　　　　4　リラックス（Relaxation）
(カテゴリーⅡ)

1 スポーツ	2 カルチャー	3 フーズ
Sports	Culture	Foods

⇧

(街づくり)　　　　　(快適性)　(生産性)　(収益性)
(カテゴリーⅠ)　　　　X　　　　Y　　　　Z

	X	Y	Z
(調和)……1	X-1	Y-1	Z-1
(変化)……2	X-2	Y-2	Z-2
(安全)……3	X-3	Y-3	Z-3

図表❸

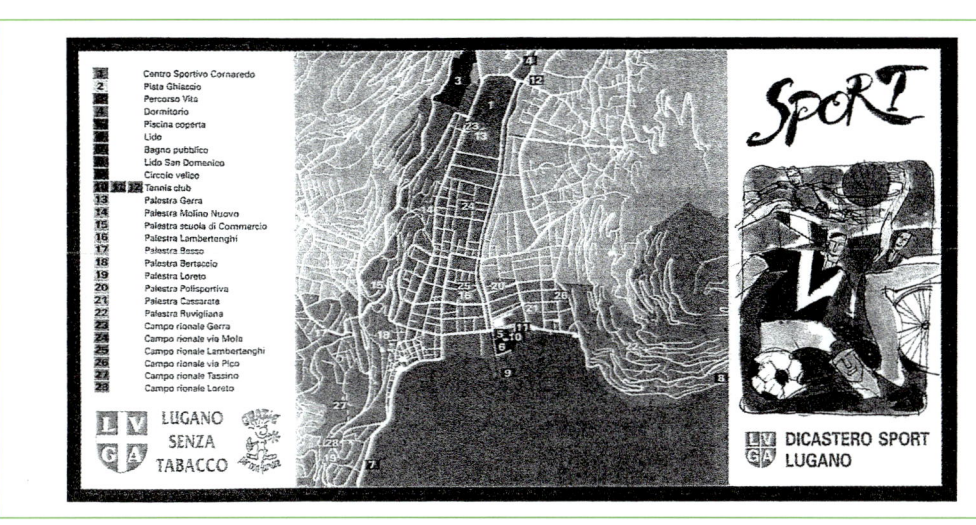

図表❹　ルガノ市スポーツ課のリーフレット（スイス）

［1］ スポーツについて

陸上競技〈写真❷〉	登山
アスレチック	航空
気球	バドミントン
バスケットボール	乗馬
フットボール	ゴルフ
アイスホッケー〈写真❸〉	フィールドホッケー
スケーターホッケー	柔道
ミニゴルフ	パラグライディング
アイススケート	サーキット
ボクシング	フェンシング
スキー	クロスカントリースキー
スカッシュ	卓球
ハンググライダー	テニス
温水プール	インドアスイミング
湖での水泳	フィットネス
ボート	モーターボート
水中水泳	ウォータースキー
セーリング	ウィンドサーフィン
ダンス	年間スポーツ行事6回
サーカス年4回	その他

[2] カルチャー

学校〈写真❹〉	専門学校
各種学校	研究所
美術館	市民音楽愛好会
図書館	映画
ヘルマン・ヘッセ記念館	スイス・イタリア大学〈写真❺〉
建築アカデミー〈写真❻〉	美術
彫刻〈写真❼〉	公文館
建築	考古博物館
歴史博物館	年間行事（コンサート6回、絵画展など公共行事9回）
その他	

[3] フーズ

パン〈写真❽〉	ワイン
地ビール	チーズ（数えきれないくらい種類がある）
フォンデュー	ピザ
スパゲティ	ニョッキ
その他いろいろなパスタ	ソーセージ
サラミソーセージ	ハム
生ハム	ベーコン
生ベーコン	マス
牛乳	スープ
郷土料理（ウサギ、ポレンタ等）	ケーキ
エスプレッソ	パーラー
ルッコラ、バジリコなど	新鮮な山菜〈写真❾〉
栗	その他
レストラン〈写真❿・⓫・⓬〉	

[4] リラックス

九柱戯（スキットル）	ビリヤード
ボウリング	フィッシング
室内スピードカート	子供用運動場

屋外チェス	ウォーキング
ドライブ（半日と1日）	街の散歩〈写真⓭〉
ウィンドショッピング〈写真⓮〉	カジノ
ナイトクラブ	ディスコ
ピアノバー	ライブコンサート
映画館	博物館
美術館	ギャラリー
公園〈写真⓯〉	教会
建築物	広場〈写真⓰〉
モニュメント	教会の鐘〈写真⓱〉
小鳥のさえずり	車のクラクションのないこと
街の花	建物（ビル・住宅）の花
広場でのコーヒータイム〈写真⓲〉	年間の行事（展示バザー6回）
その他	

≪ルガノの評価≫

街づくりの公式に当てはめてみると、各項目ともほぼバランスがとれている。
そして、住みやすさの4項目については、どれも十分といえよう。

写真❶　落ち着きのある街

写真❷　スポーツに力を入れている

写真❸　充実している体育施設

写真❹　スポーツクラブの部屋

写真❺　病院を改築した大学

写真❻　面白いモニュメント

●第4章●街づくり公式カテゴリーⅡの調査

写真❼　広場のランドマーク

写真❽　道にはみ出した人気のチーズ店

写真❾　市役所前広場（フリーマーケット）

写真❿　上手に活用している坂道

写真⓫　湖畔の細道のレストラン

写真⓬　おしゃれなレストラン

街づくりの進め方

245

写真⓭　市の中心部（モール街）

写真⓮　坂道の活用

写真⓯　リラックスのための公園

写真⓰　広場の利用

写真⓱　緑との調和

写真⓲　にぎわいと活気のある街

第5章

コンセプトの比較

1　もうひとつの小さな街づくり
　　　——過疎を考え直す——

［1］　何が問題か

　街づくりで共通して問題とされることがある。それは、きまって『過疎』の問題であり、これを整理してみると、次の要因にたどりつく。まず第1に、「人口」の問題である。わが街は人口が減り続け、どのような対策をたてたらよいか見当がつかない。昔は、どんどん人口が増え続けていたのに、いまでは、どこまで減るのか心配だ。

　第2に、「街に活気がない」ことである。10年前、20年前はこんな街ではなかった。商店街の活気はなく、店も閉店しているところが目立ち始めている。郊外の量販店に顧客が集まっているようだ。

　大型店がいつ撤退するか予断を許さない。

　街の中心は駐車場ばかり目につく。それも満車になったことはほとんどない。

　第3に、「若い人」が少ないことである。高齢化社会を迎えて、若い人が少なく、年寄りが目立つ。病院や医院は朝早くから、年寄りのコミュニケーションの場になっている。若い人達は、コンビニしか入らない。

　第4は、自然的条件である。平坦地が少なく、坂が多い。冬の期間が長く雪も多い。夏は高温多湿で生活しにくい。

　ここに並べた第1から第4の悩みは、どこにでもある共通したものである。しかし、これらの問題についてまったく無関心でいられるような街は、どこにあるのであろうか。若い人が少なく、高齢者が多いのであれば、それなりに住みやすい街を考えなければならないのである。

　それには何といっても、まずこれからどんな街にするのか、そのためにはどうすればよいのか、つまり「街づくりのコンセプト」を策定することが先決である。しっかりしたコンセプトを持たない限り、街はできあがらない。形だけの街はできても、それは外観だけ

のことであって、中味を伴っていない。

　街づくりのコンセプトは、街に住み、街で働く人が考えなければならない。当然のことである。コンセプトづくりを外注に出すのは、まったくの見当違いのことであって、このあたりから街づくりはおかしくなっていく。

【コンセプト創出の手順】

――― 問題提起 ―――
- 人口が少ない
- 町に活気がない
- 若者がいない
- 平坦地が狭い
- 冬は雪が降る
- 夏は湿度があってひどく暑い

▽

――― 解決の手順 ―――
1. 参考になる「街」を選び、比べてみる。
2. 街を「タテ」と「ヨコ」から読む
3. 街づくりを多角的に探ってみる

▽

街づくりのコンセプトを考える

---

［2］　街づくりの検討のために

　街づくりを検討するためには、できるだけ類似している街で、参考になるような街を探すことから始めるとよい。

　ここでは、前出のリヒテンシュタイン（ヨーロッパ中央にある小国）と、わが国の北国Ｎ県Ｍ町とがいろいろの面で類似しているので、これからの街づくりの基本項目の選択・整理に役立つと思われるので比較してみたい。大項目を8つに絞り、それぞれについて小項目をピックアップして、客観的な数字を中心に比べてみると、リヒテンシュタインとＭ町とは、かなりの類似性のあることがわかる。

【リヒテンシュタインとN県M町の比較】

データは少し古いが、2つの街について条件が似ている時のものを比べてみる。

A. 地理概況

	リヒテンシュタイン（＝L）	N県M町（＝M）
1. 北緯	47°3'〜47°14'	36°58'〜37°8'
2. 標高	最高　2,599m 最低　433m	最高　2,085m 最低　131m（平均170m）
3. 面積	160k㎡（幅5km 長さ25km）	263k㎡（周囲74km）
4. 気温	最高20〜28° 最低　−15°	最高　34.4 最低　−7.5° 平均　10.9°
5. 降水量	年間　1,050〜1,200mm 　　（山岳地帯1,800mm）	年間　2,361mm 　　（1日最大92mm）

B. 土地利用

	（L）	（M）
1. 耕地	0.4万ha（25.0%）	25.34k㎡（9.6%）
2. 牧地	0.6万ha（37.5%）	23.79k㎡（9.0%）
3. 森林	0.3万ha（18.8%）	5.29k㎡（宅地）
4. その他	0.3万ha（18.7%）	209.36k㎡（その他）

（注）1993年統計

C. 概況

	（L）	（M）
1. 人口	1994.12.31：30,629人 1960：16,628人 1950：13,700人 2012：36,000人	1994.3.31：28,800人 1960：28,108人 1950：27,972人 2004：28,366人
2. 集落（自治体）	11	明治33年　12町、村、組合 明治39年　4町村
3. 首都（中心地区）	ファドーツ（人口5,067人）	
4. 議員	国会議員　25人	町議会議員　26人 （町長1、県議会議員2、衆議院議員5、参議院議員2）
5. 言語	ドイツ語（英語、フランス語）	日本語（英語）
6. 通貨	スイスフラン	円

7．休日 　（祝祭日）	14日	14日
8．銀行	5行	7行（信金、信組、労金を含む）
9．交通	①鉄道（北部を通過。ネンデルン駅を一時停車）	①JR（M町駅、I町駅）
	②ポストバス	②国道
	③オーストリア（フエルトキルヒ）とスイス（バート・ラガーツ）を結ぶ幹線道路	
10．特産品 　（名産品）	①切手　②ワイン　③陶器	①米　②酒　③菓子
11．商店の営業時間	月〜金　8：00〜6：30 土　　　8：00〜4：00	
12．ホテル旅館等	ホテル　45 レストラン、カフェ　74	温泉旅館　94 飲食店　98
13．その他	①サマータイム　3月〜9月 　　　　　　　　　＋1時間	①なし
	②タクシー会社　7社	②3社
	③新聞　3紙	③全国紙、地方紙
	④チップ（ホテル、レストラン、理・美容院、タクシー等の料金には含まれる）	④なし

（注）　M町は現在合併してM市になっているが、比較のため合併前の資料を示している。

D．経済

	(L)	(M)
1．国民総生産	1992：36,230ドル／人 2010：137,070ドル／人	（日本） 1993：29,510ドル／人 2010：41,850ドル／人
2．輸出入総額	輸出（2010）　31.6億ドル 輸入（2010）　1.7億ドル	輸出（2010）　7,697億ドル 輸入（2010）　6,924億ドル
3．主な工業	金属 機械（コンクリートドリル） 精密機械（義歯など） 化学装置	一般機械 電気機械 輸送機械
4．世界的企業	・Hoval Group（製造・輸送機械） ・Hilti Corporation（化学装置） ・MALBUNER（食品） ・IVOCLAR-VIVADENT（義歯）	

	・Balzers Group（バキュームポンプ、計測器、ガス分析器など）	
5．電話	100人当たり　62.5台	100人当たり　41.1台
6．テレビ	1,000人当たり　345台	（統計なし）

E．産業別就業者数

	（L：1994.12.31）	（M：1990.10.1）
(a)　1次（農業、林業、漁業）	1.6%	8.5%
(b)　2次（鉱業、建設業、製造業）	30.1	42.8
(c)　3次		
①金融業（不動産業）	5.4	2.3
②電気、ガス、水道事業、運輸通信事業	17.6	4.8
③卸・小売業	6.3	17.0
④ホテル、レストラン、その他のサービス業	19.6	21.7
⑤公　務	7.7	2.8
⑥その他	11.7	0.1

F．観光、名所

	（L）	（M）
1．春～夏の花	・あやめ ・ゼラニウム	・しょうぶ ・つつじ
2．河川	ライン川	U川
3．城	ファドーツ城	S城（跡）
4．観光客と特別な楽しみ		
①人　数	1992：72,000人	1,187,000人
②楽しみ	ワイン・テイスティング 伝統あるレストランと郷土料理	

G．教育・文化・歴史等の施設

	（L）	（M）
1．学校	リヒテンシュタイン音楽学校	N・S学院短期大学校 （ビジネスマネジメント科）
2．文化施設	美術館 博物館	TW美術館 I考古博物館

	切手博物館 スキー博物館 劇場、映画館 ギャラリー、その他	
3．歴史施設	11	7

H．スポーツとその施設

	（L）	（M）
1．種類と施設	・スイミング ・スカッシュ ・フィットネス ・乗馬 ・ボウリング ・サイクリング ・ハイキング ・登山 ・スキー、その他	・スポーツランド ・スポーツ館 ・体育センター ・スキー場 ・ディスポートM町 ・ゲートボール場 ・少年サッカー場 ・その他

2　街の特徴を探す

　人口わずか5,000人の首都ファドーツでも、街の特徴を調べたら、次の101項目をピックアップすることができる。

1．細長い街	2．鉄道の利用できない街
3．バス便の良い街	4．「郵便局」が中心にある街
5．街づくりのスタートを教会から始めた街	6．人口の少ない街
7．農・住・工と自然の調和した街	8．40年かかって変えた街
9．大きな川と高い山の間にある街	10．スイスとの出入りが自由な街
11．スポーツ・レクリエーションの楽しみのある街	12．歩道優先の街
13．排水溝が道路の中心にある街	14．電柱と電線のない街
15．警察官の少ない街	16．雰囲気の良いカフェのある街
17．ワインのおいしい街	18．おいしいレストランのある街
19．清潔な街	20．落書きのない街
21．素晴らしいホテルのある街	22．サービスの良い街
23．金融の活発な街	24．歴史を大切にする街
25．観光客が休憩する街	26．花いっぱいの街
27．明るい街	28．面白いデザインの建物のある街
29．モニュメントのある街	30．野外ホールのある街
31．きれいな水、おいしい水のある街	32．自動販売機のない街
33．コンビニエンス・ストアのない街	34．スーパー・マーケットのない街

35. 商店の営業時間の決まっている街
36. 生きている街
37. ハイテクのある街
38. 音楽学校のある街
39. ランドマークのある街
40. 技術者の多い街
41. 外国人の多い街
42. レジャー施設のある街
43. 景観（街並み）の美しい街
44. 下水道の完備している街
45. 石畳のある街
46. 石垣のある街
47. 税金の安い街（国）
48. 古い橋のある街
49. 世界的企業の本社のある街
50. 切手のある街（国）
51. ごみ箱の多い街
52. 美しい旗のある街
53. 雪の降る街
54. 花火のある街
55. 「あやめ」の美しい街
56. バス停留所の多い街
57. タクシー乗り場のある街
58. 駐車場のある街
59. 渋滞することがある街
60. 広場のある街
61. 外国人が食事に来る街
62. 外国人が保養に来る街
63. ロードサイド・ショップのない街
64. リラックスできる街
65. カルチャーのある街
66. バス停に電話とごみ箱のある街
67. 庭の美しい住宅の多い街
68. 住宅街に看板のない街
69. 緑の多い街
70. 繁華街に看板の少ない街
71. 駅のない街
72. 河川にごみのない街
73. 大きな書店のある街
74. 切手博物館のある街
75. 美術館のある街
76. スキー場のある街
77. 温水プールのある街
78. 観光収入のある街
79. 輸出の多い街（国）
80. 広い道路と静かな住宅街のある街
81. 刑務所にお客さんの居ない街
82. 国のマークであるFL（Fürstentum Liechtenstein）をよく見かける街
83. 地図ではルーペで見ないとわからない街（国）
84. 地勢をうまく活かした街
85. 骨董品屋のある街
86. 坂の多い街
87. 大きな住宅の多い街
88. 基礎のしっかりした住宅の多い街
89. 壁に絵のある建物のある街
90. ＴＶアンテナを見かけない街
91. 住宅に煙突のある街
92. 切り妻・寄せ棟屋根の住宅の多い街
93. 住宅街の道路の車止めにシンボル・ツリーを植樹している街
94. 案内所のある街
95. 野外活動の盛んな街
96. 直線道路のない街
97. 古い建物を大切にする街
98. 大公のいる街（国）
99. 野外レストランとカフェテラスのある街
100. 古城のある街
101. 都市計画のある街

3　街づくりのコンセプトの比較

　コンセプトをつくるのは、かなり難しい仕事である。次のリヒテンシュタインとM町のコンセプトを示すので比較してみるとよい。リヒテンシュタインで優れているのは、住みやすい街かどうかのポイントを4つに絞っていることである。

① スポーツ

　健康でなくてはならない。体を丈夫にするため、スポーツを楽しみながらやる。
　コンセプトづくりを検討している街には、市民が自由に参加し、行政もできる限り援助しているスポーツにはどんなものがあるか。高い道具など揃えなくても手軽にできるスポーツでもよい。

② カルチャー

　図書館はいくつあるか。それは市民が歩いて行ける場所にあるか。どんな図書がどれくらい揃っているか。何も図書館に限らない。音楽でも、美術でも何でもよい。市民が楽しみながら参加できるカルチャーにはどんなものがあるか。年1回の有名人の講演会などを問題にしているのではない。

③ フーズ

　おいしいものはあるか。食べ物、飲み物、何でもよい。若い人だけでなく、体の弱い人も楽しめるメニューは食堂にあるのか。郷土料理を大切にしているか。
　フーズの楽しみは、高級レストランに行くことだけではない。野外の炊事もおいしい。みんなで楽しめる。

リヒテンシュタイン	N県M町
・スポーツ ・カルチャー ・フーズ	・温泉郷 ・アウトドア体験 ・合宿 ・スキー ・自然 ・歴史、文化 ・祭り、イベント
⇓⇑	
・リラックス	
最も小さなパッケージの中にヨーロッパのベストが詰め込まれている。	ココロが渇き始めたから、また会いに来たよ。ほどよく遠いのに時間距離が近い。
ヨーロッパの心臓部	あったか　ぴあ　M町
▽	▽
ヨーロッパの宝石	それぞれの旅・それぞれの色
▽	▽
具体的な街づくりのプラン	

④　リラックス

　スポーツもカルチャーもフーズも、考えてみると子供からお年寄りまで共通した楽しみである。朝市を盛んにするのもよい。運動会もよい。要は、市民ができるだけ多く参加して、毎月毎週リラックスできるような街をつくることが大切といえる。

　このような観点から、これまで比較してきた２つのコミュニティについて「具体的な街づくりのプラン」までの基本的なプロセスを上にまとめてある。

　実際にコンセプトをつくるときは、このようにいくつかのステップを踏む必要がある。なお、街づくりのための比較のために、定年後に住みたい街を、これまでのコンセプトの比較の手法をもとに検討してみるとよいだろう。

　知っているようで知らないのは、現在も住み続けている街かもしれない。

ま と め

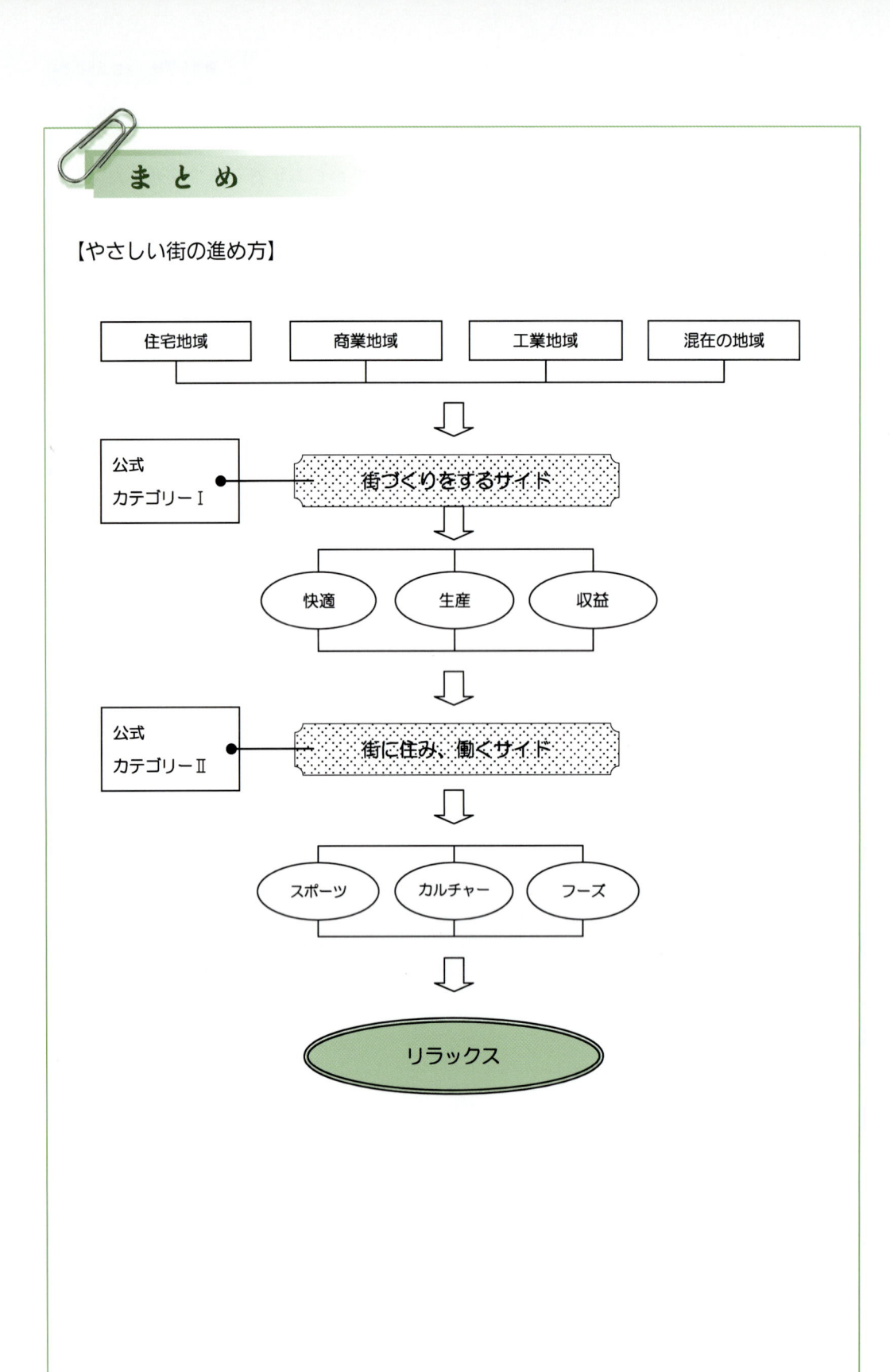

【やさしい街の進め方】

```
┌──────────┐  ┌──────────┐  ┌──────────┐  ┌──────────┐
│ 住宅地域 │  │ 商業地域 │  │ 工業地域 │  │ 混在の地域 │
└────┬─────┘  └────┬─────┘  └────┬─────┘  └────┬─────┘
                   ▼
┌──────────┐    ┌─────────────────────────┐
│  公式    │────│   街づくりをするサイド   │
│ カテゴリーⅠ │    └─────────────────────────┘
└──────────┘                 │
                             ▼
              ┌──────┐  ┌──────┐  ┌──────┐
              │ 快適 │  │ 生産 │  │ 収益 │
              └──────┘  └──────┘  └──────┘
                             │
                             ▼
┌──────────┐    ┌─────────────────────────┐
│  公式    │────│   街に住み、働くサイド   │
│ カテゴリーⅡ │    └─────────────────────────┘
└──────────┘                 │
                             ▼
          ┌────────┐ ┌──────────┐ ┌──────┐
          │ スポーツ │ │ カルチャー │ │ フーズ │
          └────────┘ └──────────┘ └──────┘
                             │
                             ▼
                    ┌─────────────┐
                    │   リラックス   │
                    └─────────────┘
```

第5編

具体的な事例研究

第1章

事例研究(1) ―新潟県長岡市―

　不動産コンサルティング業務には、個人の小さな相談から都市計画のような大きなものまである。このように幅広い業務範囲のなかで、不動産コンサルタントが手がけることができる、面的に広がりのある「小さな街づくり」のコンセプト・メイキングの実例を紹介しよう。

　これから紹介する事例は、ノウハウをビジネスチャンスに活かした実際のケースであり、これからの新しいコンサルの分野といえるものである。

1　街の概要と仕事の進め方

[1]　街の概要

　街づくりのコンセプトを策定するには、街の特徴をつかむ必要がある。そのための具体項目を整理すると次のとおりである。

① 長岡市という街

1）地理	2）気象	3）歴史	4）伝統
5）社会	6）経済	7）街づくり計画	8）街づくり理念
9）土地利用	10）工業	11）商業	12）交通
13）区画整理	14）環境	15）福祉	16）その他

② 街づくり地区の諸元

　1）位置
　　・長岡駅の南東方約1,500m
　　・悠久山公園（中心）の北西方1,000m
　2）形状……東西約750m、南北約190m（平均）
　3）地積……143,318.70㎡（43,354坪）

4）地権者……41人

5）現況……農地

6）交通
- 国道17号（長岡東バイパス）に隣接
- 国道352号に近接
- 越後交通バス便あり（長倉公民館停留所）

7）公的施設（周辺地域）
- 市立中央図書館
- 悠久山公園（野球場、プール、動物園、郷土資料館等）

8）都市計画
- 市街化調整区域
- シンボルロード計画

[2] 仕事の進め方

① 進め方

街づくりのコンセプト策定についての基本的な進め方は図表❶に示したとおりである。

```
            街づくりの公式
                 ↓
  相談→依頼 ⇄ スケジュール ……次ページの「❷ スケジュール」参照
                 ↓
         →地域の把握
         ↑     ↓        ……次ページ「 2  地権者の考え方」参照
         └地権者の考え方
                 ↓
         公式のカテゴリー  ……図表❷、❸
                 ↓
         公式のアイテム   ……図表❷、❸
                 ↓
         コンセプト・メイキング ……図表❶〜❼
                 ↓
            報告書
           作成・提出
```

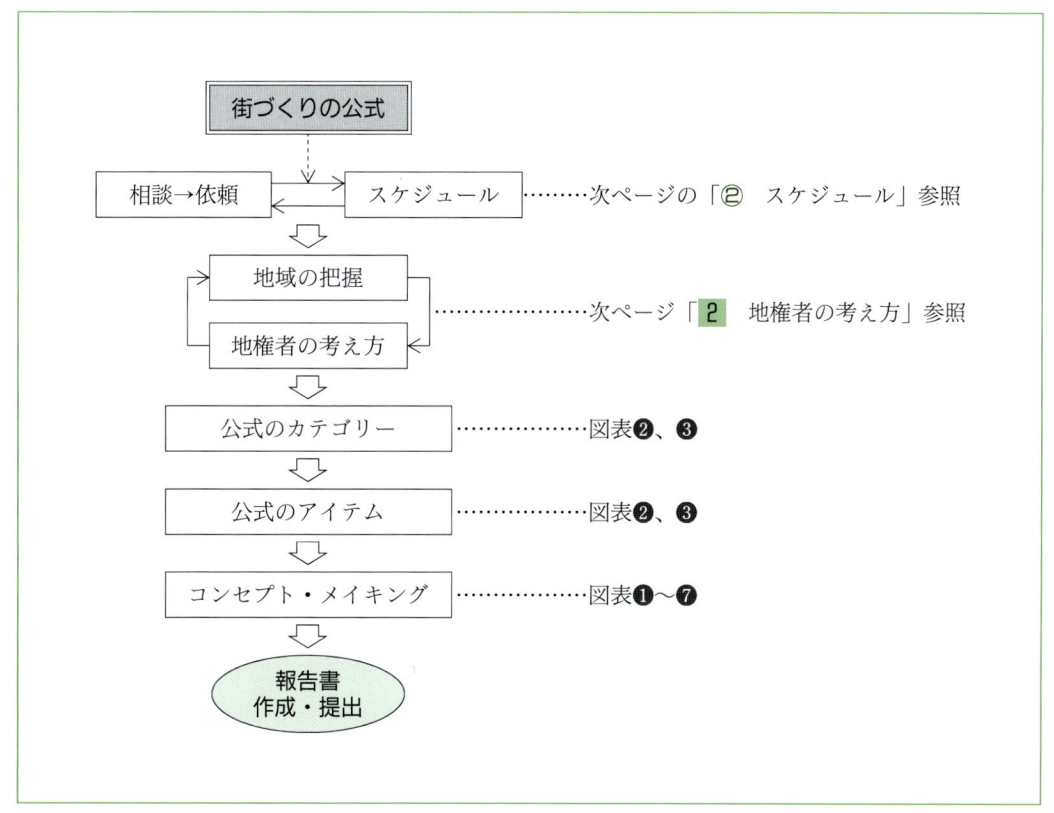

図表❶　街づくりの進め方

② スケジュール

　街づくりのスケジュールは、代表者と数回の打合せをした後、次のように進められた。会議は、地権者全員の集まる全体会議と代表者・関係者の集まる企画会議とに分け、原則として交互に開かれた。

【スケジュール】
〔Ⅰ〕　第1回全体会議……街づくりの考え方の説明・第1回アンケートの実施
　　　　　（○○年9月）
〔Ⅱ〕　企画打合せ……アンケート分析・街づくり骨子打合せ
　　　　　（○○年10月）
〔Ⅲ〕　第2回全体会議……街づくり骨子説明・質疑、第2回アンケート実施
　　　　　（○○年11月）
〔Ⅳ〕　企画打合せ……アンケート分析・土地利用計画案
　　　　　（○○年1月）
〔Ⅴ〕　第3回全体会議……街づくりコンセプト素案説明、討議
　　　　　（○○年2月）
〔Ⅵ〕　企画打合せ（○○年3月）……「小さな街づくり基本計画」（案）検討
〔Ⅶ〕　第4回全体会議……「小さな街づくり基本計画」（コンセプト）提出、説明
　　　　　（○○年5月）

　企画の打合せや全体会議では、外国の街づくりの例をOHPを使って紹介することで、全員に基本から理解してもらえるように工夫した。最初のころは、外国の例は受け入れてもらえなかったが、わが国の街づくりとの比較や応用例などを示していくことで次第に理解を示してもらえるようになった経緯がある。

2　地権者の考え方

[1]　考え方のとらえ方

　街づくりを進めていくうえで大切なことは、街づくりのコンセプトをつくり出すことである。コンセプトは、街づくりを具体化するときに最も基本とされることを体系化してまとめたものであり、これがない街づくりは、頂上を決めないで登山をしているようなものである。

　したがって、コンセプトは、仕事を受けたコンサルタントが、独自の考え方に基づいてつくり出すものではなく、地権者や居住者・利用者の意見や考え方を集約して、抽象化しまとめあげるものである。これについては、地権者に2回のアンケートを実施している。

[2]　アンケートの実施

　アンケートの実施にあたって大切なことは、後で述べる「街づくりの公式」を念頭にお

いて項目を選択し、集計して分析するときに関連づけられるように工夫することである。

【第1回アンケートの項目と分析結果（抜すい）】

①街づくりについての関心……「関心あり」が94％
②街づくりの基本……主な土地利用は「住宅地と公共用地」が50％
③広場の設置……「あったほうがよい」が100％
④河川と街づくり……「河川を積極的に取り込む」が74％
⑤街のイメージ……「純和風がよい」が44％、「西洋風がよい」が33％
⑥看板について……「看板や広告は少しあってもよい」が56％、「まったくなくする」が44％
⑦自動販売機の設置……「ない方がよい」が53％、「あった方がよい」が38％
⑧街の中心にあるもの……「集会所」が65％
⑨明日の街づくりで考えなければならないこと……高齢者に気くばりのあることがもっとも多い

【第2回アンケートの項目と分析結果（抜すい）】

①スポーツについて……野球、サッカー、ゴルフ、相撲、スキーが好きな人が多い。
②カルチャーについて……1人平均1.5種類のカルチャーに関心がある。
③食べ物について……市内にないために、出店してほしい店があると思っている人は30％未満である。
④リラックスについて……旅行が多い。

[3] 地権者の考え方のまとめ

① ハードの基本（抜すい）

 1）街のイメージ
  a．中心に「広場」を設置
  b．中心になる施設は「集会所」
  c．道路は、直線と曲線の組合せ
 2）建物について
  a．和風と洋風
  b．集会所の積極的な活用
 3）緑と水
  a．緑は農地、緑地、樹木のバランス
  b．河川を生かした街づくり

② ソフトの基本

 1）スポーツが好きである。
  a．見るのが好きなスポーツがある……98％

        b．自分でもやるスポーツをもっている人……64％
　　２）趣味を楽しむ人が多く、その種類も多い。
　　　　a．音楽を楽しむ人……34.6％
　　　　b．カルチャーの種類……21
　　３）8割近い人が食べ物（飲み物）に関心をもっている。
　　　　a．食べもの屋は、和食、洋食、中華などメニューは多い。
　　　　b．食べもの屋は長岡市にある店でほぼ満足できる。
　　４）毎日の生活のなかで、ほとんどの人がくつろぎやストレスを解消するのに役に立つことを見いだしている。
　　　　a．スポーツやカルチャーに関係しているものが多い。
　　　　b．7割以上の人が、それぞれ冬の期間の楽しみ方を持っている。

3　コンセプト・メイキング

［1］街づくりの公式

　街づくりのコンセプトをつくるには、いわゆる「街づくりの公式」を持っていなければならない。独自の公式を持つことが望ましいが、簡単にはできないので、先例を参考にしながら、いろいろな都市で検証してみるとよい。

　ここでは、外国の39都市を調査し、検討した公式を採用している。それは前述のとおり3つのカテゴリーと3つのアイテムから成り立っている。

　図表❷のX－1～Z－3について、地権者の考え方を集約してコンセプトをつくる。

　街づくりの公式を使って、アンケートの分析結果を当てはめてみると、図表❸のようになる。

「街づくり」の公式		カテゴリー1		
		快適性 (X)	生産性 (Y)	収益性 (Z)
アイテム	調和(1)	X－1	Y－1	Z－1
	変化(2)	X－2	Y－2	Z－2
	安全(3)	X－3	Y－3	Z－3

図表❷　街づくりの公式

	快適性	生産性	収益性
調和	・戸建て住宅　・タウンハウス（賃貸） ・貸し農園　・農地　・調整池 ・既存集落　・道路　・公園		
変化	・集会所……コンサート、図書館、ビデオ、 　　　　　インターネット、カラオケ、趣味、 　　　　　軽スポーツ ・多目的広場……野球、ソフトボール、テニス、 　　　　　　　サッカー、軽スポーツ、運動会 ・便利な店、おいしい店		
安全	・自動車道路（人優先）　・駐車場 ・雪対策　　　　　　　・高齢者の健康対策 ・火の用心　　　　　　・ごみゼロ		

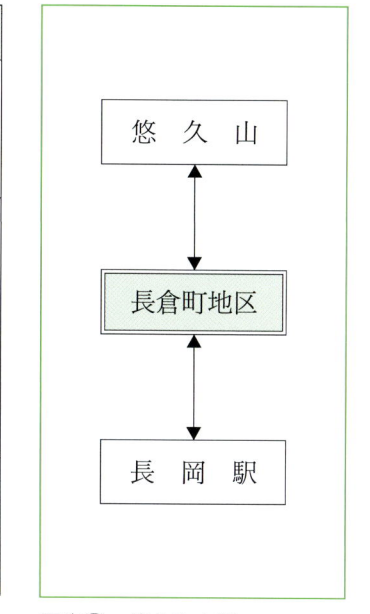

図表❸　街づくり公式の計画項目

図表❹　悠久山と駅

[2] 街づくりのコンセプト

① 街を位置づける

コンセプトをつくるには、街の位置を決めなければならない〈図表❹〉。この実例では、鉄道駅から自然（悠久山）に向かって街（長倉町地区）が位置づけられている。

② 街をゾーンに分ける

街づくりを計画している地区を、ごく抽象化して、ゾーン（ブロック）に分ける〈図表❺〉。

③ 土地利用の基本案を作る

大きく位置づけられた街を、ゾーン（ウエスト、センター、イースト）に分け、さらに具体的な利用案〈図表❻〉をつくる。

④ コンセプト

地区の諸元、多くの関係者の意見そして地権者の考え方を総合し、コンセプトは最終的にメイキングされた。

図表❺をさらに抽象化する。そのプロセスは、図表❼〜❿の順序による。そして、最終的に次のコンセプトが創出される。大切なことは、図表❼〜❾の作図のプロセスを地権者にも行ってもらうことである。

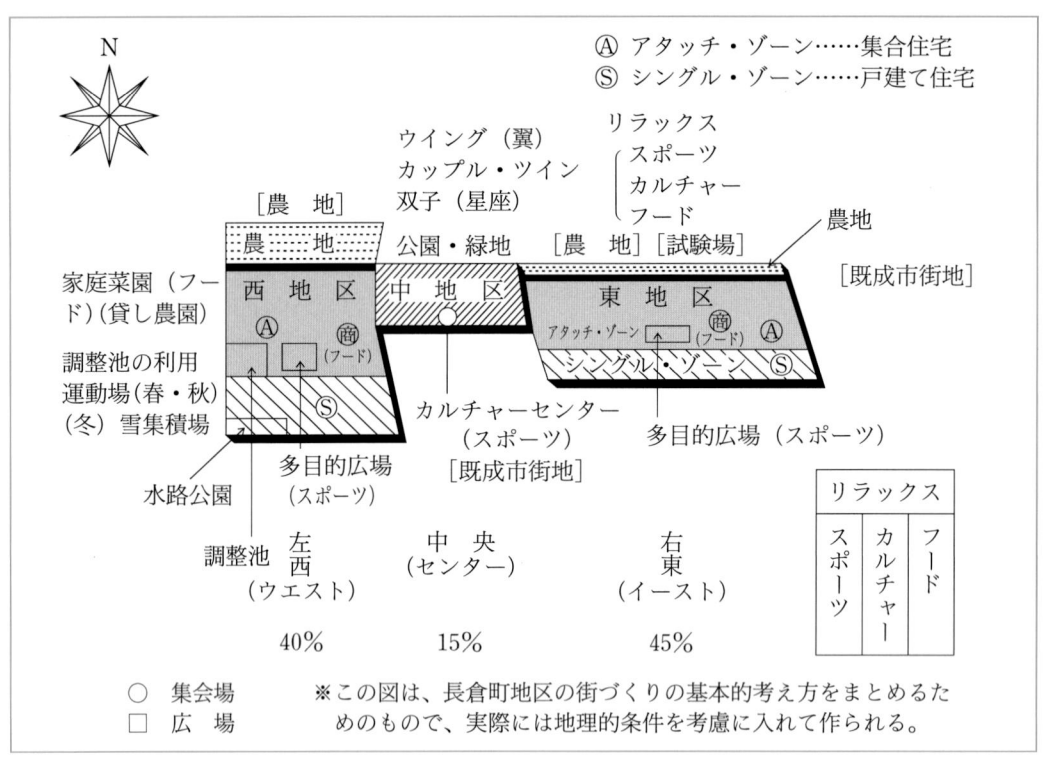

図表❺　長岡市長倉町地区　街づくりコンセプト

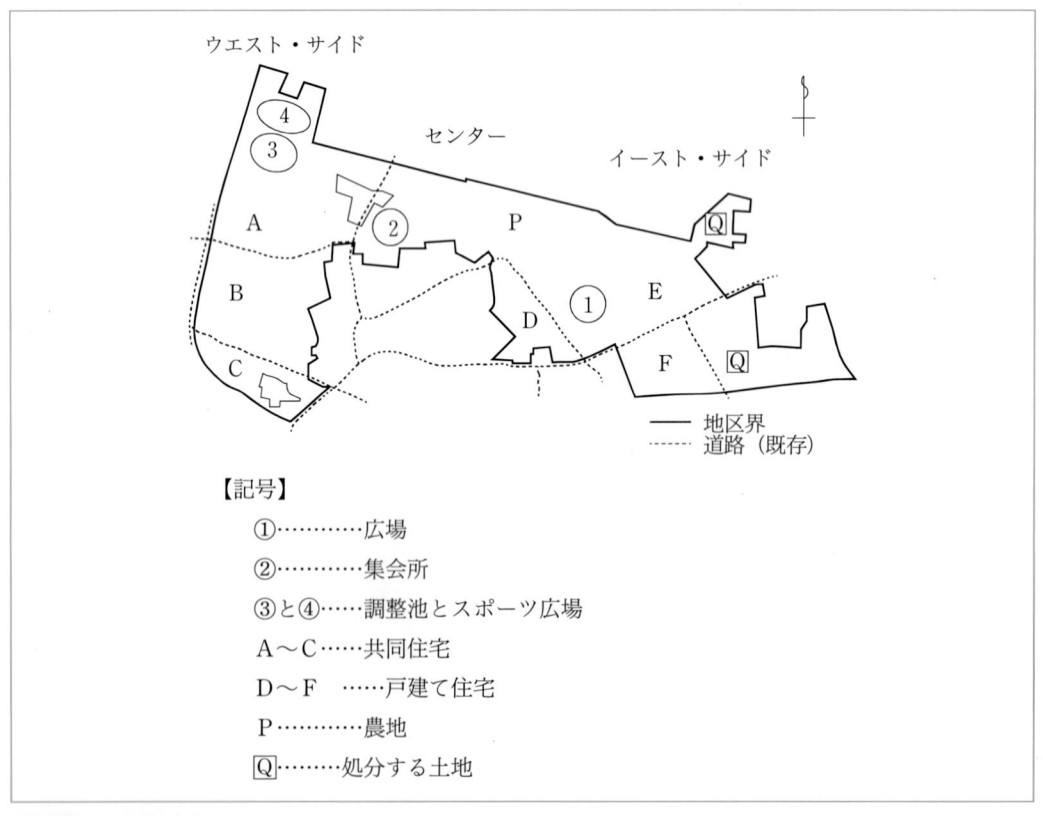

図表❻　土地利用案

【記号】
①………広場
②………集会所
③と④……調整池とスポーツ広場
A〜C……共同住宅
D〜F ……戸建て住宅
P…………農地
Q………処分する土地

●第１章●事例研究(1)

≪街のコンセプト≫
みんなでつくる住みやすい街
そしてこの街で忘れていることを取り戻そう
悠久山に羽ばたく
　（悠久の岡に生きる）

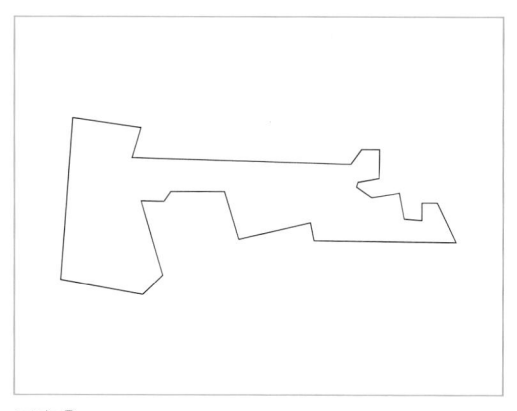

図表❼

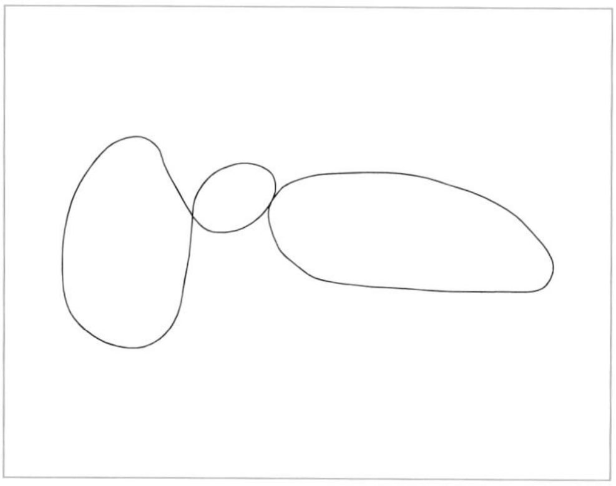

図表❽

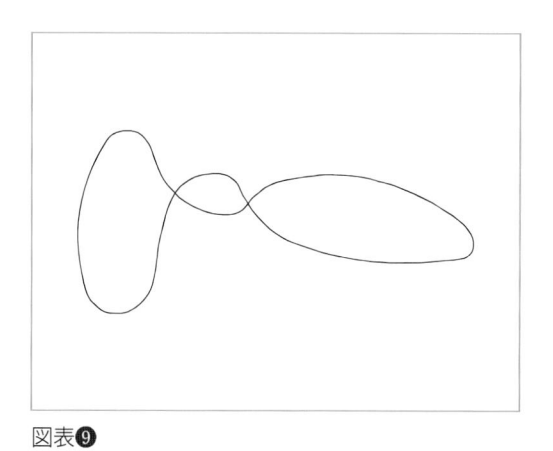

図表❾

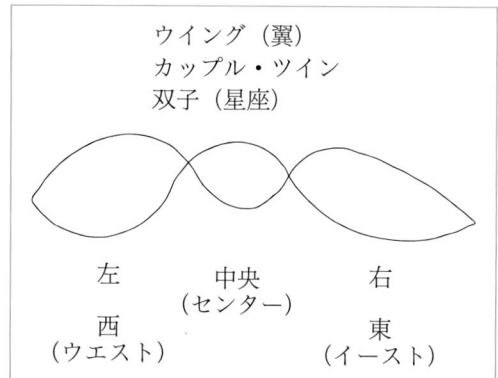

ウイング（翼）
カップル・ツイン
双子（星座）

左　　　中央　　　右
　　　（センター）
西　　　　　　　東
（ウエスト）　（イースト）

図表❿

具体的な事例研究

4　街づくりの結果

［1］　計画および実施期間
約12年間

［2］　実施手法
土地区画整理組合施行の土地区画整理事業

［3］　整理前と整理後の諸項目の比較

1）　総事業費　2,607,143千円（115,951.02㎡）

2）　土地の地図別施行前後対照表

整理前宅地地積 （登記簿地積）	整理前更正地積 （測量増減を加減したもの）	整理後宅地地積 保留地を含めた宅地地積	整理後宅地地積 保留地を除いた宅地地積	差引減歩地積 公共減歩地積	差引減歩地積 公共保留地を合算した減歩地積	差引減歩地積 公共減歩率	差引減歩地積 公共保留地合算減歩率
㎡ 115,951.02	㎡ 136,866.95	㎡ 98,824.83	㎡ 50,347.73	㎡ 98,824.83	㎡ 50,347.73	% 27.80	% 63.20

図表⓫　土地の地目施行前後対照表

［4］　マスタープランの策定と結果
図❸の土地利用案と整理後の空中写真を対比してみる。

① 広場と集会

計画では広場と集会所は少し離れていたが、実施結果は地区中心か同じ位置にある。

② 集合住宅

結果は計画のとおりである。

③ 調整池

結果は計画のとおりである。

④ その他

結果は、概ね計画に沿って配置されている。

[5] 現況

(出典：長倉農住土地区画整理組合制作「あおしの里」より)

5　ビジネスチャンスと今後の課題

[1] 街づくりのコンセプト

　どのような街でもコンセプトがはっきりしないようでは、具体的に進めることはできない。仮に進めても、それは目的の定まらない事業のようなもので、地権者の意見がまとまらないだけでなく、どんな街ができるか、完成してからでないとわからない。

　したがって、街づくりのコンセプトは、必要不可欠のものであって、「小さな街づくり」の策定には、地元の不動産業者、特にコンサルタントの役割は非常に大きい。地元の街づくりに積極的に参画し、街づくりの公式を用いて、コンセプトの策定をするところにビジネスチャンスがあると思われる。たとえば、既成市街地で地盤沈下の著しい商店街の生き残り策を考えることである。

[2] 今後の課題

　ビジネスチャンスは、身の回りに多くあると思われるが、問題は街づくりの公式をどうするかである。

　本事例では、国内外の多くの実例を参考にしてつくりあげているが、小さな街づくりで

は、奇をてらったものや奇抜なものは、到底地元では受け入れられないであろう。しっかり足が地についた街づくりの公式を早急につくることが大きな課題である。そのためには、街づくりに関心のあるコンサルタントがグループをつくって専門家を招いて研究会を開くことが有効と考えられる。

●第1章●事例研究(1)

参考

『小さな街づくり基本計画』

－新潟県長岡市長倉町地区－

悠久山に羽ばたく

みんなでつくる街、そしてこの街で
忘れている大切なことをとり戻そう

具体的な事例研究

【目　次】
第Ⅰ部　考え方の基本
　1．長岡市と長倉町地区の特徴
　　(1)　長岡市という街
　　(2)　長倉町地区街づくりの諸元
　　(3)　長倉町地区の皆さんの考え方
　　(4)　長倉町地区の全景
　2．街づくりのアイテム
　　(1)　共通した考え方
　　(2)　街づくりのアイテム（調和・変化・安全）
第Ⅱ部　街づくりのコンセプト
　1．長倉町地区の位置づけ
　2．街づくりの考え方
　　(1)　ゾーン（ブロック）に分ける
　　(2)　調和、変化そして安全
　3．街づくりのコンセプト
　4．住みやすい街〔まとめ〕

第Ⅲ部　土地利用の考え方
　1．街の快適性からみたポイント
　2．生産性と収益性〔参考〕
　3．コンセプトからみた利用
　4．より具体的な利用（案）
　5．公的・共用施設のイメージ写真
　　(1)　集会所
　　(2)　調整池
　　(3)　スポーツ広場
　　(4)　多目的広場
　　(5)　住宅地の安全対策
　6．全体の遠景

＝資　料＝
　1．第1回アンケートの集計
　2．第2回アンケートの集計

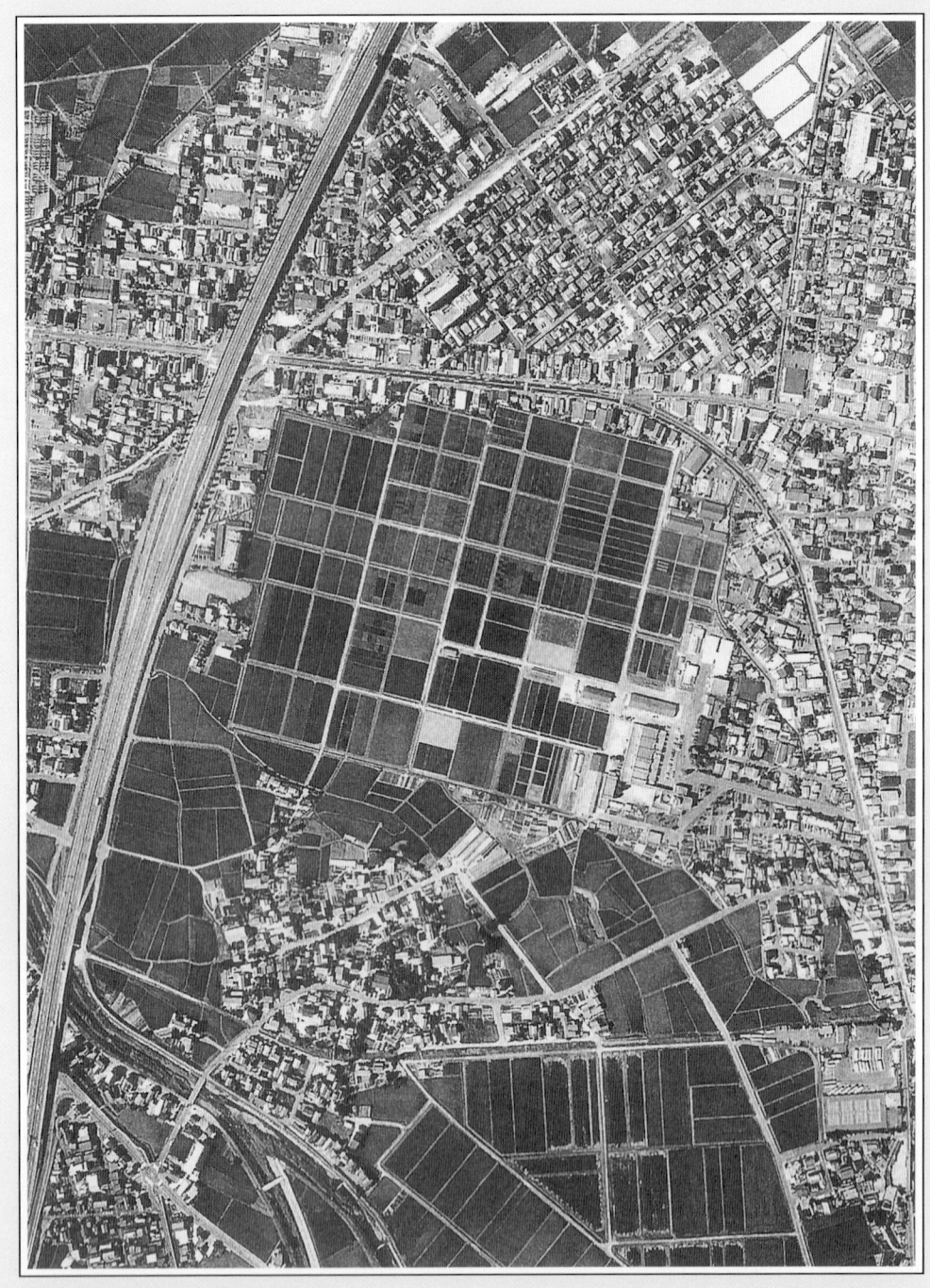

街づくりをする前の長倉町の全景

(写真:『小さな街づくり基本計画』より)

第2章

事例研究(2) —フィンランドの街づくり—

I．フィンランド5都市の調査

　街づくりというと、対象としては大きな都市がイメージされ"都市計画"が出てくる。また、建物単体の集まりが街づくりそのものとされてしまうケースも多いようである。

　しかし、大都市であっても小さな街の集合体であり、小さな街は不動産から成り立っている。つまり、「みち」「みず」「みどり」「ちけい」「まち」が不動産としての街の要素といえる。

　このような考え方をもとに、まず街づくりの基本（公式）を示し、これに基づいてフィンランドの5都市から具体的な例を紹介しよう。

1　街づくりの基本

　街づくりを不動産という面からとらえてみると、それは『街づくりをする側のねらい』と『街に暮らし、働く側の満足度』の両面がある。

　このことをまとめたのが図❶で、小さな街づくりの公式と言ってもよいものである。ちなみにこれは日本よりも小さな国でありながら、1人当たりの所得が高い国の小さな都市の街づくりを手本にしたものである。

　公式は大きくカテゴリーI（街づくりする側のねらい）とII（街に暮らし、働く側の満足度）に分けられる。

　カテゴリーIは、街は「快適性」が重視されなければならないが、それだけでは成り立たず、「生産性」を高め、「収益性」を上げなければならないことを表している。それから、「調和」「変化」「安全」といったことも街づくりを考えるうえで大切な要素であり、違った次元の項目と組み合わせ比較検討することで、街づくりする側のねらいがわかるようになっている。

　続いて、カテゴリーIIであるが、まずは、住み、働く人にとって最も大切なことは健康

であり、これを「スポーツ」として表現している。さらに文化（「カルチャー」）を大切にすることも必要である。そして人は生れてから死ぬまで食べる楽しみがあり、これが「フーズ」である。また生活するうえでの極みはやはり寛ぎ、「リラックス」であろう。こうした項目について、同じく「調和」「変化」「安全」の項目と組合せ比較検討することで、街に暮らし、働く側の満足度を測るうえで参考となるのがカテゴリーⅡの公式である。

　これから「街づくり」を考え、調査し比較検討するときには、この基本をしっかり押さえることが肝要である。街づくりの提案をするときも同じように、カテゴリーⅠとカテゴリーⅡの観点から、どの点が合格なのか、あるいは不合格なのかをはっきりさせなくてはならない。

2　５つの都市の事例とヒント

　日本にとって街づくりの参考にできる都市は外国にいくつもある。たとえば、スイス、カナダ、ルクセンブルク、リヒテンシュタインなどの国を挙げることはできるが、わが国で検討すべき街の性格をよく考えて調査対象を決めるべきであろう。

　ここでは北国の街づくりをテーマに、北欧のフィンランドの５つの都市〈表❶〉を選んで、街づくりの基本について具体例をいくつか紹介しようと思う。

　この公式で調べれば、都市計画の専門家でなくても、不動産に精通している人や街づくりに関係している人であれば調査は十分可能である。

　そして、図表❷で見過ごしてはならないもっとも重要なことは、街づくりのコンセプトである。

●第 2 章●事例研究⑵

★カテゴリーⅠ　　　『街づくりする側のねらい』

```
                    1              2              3
                   快適性          生産性          収益性
                    ↓              ↓              ↓
   A │ 調和  →    A1 ─────── A2 ─────── A3
                     ╲  ╱       ╲  ╱
                      ╳           ╳
                     ╱  ╲       ╱  ╲
   B │ 変化  →    B1 ─────── B2 ─────── B3
                     ╲  ╱       ╲  ╱
                      ╳           ╳
                     ╱  ╲       ╱  ╲
   C │ 安全  →    C1 ─────── C2 ─────── C3
                              街
```

★カテゴリーⅡ　　　『街に暮らし、働く側の満足度』

```
      調和          変化          安全
        └───────────┼───────────┘
                    ↓
```

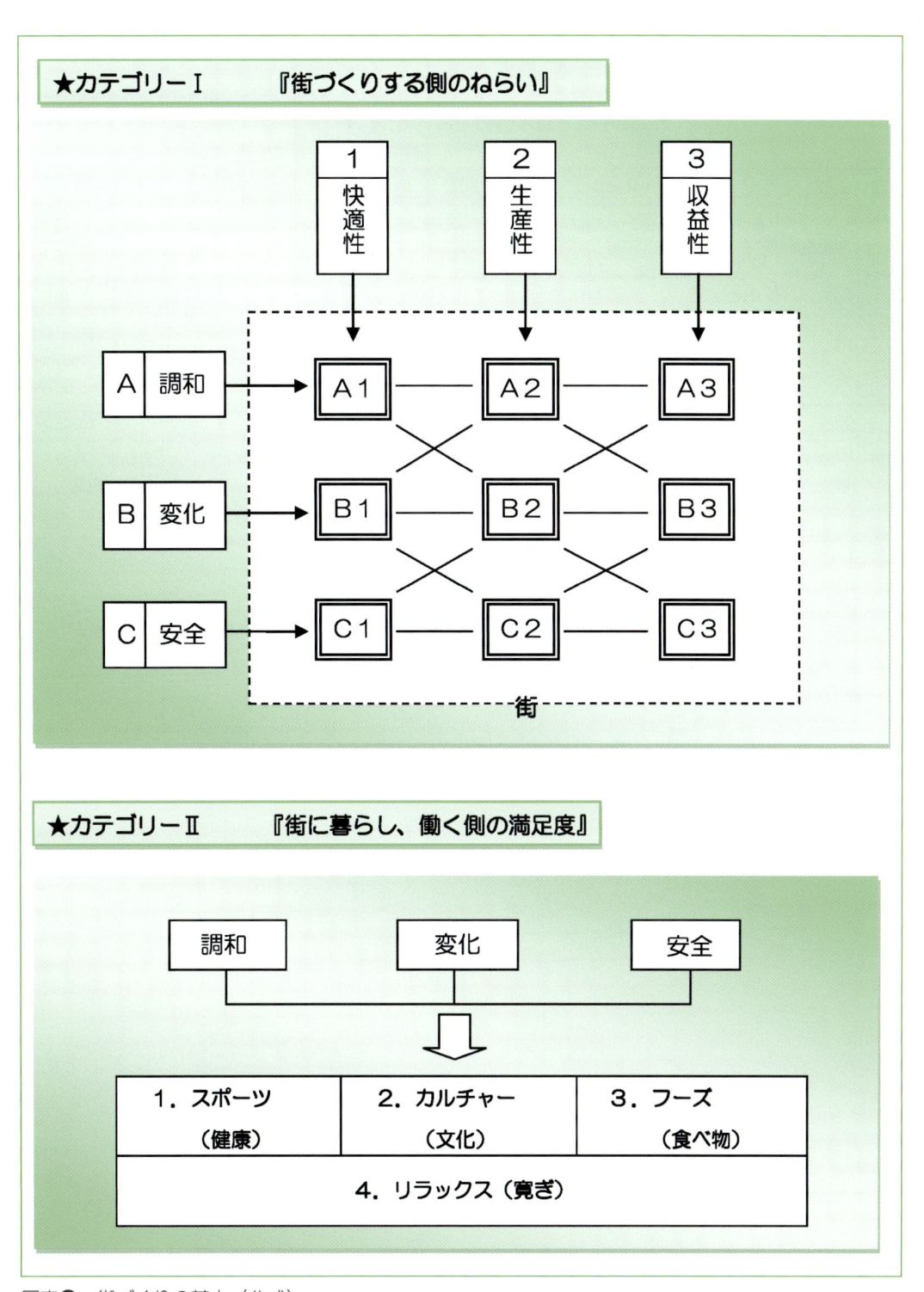

1．スポーツ	2．カルチャー	3．フーズ
（健康）	（文化）	（食べ物）
4．リラックス（寛ぎ）		

図表❶　街づくりの基本（公式）

			ヘルシンキ	トゥルク	ヴァーサ	セイナヨキ	ウーシカウプンキ
1	位置		成田から飛行機で約9時間半	ヘルシンキから特急で約2時間	ヘルシンキから飛行機で約1時間	ヴァーサからローカル鉄道で約2時間	トゥルクからバスで1～2時間
2	人口		588,941(2011)	178,784(2012)	60,435(2012)	58,796(2012)	15,828(2011)
3	年齢構成(%)	0～14歳	13.7	13.1	16.0	18.3	14.5
		15～64歳	72.0	69.5	67.4	66.8	66.3
		65歳～	14.3	17.4	16.7	15.0	19.3
4	面積(km²)	合計	187.1	306.37	397.44	1,469.23	1,932.68
		陸	186.4	186.40	186.40	186.40	186.40
		水面	0.7	0.70	0.70	0.70	0.70
5	市税		18.50%	18.75%	19.50%	19.25%	20.25%
6	産業職業		工業一般／産業機械／セキュリティ／セラミックス／ハードウェア／スチール／ナイフ	造船／セラミックス／印刷機／ハードウェア／トラクター／産業機械	メディア産業／エレトロニクス／オートメーション／ソフトウェア	オーディオ／フィルム／ビデオ／ゲーム／インターネット／金融	自動車／科学／金属／漁業
7	コンセプト		髪を育てるにはその土壌となる頭皮が健康であること	我々は行動ということを信じる	高品質の街	地域の流通拠点	活力と創造

(注) 人口の数値は、四捨五入の関係で100%にはならない。

図表❷　フィンランド南部の5つの都市の概要

★カテゴリーⅠの調査

| 調　和 | 変　化 | 安　全 |

A　調和について

[A-1]　快適性

　住宅の外壁の色は、役所が基準をつくり強く指導している。色は自然色系が多く、よくバランスしている。

　連たんするマンションの外壁の色〈写真❶〉の調和がよくとれていて、美しい景観になっている。

写真❶　連たんするマンションの外壁の色
（ヘルシンキ）

[A-2]　生産性

　デパート〈写真❷〉は、休日は閉店である。小売業者も夕方になると閉店で、街全体が調和している。

　食堂では、パンは無料で提供してくれるので、料理だけを注文する。

写真❷　デパート（ヘルシンキ）

[A-3]　収益性

　鉄道は普通車であってもチケットは行き先がタイプされる。変更するときは、変更の手数料（5ユーロ）を支払う。

　普通車だけでなく特急1等車〈写真❸〉も高齢者（65歳以上）の運賃はすべて半額で証明書の提示は不要である。こうして多くの乗客に利用してもらう。

写真❸　鉄道（トゥルク）

| 調　和 | 変　化 | 安　全 |

B　変化について

[B-1]　快適性

　住宅地の私道に自動車を減速させるような工作物（ハンプ）〈写真❹〉が設置されている。これにより住宅地の中を過剰な速度で走行するのを防止している。
　また、デザインの変化に富んだ建物がある。

写真❹　減速帯（ヘルシンキ）

[B-2]　生産性

　商店街の閉店後のウインドー〈写真❺〉の照明である。間接的な営業活動であるが、通行人にとってはいわゆるウインドショッピングになる。
　照明のあるところは人通りもある。一種の広告である。

写真❺　閉店後のウインドーの照明（ヘルシンキ）

[B-3]　収益性

　フリーマーケット〈写真❻〉である。海岸に近く、にぎわいのある露店でいろいろな店があり、楽しみながら買い物ができる。出店側も当然収益を見込んでいるはずである。また、軽食を買って自由に食べられるテーブル・椅子が用意されている。

写真❻　フリーマーケット（ヘルシンキ）

278

●第2章●事例研究⑵

| 調　和 | 変　化 | 安　全 |

C　安全について

[C-1]　快適性

　車道交差点で信号はなく、円形の緩衝帯（ロータリー）〈写真❼〉が設置されている。一旦停止または相当減速しないと左折・右折・直進ができない。
　街の中心部では歩道が車道の倍以上の幅員となっているところが多い。

写真❼　円形の緩衝帯（ロータリー）（ヘルシンキ）

[C-2]　生産性

　小さな街でも製造、加工の工場がある。工場や倉庫は特定の地区に集約されていて、住宅に近い。
　工場等〈写真❽〉の写真撮影は遠方からであっても承諾を要す。無断撮影すると工場から警察に通報され直ちにパトカーが出動することもある。

写真❽　工場等の写真撮影にも許可が必要
　　　　（ウーシカウプンキ）

[C-3]　収益性

　遺失物については、専門に扱う機関がある。たとえば、飛行機に忘れ物をしたときは、翌日遺失物係のところに行き、4.5ユーロを支払うことによって引き渡してくれる。
　所持品などを置き忘れた際に申告すると、カード〈写真❾〉が渡される。

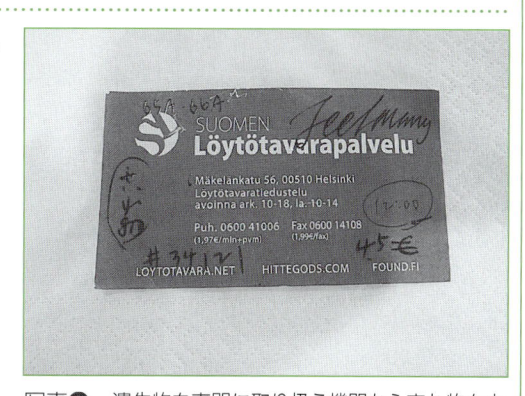

写真❾　遺失物を専門に取り扱う機関から忘れ物を申
　　　　告した際に渡されるカード（ヘルシンキ）

具体的な事例研究

279

★カテゴリーⅡの調査

> スポーツ　　カルチャー　　フーズ

1　スポーツ（健康）

[1]　自転車
① 平坦地が多く、自転車は大切な移動手段である。
② 小さな街でもインフォメーションセンターには有料の貸自転車〈写真❿〉がある。
③ ホテルには無料の自転車が用意されている。

[2]　ウォーキングコース
① ウォーキングコース
　小さな街でもコースがよく整備さている。鉄道、車道、ウォーキングコース〈写真⓫〉
② 自然との触れ合い
　公園、自然林などにウォーキングコースが多い。

写真❿　貸自転車（ウーシカウプンキ）

写真⓫　ウォーキングコース（ウーシカウプンキ）

2　カルチャー（文化）

[1]　図書館
　小さな都市でも図書館〈写真⓬〉があり充実し、設備もよい。ショッピングセンターにも図書室がある。

[2]　大学
　小さな街でも大学のあることがある。大学は、たとえばテクノセンターのように産業と協同の関係にある。

[3]　アート
　小さな街にもいろいろな施設がある。
① 美術館
② 音楽ホール
③ 劇場〈写真⓭〉

写真⓬　図書館

写真⓭　劇場

280

● 第 2 章 ● 事例研究(2)

　スポーツ　　　カルチャー　　　フーズ

3　フーズ（食べ物）

[1]　買い物と楽しい食事
　市場には品揃えが多く、気軽に腰掛けてランチを楽しむ。
　安くておいしいものや珍しいもの（にぎり鮨）〈写真⓮〉などもある。

[2]　高齢者向けの食事
　食堂のカフェには、若者向けだけでなく、高齢者向けのメニューも用意されている。
　高齢者数人の仲間に若い人も入って楽しく語らいながら食事をする店〈写真⓯〉が小さな街にもある。

写真⓮　寿司屋（トゥルク）

4　リラックス（寛ぎ）

[1]　ベンチ、広場、緑地
　いたるところにベンチが設置されている。広場〈写真⓰〉にはとくに多い。広場や緑地で寛いでいる。一人のこともあれば家族や仲間、知らない人同士もある。
　小さな街でも広場を中心にして広がり、景観のよい街並みがつくられている。

[2]　憩いと団らんの場
　食堂、カフェなどには人が多く集まり、楽しそうな雰囲気で、話に花が咲く。
　ゆっくり飲食しながら語り合い、夜もドリンクを楽しむ姿〈写真⓱〉もある。
　料金はやや高いが、時間のことは気にしない様子である。年配者も多い。

写真⓯　食堂カフェ（ウーシカウプンキ）

写真⓰　広場にはいたるところにベンチが設置されている（ヴァーサ）

写真⓱　カフェ（ヘルシンキ）

具体的な事例研究

3　帯広市とトゥルク市の例

　具体的な比較となるとなかなか難しいが、北海道の帯広市といろいろな面で共通しているトゥルク市を例にあげてみる〈図表❸〉。
　人口はほぼ同じで、物価水準も同レベルと言ってよいであろう。
　問題は、将来どうするかということである。
　ここまで焦点を絞ることができたら、そこのところについて、関係先で考えている将来像や予測を調べてみることである。
　両市とも人口の伸びについては悩んでいる。トゥルク市は将来のことを考えてバイオやITに関するサイエンスパークに力を入れているようで、調査は十分ではないが、産と官の連携を強めているようである。
　また、トゥルク市では、わが国とは違った都市計画を立てている。
　土地利用の原点は、街の中を流れる川と中心にある広場である。このあたりは、わが国の都市計画の考え方とは違っている。

4　不動産の要素からみた街づくり

　不動産からみた街づくりの基本要素は、冒頭で示したとおり5つあり、街はこれらの要素をそのコンセプトに基づいて配置される。
　その配置は、結果的にみると街づくりの公式カテゴリー I の調和、変化、そして安全が実現していることになる。
　街づくりの不動産の要素は図表❸に示すとおりで、多元的に複雑な要素の組合せになっている。

●第2章●事例研究(2)

		帯広市	トゥルク市
1	位置	北緯42度	北緯60度
2	中心都市からの距離と料金	札幌から特急で2時間20分 グリーン車10,510円	ヘルシンキから特急で2時間20分 グリーン車10,510円
3	人口	168,735人（2011.12.31)	178,784人（2012.1.31)
4	年齢別人口比	0～14歳　　13.2% 15～64歳　65.3% 65歳～　　21.5%	0～14歳　　13.1% 15～64歳　69.5% 65歳～　　17.4%
5	気温	1月平均最低　－13.9℃ 8月平均最低　　25.1℃	2月平均最低　－8.3℃ 8月平均最低　22.3℃
6	面積	618km²	306km²
7	宿泊費	上位クラスホテル 1泊13,000円	上位クラスホテル 1泊12,900円
8	大学	帯広畜産大学： 学生1,100人（創立1941年）	トゥルク大学： 学生21,100人（創立1918年）
9	空港	とかち帯広空港 国内2路線、国際チャーター便	トゥルク空港 国内24空港と結ぶ
10	まち	①十勝地方の拠点都市 ②街は碁盤目状の道路配置 ③帯広広域圏を東西に流れる十勝川、札内川を中止に南北に広がる	①フィンランドの旧首都 ②街の中心部は碁盤目状の道路配置 ③都市部を流れるオーラ川を中心に街が形成されている
11	グルメ	牛肉／ワイン／菓子	シーフード（ニシン、カワマス）／パン／パスタ／トナカイの肉
12	農業	農業／家具／木製品／窯業／食料品、繊維／電子部品	農業／林業／IT／医療品／食料品 (注)トゥルク市では産官学の連携が進み、バイオ研究で実績を上げている（サイエンスパーク）

図表❸　不動産の要素

参考

【不動産の要素について】

［1］ 不動産の要素

み ち・・・R	（Road）
み ず・・・W	（Water）
みどり・・・G	（Green）
ちけい・・・T	（Topography）
ま ち・・・S	（Scenery）

［2］ 不動産の要素と調和、変化および安全

	R	W	G	T	S
調和	いくつかの組合せは「調和」している。					
変化	要素そのものが変化を現わすことがあり、要素の組合せでも変化が見られる。					
安全	安全は重要な要素である。人為的な災害、自然災害に対する要素である。					

［3］ 不動産の要素の複合的組合せ

R－R	W－R	G－R	T－R	S－R	R
R－W	W－W	G－W	T－W	S－W	W
R－G	W－G	G－G	T－G	S－G	G
R－T	W－T	G－T	T－T	S－T	T
R－S	W－S	G－S	T－S	S－S	S
R	W	G	T	S	

　街づくりの提案は、都市計画法（21条の2）や景観法（11条）に基づき住民からすることができるようになっている（第6編第1章資料参照）。これから少しずつ知識、経験そしてノウハウを蓄積して、できるところから提案してみてはいかがだろうか。

Ⅱ．ヘルシンキの街づくりとニュータウン

［1］ フィンランドの街づくりにおける基本コンセプト

　ヘルシンキの街は都市計画によって緑地や公園が多くを占めており、高齢者に優しい椅子やベンチが道路や公園などいたるところに設置されている。人々はこうした空間を、散歩や休憩などによく利用している様子で、地域のコミュニティ形成に大きな効果をあげている。自然との触れ合いや散策ができる憩いの場は、人々が集まりやすく、日本の街づくりにおいても重要なポイントになるであろうと思われる。

　日本の街づくりでは、ニュータウンでも、再開発した既存の中心市街地でも、完成後にその街がどのくらい続いていくのか、またどのように変化を遂げていくのかということについて、あまり検討されずに開発されてきた傾向がある。街をつくる際は、事業関係者等が張り切って企画提案するのであろうが、大切なことはそれが50年先、100年先まで続くかということである。

　街づくりは長期にわたるものだから次世代のことも当然考えなければならない。しかし、これまでの日本の街づくりでは、このことを基本コンセプトに置いたものは少ないのではなかろうか。一方、ヘルシンキ(注)の街づくりでは、こうしたことがとくにニュータウンで意識され、開発が進められている。

　（注）　フィンランドの土地面積は日本の9割ほどで、人口は約543万人と北海道とほぼ同じである。ヘルシンキの街は人口60万人で、日本の北陸にたとえると、新潟市、富山市、金沢市、福井市の中間的な都市ととらえてよいだろう。（2013.2月末　外務省基礎データ）

　ヘルシンキ市内のニュータウンであるヴォサーリーの街は、道路がとても広く、景観も極めて簡素であるが、このままの状態でも50年はもつだろうと思われる。また、住宅街の海辺には、おしゃれなカフェが1軒あるだけで、自然を活かした風景となっている。しかし、施設をいろいろつくり過ぎてしまうと、その後の維持管理が大変になり、途中放棄してしまうと、荒れて汚れた街になってしまうおそれがある。

［2］ 「建物」「緑」「水」が調和した街並み

　ところで、ヘルシンキの街の見どころといえば、さまざまな「調和」があることが挙げられる。調和の基本は、「建物」「緑」「水」で、建物はその1つひとつが街と調和するようにつくられている。また、随所に緑豊かなレクリエーション地域も設けられていて、公園、歩行者・自転車用道路は自然の景観と調和するように設定されている。

　街づくりの基本公式は、「調和」だけでなく「変化」や「安全」もあるが、ヘルシンキやその周辺の街では、文字がなくても図柄や彫りものだけで何を売っているのかがわかる看板を出している店をよく見かける。

店のファサードのカラーもそれぞれ違っているが、よく見ると相互に調和している。

また、日本のように、空港、駅、ショッピングセンターと、街のいたるところに警官や警備員がいるのとはちがって、滞在中そのような人はほとんど見かけたことがない。フィンランドは治安のよい国といわれているが、このようなことからも、「安全」が街づくりの基本コンセプトのひとつであることが実感できる。

［3］ 海沿いの自然を活かした郊外の街づくり

ヘルシンキの中心街から東へ地下鉄で約15〜20分のところに「ヴォッサリー」というニュータウンがある。この街は、面積が約15km²、人口約3万2,000人で、1960年から開発が始まり、現在までにほとんどの建物が建築されている。

住宅地域は、一般住宅地と高級住宅地に分かれており、一般住宅地ではアフリカ難民を受け入れている。住民混合の住宅のため、高級住宅地の価格も一度は下落したが、さまざまな方策を講じた結果、現在は回復し、市の中心部と同じ価格水準になっている。

高級住宅地の建物は、低層と中層とに分かれているが、これらは街並みによく調和していて、現地を歩いてもまったく違和感がない。また、高級住宅地は一般住宅地と隣り合っていることから、土地の価格が下落しないように、海浜にヨットの係留施設（ポンツーン）を設置したり〈写真⓳〉、砂浜を数百メートル造成したりすることで価値を高めているが、現在でも運河や噴水設備の工事が進められている。

写真⓳　住宅との調和

日本のニュータウンの開発は、以前は雑木林を全部切り落として坊主にし、開発を終えてから植林するといった方法がとられていたが、それは人工的な緑であって、自然をそのまま残しているとはいえない。このことひとつ取りあげても、緑が豊かなフィンランドから学ぶべき点は多い。

ヴォッサリーの街づくりは、企画の段階でコンペが行われるが、国内だけでなく海外からも多くの建築家が招待される。その街づくりでとくに面白いのは、運河を掘って海岸線を延伸させることと、どの高級住宅もすべて海岸に接していることである。中層の住宅では、中庭から海辺に出入りできる連続動線を取り入れており、当然、海を部屋から眺めることができる〈写真⓴〉。

また、変化という意味では、官と民で住宅地区を区分し、さらにそれぞれ分譲と賃貸とで二分している。つまり住宅は、官の分譲・賃貸がそれぞれ4分の1ずつの配分になっている。ただし、外から見ただけでは、そのことはわからない〈写真⓴〉。

写真⑲　健康によい住宅街

写真⑳　分譲と賃貸がうまく調和

[4] コンセプトは"社会的に持続"すること

　ヴォッサリーのまちづくりの基本コンセプトは、「社会的に持続しうる住民混合の住宅」である。

　また、緑地・樹木や海浜、さらに建物は低層、中層の他にも、ランドマークとされる高層が1棟あるが、すべてがうまく調和している。

　ちなみに、この地域の緑化率は31％で、省エネルギーや環境保全などに役立つ地域暖房の普及率は95％で、建物は日光が十分に入るように南向きに建築されていて〈写真㉑〉、住む人にとって快適であることが十分理解できる。

写真㉑　採光がよくて快適性に優れている

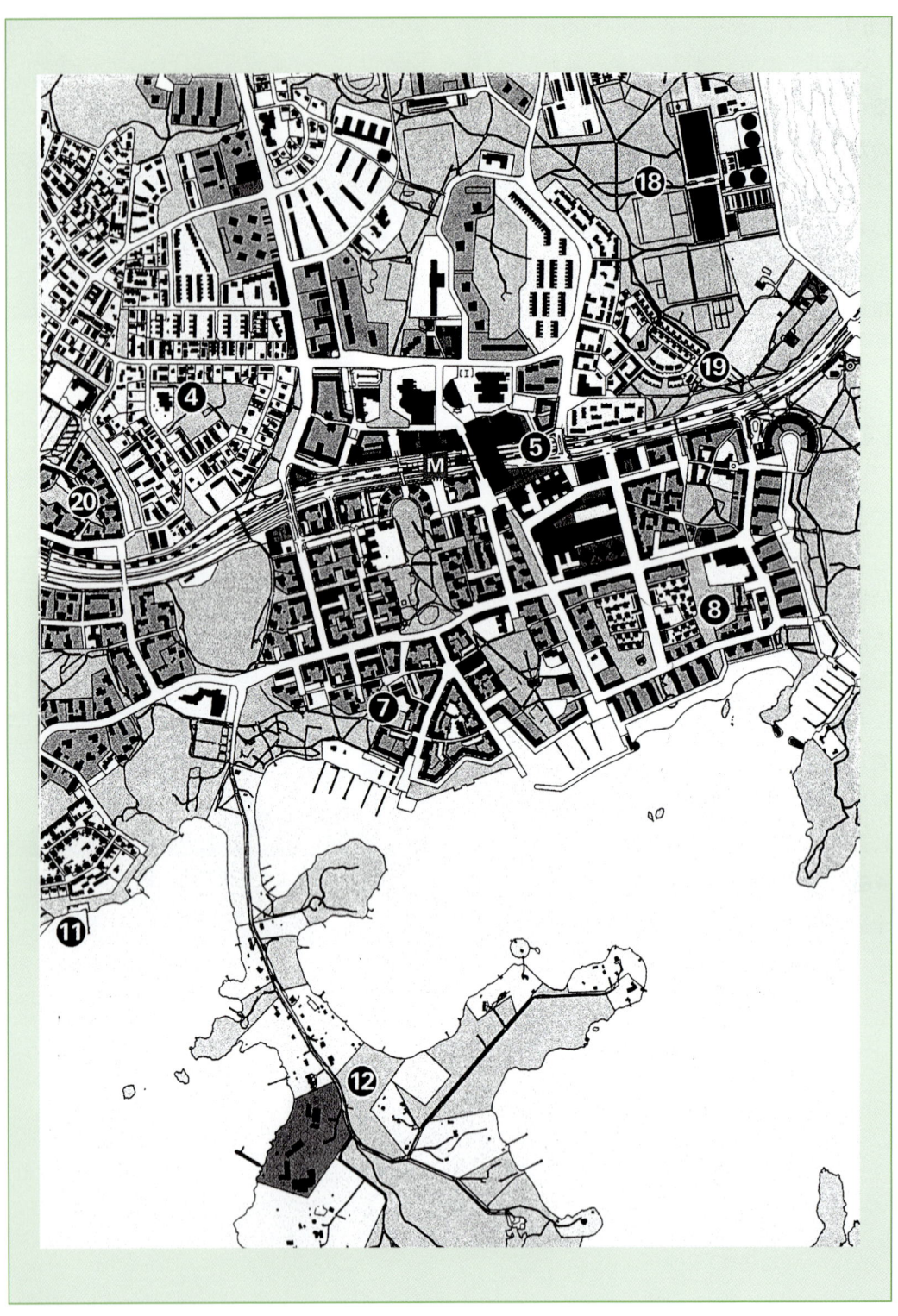

図表❹　ヴォッサリー地区

［5］　建物単体よりまず環境—新築よりも中古に価値が

　ヘルシンキの不動産価格は、土地価格についてはほとんど変動がないが、建物価格は新築よりも中古の建物のほうが高くなることがよくある。その理由は「環境の熟成」と深いかかわりがあるようだ。

　フィンランドの国民は、とくに環境を重視する傾向があり、建物が自然とよく調和していることが街づくりにおいて重要なポイントとなっている。建物のメンテナンスもよく、そのことも結果的に環境の維持向上につながっている。フィンランドに住む人々の〝建物単体よりもまず環境〟という考えが、街づくりにも色濃く反映された結果といえよう。

ま と め

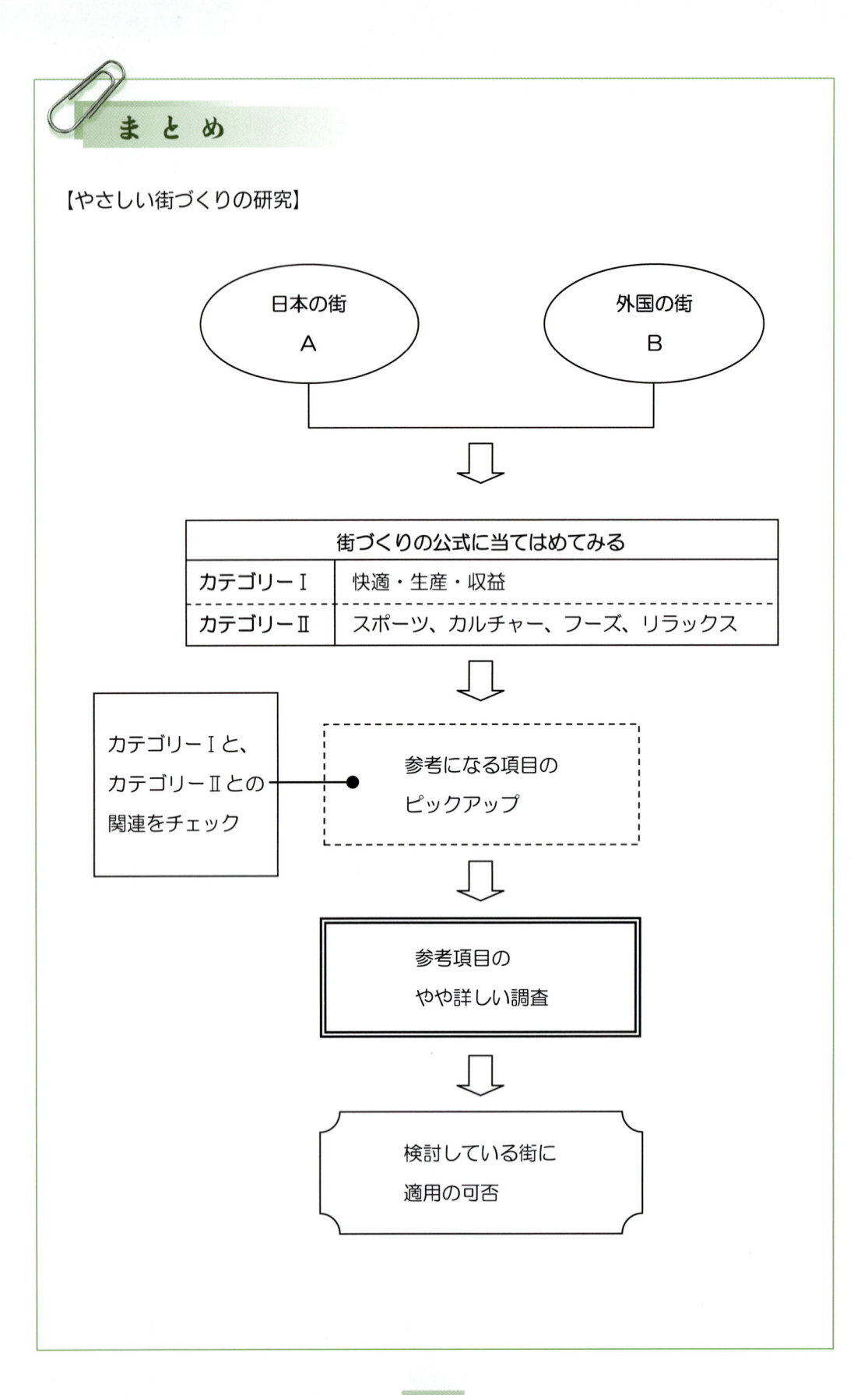

【やさしい街づくりの研究】

```
   ┌─────────┐      ┌─────────┐
   │ 日本の街 │      │ 外国の街 │
   │    A    │      │    B    │
   └─────────┘      └─────────┘
         └──────┬───────┘
                ▼
```

街づくりの公式に当てはめてみる	
カテゴリーⅠ	快適・生産・収益
カテゴリーⅡ	スポーツ、カルチャー、フーズ、リラックス

▼

カテゴリーⅠと、カテゴリーⅡとの関連をチェック ●──── 参考になる項目のピックアップ

▼

参考項目のやや詳しい調査

▼

検討している街に適用の可否

第6編

建築協定と街の評価手法等

第1章 建築協定による街づくり

　街づくりの手法はいろいろあるが、従前は都道府県や市町村など公的団体が中心的な役割を果たしてきた。しかし、その後の社会的、経済的、国際的な環境変化により、民間も参加して街づくりを進めるようになってきている。
　そのひとつが都市計画法で定める地区計画等[注]であり、地元住民の意見を取り入れながら、全国的にかなりの成果がみられる。

　（注）　地区計画等には、以下の5つのメニューがある。
　　　・地区計画
　　　・防災街区整備地区計画
　　　・歴史的風致維持向上地区計画
　　　・沿道地区計画
　　　・集落地区計画

　ほかに民間から街づくりの提案ができる制度として、都市計画法第21条の2や景観法第11条の規定がある。
　しかし、地域の特性を活かした魅力ある街づくりを実現するには、これだけでは必ずしも十分とはいえないことから、地区計画等や建築基準法では定められない事項について、地域の住民が自発的にルールを取り決め、お互い守っていくことを確認したのが「建築協定」制度である。この建築協定は、建築基準法が制定された当時から規定されているが、環境が保全の観点からから、現在またそのメリットが見直されている。最近ではこの協定をヒントとして、民と民、官（公）と民の協定制度が次つぎと制定される動きがある。
　そこで本章では、制度のもっとも基本とされる建築協定を取り上げ、魅力的な街づくりの手法について紹介していくことにする。

◆ 資料1（条文チェック）

住民から都市計画、街づくりを提案できる規定

〇都市計画法

（都市計画の決定等の提案）

第21条の2 都市計画区域又は準都市計画区域のうち、一体として整備し、開発し、又は保全すべき土地の区域としてふさわしい政令で定める規模以上の一団の土地の区域について、当該土地の所有権又は建物の所有を目的とする対抗要件を備えた地上権若しくは賃借権（臨時設備その他一時使用のため設定されたことが明らかなものを除く。以下「借地権」という。）を有する者（以下この条において「土地所有者等」という。）は、一人で、又は数人共同して、都道府県又は市町村に対し、都市計画（都市計画区域の整備、開発及び保全の方針並びに都市再開発方針等に関するものを除く。次項において同じ。）の決定又は変更をすることを提案することができる。この場合においては、当該提案に係る都市計画の素案を添えなければならない。

2 まちづくりの推進を図る活動を行うことを目的とする特定非営利活動促進法（平成10年法律第7号）第2条第2項の特定非営利活動法人、一般社団法人若しくは一般財団法人その他の営利を目的としない法人、独立行政法人都市再生機構、地方住宅供給公社若しくはまちづくりの推進に関し経験と知識を有するものとして国土交通省令で定める団体又はこれらに準ずるものとして地方公共団体の条例で定める団体は、前項に規定する土地の区域について、都道府県又は市町村に対し、都市計画の決定又は変更をすることを提案することができる。同項後段の規定は、この場合について準用する。

3 前2項の規定による提案（以下「計画提案」という。）は、次に掲げるところに従つて、国土交通省令で定めるところにより行うものとする。

　一　当該計画提案に係る都市計画の素案の内容が、第13条その他の法令の規定に基づく都市計画に関する基準に適合するものであること。

　二　当該計画提案に係る都市計画の素案の対象となる土地（国又は地方公共団体の所有している土地で公共施設の用に供されているものを除く。以下この号において同じ。）の区域内の土地所有者等の3分の2以上の同意（同意した者が所有するその区域内の土地の地積と同意した者が有する借地権の目的となつているその区域内の土地の地積の合計が、その区域内の土地の総地積と借地権の目的となつている土地の総地積との合計の3分の2以上となる場合に限る。）を得ていること。

◆ 資料2（条文チェック）

○景観法

（住民等による提案）

第11条　第8条第1項に規定する土地の区域のうち、一体として良好な景観を形成すべき土地の区域としてふさわしい一団の土地の区域であって政令で定める規模以上のものについて、当該土地の所有権又は建物の所有を目的とする対抗要件を備えた地上権若しくは賃借権（臨時設備その他一時使用のために設定されたことが明らかなものを除く。以下「借地権」という。）を有する者（以下この条において「土地所有者等」という。）は、一人で、又は数人が共同して、景観行政団体に対し、景観計画の策定又は変更を提案することができる。この場合においては、当該提案に係る景観計画の素案を添えなければならない。

2　まちづくりの推進を図る活動を行うことを目的とする特定非営利活動促進法（平成10年法律第7号）第2条第2項の特定非営利活動法人若しくは一般社団法人若しくは一般財団法人又はこれらに準ずるものとして景観行政団体の条例で定める団体は、前項に規定する土地の区域について、景観行政団体に対し、景観計画の策定又は変更を提案することができる。同項後段の規定は、この場合について準用する。

3　前2項の規定による提案（以下「計画提案」という。）は、当該計画提案に係る景観計画の素案の対象となる土地（国又は地方公共団体の所有している土地で公共施設の用に供されているものを除く。以下この項において同じ。）の区域内の土地所有者等の3分の2以上の同意（同意した者が所有するその区域内の土地の地積と同意した者が有する借地権の目的となっているその区域内の土地の地積との合計が、その区域内の土地の総地積と借地権の目的となっている土地の総地積との合計の3分の2以上となる場合に限る。）を得ている場合に、国土交通省令・農林水産省令・環境省令で定めるところにより、行うものとする。

1 建築基準法と建築協定

　建築協定は、あくまでも、住民自身のために、よい街づくりを目指すわけだから、どういう基準がその地域にふさわしいかということがまず問題になる。この場合、建築基準法に関する基礎的な知識なくしては、協定内容の実態を作りあげられないし、また他の街の協定をそのまま持ってきたところで、果たして地域の特性に合ったものになるのかどうかの疑問が残る。

［１］　建築協定の目的

①　規約に関する基本的な事項

　建築基準法第69条は、建築協定の目的について、「市町村は、その区域の一部について、住宅地としての環境又は商店街としての利便を高度に維持増進する等建築物の利用を増進し、かつ、土地の環境を改善するために必要と認める場合においては、土地の所有権者並びに建築物の所有を目的とする地上権者及び賃借権者（以下「土地の所有権者等」と総称する。）が当該権利の目的となっている土地について一定の区域を定め、その区域内における建築物の敷地、位置、構造、用途、形態意匠又は建築設備に関する基準を協定することができる旨を、条例で、定めることができる」としている。

> １）条例の制定
> 　法第69条は、「市町村は、……を、条例で、定めることができる。」
> ２）協定区域
> 　次に、協定できる区域は、これは市町村（または都、以下都は略す。）の条例で定めた当該市町村の区域（または特別区の存する区域）の一部になる。
> 　市町村が、条例で定める区域は、
>
> > (イ)　住宅地としての環境
> > 　　　または
> > (ロ)　商店街としての利便を高度に維持増進する等
> > 　　①　建築物の利用を増進し、かつ、
> > 　　②　土地の環境を改善する
>
> 必要を認める区域である。

　ここで協定の対象区域は、住宅地および商店街となっているが、これは例示として解され、第69条は「住宅地としての環境又は商店街としての利便を高度に維持増進する等」とあるから、条例により住宅地、商店街のほかに工場などについても協定できる区域とする

ことができる。しかし、現実には住宅地の環境に関する協定が大半を占めている。

② 当事者について

　建築協定を締結しうる者は、建築協定対象区域内の土地所有権者ならびに建築物の所有を目的とする地上権者および賃借権者であり、法はこれを総称して土地所有権者等としている。

　法の規定の仕方は、原則として、土地に関する権利者についてであり、建築物に関する権利からの規定ではない。ただし、法第77条によると、「建築協定の目的となっている建築物に関する基準が建築物の借主の権限に係る場合」は、当該建築物の借主も土地所有権者等とみなされる。

　そこで土地に関する権利について、あらためて検討してみようと思う。

　土地に関する権利は、まず基本的物権として所有権があげられる。これは、土地を全面的に支配する物権で、所有者は、法令の制限内においてその土地を自由に使用・収益・処分することができる（民法第206条）。

　しかし、制限物権（たとえば、地上権）が設定されたときは、所有権の内容は空虚に近くなる。このことは、建物の所有者が、その土地に関する地上権の権利者となると、地上権の期間（たとえば、20年）が、建築協定の期間（たとえば、10年）を上まわるときは、土地所有権者は、建築協定に加入しても実質的に意味をもたなくなる。

　もっとも、何らかの事情で、制限物権が消滅して、所有権が円滑な状態に復すれば話は別であるが、物件は、その本質として、支配性と排他性があり、所有権も地上権もともに土地に対する権利として、債権とは違った働きをするわけで、このような意味で、土地所有権者と建築物の所有を目的とする地上権者は、建築協定を締結しうる者としては、同質と考えられる。

　次に、建築物の所有を目的とする賃借権者についてはどうかということである。賃借権そのものは、債権になるから、土地に関する支配性とか排他性は一般には認められず、賃貸借契約に基づく内容によって賃借権者は、土地を使用収益することになる。

　しかし、賃貸借契約における賃借人の地位は、「賃借権の物権化」により保護されている（借地借家法第10条）。

　なお、法における借地権者は、当然のことながら、法にいう建築協定締結権者に含まれるわけで、建物について登記がしてあるか否かということは、対抗要件の問題について意味を持つことであり、建築協定からみれば、コミュニティづくりに協定した制限を遵守しているかどうかということが肝要であって、建築協定制度は、公示のための登記とは本質的に無関係と考えられる。

　ここで、当初建物の所有を目的としない契約に基づく賃借権者が、協定成立後、目的を変更して建物を建築する場合、土地所有権者の合意により、協定区域内に当該土地は入っているわけであるから、協定成立に関与しなかったとしても、協定の効力は、その賃借権

者に及ぶことになろう。

③　建築物

　ところで、「建築物」とは、どのような内容を持つのだろうか。法第2条第1項第1号によると、建築物の定義は次のとおりである。

> 【建築物】
> 　建築物　土地に定着する工作物のうち、屋根及び柱若しくは壁を有するもの（これに類する構造のものを含む。）、これに附属する門若しくは塀、観覧のための工作物又は地下若しくは高架の工作物内に設ける事務所、店舗、興行場、倉庫その他これらに類する施設（鉄道及び軌道の線路敷地内の運転保安に関する施設並びに跨線橋、プラットホームの上家、貯蔵槽その他これらに類する施設を除く。）をいい、建築設備を含むものとする。

　ここで建築設備とは、法第2条第3号により、「建築物に設ける電気、ガス、給水、排水、換気、暖房、冷房、消火、排煙若しくは汚物処理の設備又は煙突、昇降機若しくは避雷針をいう」と、規定されている。

　すなわち、建築物に設ける設備等をいうのであるから、建築物と独立無関係なものであってはならず、建築物の効用を発揮するため一体となって機能するものといえる。しかし、これら建築設備は必ずしも建築物の内部にあったり、外壁等に接続していたりするとは限らず、このことは建築協定の内容の解釈について、建築設備の取扱いで紛争の原因になることがある。

[2]　協定内容について

　建築協定における建築物の制限の、具体的内容は、敷地、位置、構造、用途、形態、意匠、それに前記の設備を加え合計7つに分類される。実際の協定にあたっては、その内容は、これらのうちのいくつかの組合せになる。とくに位置、構造、用途の組合せが多いようだ。

① 敷地

　敷地に関する協定内容としては、①平面的に考えて面積に関すること、②立体的な点として地盤面の高低に関すること、③敷地内の建築物以外に関すること、の3つに大別される。

　まず、面積の増減については、土地の細分化を防止し現状を維持するため、たとえば、分譲区画の再分割を禁止、また逆に2区画を一敷地とすることを認めることなどが考えられる。

　次に地盤面については、日照、通風、雨水の流出入の関係から、分譲業者の造成時地盤面を土盛することを禁じることがあり、ヒナ段式造成地の場合、法面部分は購入時のまま

とし、現状を変更することを禁止することも考えられる。その他、敷地に関する諸々の制限がある。

道路の隅切部分の利用制限、敷地内の緑化や植栽に関する協定、さらに塀に関する協定などもある。

いずれにしても、敷地に関する協定はもちろん単独でもできるし、他の制限とあわせて協定することも可能である。

② 位置

壁面線による建築制限がよく使われる。これは壁面線を指定して、敷地境界線からの後退距離を定めることにより、建物の位置について制限を加えようとするものである。その目的は、住宅地では隣家と一定の距離を保つことにより、プライバシーの確保や日照に関するトラブルの未然防止に努めるとともに、商店街では建築物と道路境界線との間にスペースを確保することにより客の流れをスムーズにしたり、建物の配置上からも商店街にふさわしい環境づくりに役立てようとしたりしている。

建築基準法第54条では、第一種・第二種低層住居専用地域内における外壁の後退距離について規定している。

「建築物の外壁又はこれに代わる柱の面から敷地境界線までの距離（＝外壁の後退距離）」について、都市計画で1mまたは1.5m離すことが定められた場合、当該限度以上離さなくてはならない。ただし、この規定は、建築基準法施行令第135条の20により外壁後退距離の制限緩和がある。

これらの規定を参考に、建築物の位置に関する制限について、協定されることになる。なお、「敷地境界」とあるのは、道路、公園、広場等に面する部分についてもその境界線まで含まれることに注意すべきであろう。

③ 構造

構造に関するものとしては、安全、衛生、防火、その他環境についての協定が考えられるが、これらは設備や形態と密接な関連をもつものであることから、通常は構造だけを分離して協定するようなことはしない。

構造そのものに関しては、建築基準法（同法施行令）に詳しく規定されている。たとえば、アパートなどで隣家の音が筒抜けにならないように、界壁を遮音構造とするように義務づけているが、ピアノ等の楽器やステレオの大型化にともなう防音のため、一戸建て住宅にもこの考え方を導入することは有効であるかもしれない（建築基準法第30条など）。

その他、主要構造部の不燃化などは、一般的に考えられる制限内容であろう。

④ 用途

建築協定では、用途に関する規制が非常に多く採用されている。

その理由は、建築協定の目的がその地域にふさわしい街づくりをすることであり、用途の範囲を定め住環境の保全に努めようとすることにある。

用途制限の主な内容を列記すると、

1）一戸建て住居専用住宅
2）一戸建て住居専用住宅または店舗併用住宅
3）一戸建て住居専用住宅または医院併用住宅
4）モーテルその他善良な風俗を害うおそれのある建築物の建築禁止

があるが、住宅地に関していえば、以上のような内容が大部分である。

建築基準法における用途地域内の建築物の制限については、建築基準法第48条により別表第2で具体的に決められている（同法施行令第130条の3～）。

このうち第一種低層住居専用地域については、さらに厳しい規制を設けて住宅のみとする場合があり、地域住民にとって最小必要限の利便あるいは医療施設の確保を理由として、店舗併用住宅、医院併用住宅を認めることを協定に盛り込むことが一般に行われているようである。

建築基準法の用途規制の方法としては、

1）ある地域の形成目的にしたがい、できるだけ限定して許容できる用途の幅を定める積極的方法
2）ある地域における環境の阻害、各種機能の利便の阻害等を防止するため、その地域に許容できない用途の範囲を定める消極的な方法

の2つに分類されるが、1）は造成して新規に売り出す場合の用途にあわせるための基準として適当と考えられ、2）はどちらかといえば、既成の街に現環境保全のために規制をすること、住宅地に風俗営業的な建築物がどんどん建ち並び住環境破壊につながるような行為に対する規制に有効である。

用途規制は、建築基準法で規定しているので、建築協定でも用途地域内の制限を参照しながら協定内容をつくり上げていくことになる。

⑤ 形態

形態に関する建築協定については、1）階数、2）建築物の絶対高さ制限、3）軒の高さ、4）建ぺい率、5）斜線制限道路斜線、6）隣地斜線、7）北側斜線等の内容が考えられる。

1）階数の算定については、法第92条に規定されている。
2）建築物の高さについては、原則として地盤面からの高さからによることになっている（建築基準法施行令第2条第1項第6号）
　　地盤面の算定は、法施行令第2条第2項により、次に示すとおりである。
　　建築物が周囲の地盤面と接する平均の高さにおける水平面をいい、その接する位

置の高低差が3mを超える場合においては、その高低差3m以内ごとの平均の高さにおける水平面をいう。

　実務上の決め方としては、たとえば、建築物の高さを10m以下あるいは9m以下とするような決め方をする。

　これは住宅地の基準として、第一種低層住居専用地域内における建築物の高さの制限の「10mを超えてはならない」という規定に基準を置いているものと思われる。

3）軒の高さについても、建築物の絶対高制限の規定に準じて協定され、6.5mから7m位の間で決められることが多いようである。形態規制の基本は、高さと面積である。

4）建ぺい率については、建築基準法第53条に規定されていて、たとえば、第一種・第二種低層住居専用地域における建築面積の敷地面積に対する割合は、10分の3から10分の6までのうち都市計画によって定められるが、別荘地などではこれより厳しく、たとえば10分の2以下と協定することもありうる。

5）斜線制限で問題になるのは、隣地に関する北側斜線制限である。斜線制限を規定した建築協定はあまり見かけないが、建築基準法第56条第1項第3号は、いわゆる北側斜線制限を規定したものである。

　日照問題は、この規定で十分とは思われないが相当の効果は期待できる。ただし、一定の用途地域に限って適用されるので、これ以外の地域では北側斜線制限を協定することは有効であろうと思われる。

⑥ 意匠

　建築協定の内容を意匠面から規定することは、難しい。意匠を協定しなければならない地域特有の理由とは何であろうか。また建築物の意匠を協定することにより「住宅地としての環境または商店街としての利便」について、どのような実益があるのだろうかということを考えさせられる。商業活動の利便増進の目的でデザインを統一したアーケードにすること、あるいは看板類の規制、統一することなどが、意匠に関する建築協定の代表例であろうと思われる。

　しかし、住宅地の環境保全のための意匠について協定することはどのような意味があるのかということ対して、その回答を的確に見出すことができない。別荘地の住宅について、周囲の自然環境にふさわしい建築物というような決め方を認可のない協定で決めているのを見かけるが、規定の内容が抽象的である。

　建築基準法の目的は、「建築物の敷地、構造、設備および用途に関する最低の基準を定めて、国民の生命、健康および財産の保養を図り、もって公共の福祉の増進に資する」ことにあり、もとより建築物の意匠については直接には関知していない。しかし、法による直接の規定がないからこそ建築協定によって不足の面を補い、その効果を期待するという

議論も一面的には正しいことであるが、意匠に関する建築協定については今後おおいに研究する余地がある。

たとえば、住宅地で木造住宅が建ち並ぶなかに、鉄筋コンクリート造の建物が建つと、一見、商業ビルかのようで非常に違和感を感じることであろう。しかし、これを協定のなかで具体的な調和をはかり、規定していくには、かなり面倒な手続きが予想される。

⑦ 法の規定外事項についての協定

その他の問題点を指摘すると、たとえば、南面緩傾斜のヒナ段式造成地で、海の眺望が非常によい場所があるとしよう。この場合、前に家が建つことにより眺望が悪くなることを防ぐために、家の建て方について位置と形態だけで、十分かという問題がある。

また、家畜を飼育してよいかどうか、犬小屋をどこに置くか、どの位の大きさまでだったら大丈夫なのか、糞尿の臭気防止や鳴き声などによるトラブル防止まで建築協定の中に含めることは欲張りすぎなのか。確かに音に関するトラブルは、騒音か否かの判定が非常に微妙である点が多い。しかも、隣近所という人のつながりがブレーキとなってお互いに言い出せないことが多いだろう。建築協定の目的が住環境の向上にあるなら、解釈を広げて個人のエゴを押さえることも可能なようにも思えるが、本質的には建築物に関する協定なので自ずと限界はある。

結局、建築協定で規定する敷地、位置、構造、用途、形態、意匠、設備の6つの項目で協定しえないような内容は、協定内容として認可の対象になるか否かについて法的にみても疑問が残り、したがって単なる私人間の契約としての効力しかないというわけである。

（参考文献：日本建築センター「詳解建築基準法」帝国地方行政学会）

2　建築協定の手続きと認可

建築協定の本質あるいは法の規定についてひと通り理解ができても、実際の手続きとなるとなかなか面倒なことが沢山ある。

その建築協定の手続きであるが、大きく分けると、行政庁に申請するにいたるまでのいろいろな事前行為と認可申請手続の2つがあり、いずれも住民間のみの行為で行政庁の行為はない。ただし、後者は認可権者である行政庁が法の規定に基づき行うものである。

［1］　申請書の作成まで（事前行為）

建築協定を手続きしようとする動機もいろいろある。新たに造成され分譲販売ということになると、分譲業者が住宅地としての環境ができあがるのに適当な協定案を作成し、これが住宅の用に供するのが最有効使用となるように、分譲の時点で買主から予め同意書を取りつけておく方法が多く行われる。また、半ばできあがっている住宅地あるいは商業地を指向する環境をつくりあげるために町内会、商店会その他の団体が中心となって動き出

すこともある。

　いずれにしても、このような協定が成立するまでには、推進役となる人の集まりが必要である。これをたとえば、準備委員（会）とした場合、その法的性格がはっきりしていなくても、目的だけは環境保全のために建築協定を成立させたということが明確である。

　動機は何であれ、建築協定の目的に則して、建築協定関係権利者と、まず十分な話し合いをすることが肝要である。

　そして目的について、十分に討議し、意思を確認したうえで、正式に建築協定準備委員会などを設立、発足させることである。

　このスタートが曖昧のままだと、権利の制限がある程度はっきりしてきたときに、いわゆる総論賛成各論反対という自家撞着的な現象が起こってくる。

① 条例の確認

　まず、これから協定しようとする区域の市町村に、建築協定が締結できることを定めた条例があるかどうかを確認する必要がある。

　条例の確認は、市町村の担当課に照会することにより直ちにできる。

　建築協定条例の中心は、建築基準法第69条（建築協定の目的）であり、協定することができる区域については、市町村の告示で別に定めている。

② 建築物に関する協定事項

　建物の敷地、位置、構造、用途、形態、意匠、建築設備のうち、どのような基準を設けるかは、建築協定に関する協議のなかで、もっとも重要な項目のひとつであり、会社設立時の定款の事業目的にも匹敵するような内容だといえよう。

　具体的には建築物に関する制限を指すが、基本的にはどのような環境づくりを目指しているかということに基づいている。

　建築物に関する基準（建築物の制限）について、住宅地を例にとると、次の点について意思を確認することが大切である。

> 1）建物は一戸建てとし住居専用であること
> 2）地階を除く階数は2以下とすること
> 3）外壁またはこれに代る柱の面から敷地境界線までの距離は1.5m以上とすること
> 4）その他、建ぺい率、高さ制限等

　これらの制限は、地域の特性を活かし、かつ、それを反映させたものにする必要がある。

　制限の具体的な内容については、上記のほかにも商業地などでは、商業振興のため、いろいろ工夫することができよう。

　いずれにしても、協定内容の中心となる建築物の制限については、慎重に検討して決める必要があり、その前提として十分な話し合いがなければならない。

③　建築物に関する協定事項

協定区域を定めることは、一見すると簡単のようにみえるが、かなり難しいところがある。

たとえば、分譲地売出し後、返還地についても各地主が個別に譲渡を開始した場合、協定がうまく承継されているかどうかの問題がある（建築協定の効力（法第75条））。当然のことながら地権者との関連がでてくるわけである。

また、協定区域は、おおむね近隣地域として、いわゆる地域特性の共通している範囲でもって定められるのが通常である。建築協定の目的が、土地の環境保全や環境改善を目論んでいるため、共通のベースが必要となる。

④　違反があった場合の措置

建築協定の実効をあげるためには、自分達で決めた協定を守らない者に対する措置をあらかじめ決めておく必要がある。

この点については、相談して決めるというよりは、通例では建築工事の施工の停止または違反是正の勧告をし、違反者にはこれにしたがう義務を負わせることにしている。これは非常に嫌われる業務である。現実問題として、できあがった建物を、違反を理由に移転、改築させることは無理であろうと思われる。

違反予防を徹底させることが、コミュニティづくりでは大切である。そのためには、具体的な手続きまで決めておく必要がある。

たとえば、建築確認申請の段階で、建築主事のチェックを受け、建築協定の委員会の確認を得るようにしておけば、かなり事前に違反を発見できることになる。

違反の実例をみても、過失で協定違反をしているのがほとんどであり、協定のあることを忘れ工事請負人にすべてをまかせた結果、周囲の人から違反の指摘を受けたときは半ば工事完成というのがあったりする。違反是正勧告にしたがわないときは、裁判所に出訴するという決め方もあるが、協定違反による強制履行は問題であろう。

⑤　有効期間

有効期間について決めておくべきことは2つある。協定の期間とその始期である。

途中でも過半数の合意により廃止することが可能であるため、このことについては、あまり問題はないようである。

有効期間は話し合いで決まるので、10年、8年、5年と、どのように決めてもよい。思いきって20年でもよいが、あまり長期にすると、いわゆる非堅固な建物が多い場合、耐用年数とのからみがでてくる。

以上②〜⑤で述べたことは、いわゆる協定書の絶対的記載事項として、次に述べる建築協定認可申請書にも記載を要する事項である。

⑥　名称

名称は、特別注意したり検討したりすることはないと思われる。

土地にかかる協定であるから、地名（団地名）を用いているのが多いようである。
⑦　組織

　実務上、もっとも難しいのは、協定を運営することである。難しいという意味は、個々に発生するトラブルの処理と長期間にわたって環境保全について継続しなければならないということである。

　総会の他に建築協定に基づく執行機関として委員会などをつくるが、役員の構成、選任方法、権限、任期など基本的事項については、会社の機関を参考して決めるとそれほど難しくない。

　いずれにしても、委員に適任者を選ぶことが必要であり、町内会の役員が兼任することでもよい。できれば、法律（とくに建築関係法規）と建築技術に明るい人に入ってもらうことが望ましい。協定書やその細則では、一応委員の構成が決められ、会計などを設置する場合があるが、個々のトラブル解決のために有形無形の負担を委員が負っている事実に、運営上の問題がありそうである。

　したがって、運営については、もっと研究や検討が必要であろう。

[２]　認可申請手続

　認可申請手続は、申請書の提出から認可公告までであるが、次に各段階に分けて法の定めるところを中心に説明したい。
①　建築協定認可申請書の作成

　認可申請は、市町村の条例に定める様式により必要図書を添付して提出する。

　なお、この申請書には、協定書「全員」の建築協定書を添付して提出する。
②　認可申請

　建築協定者の代表は、市町村の長へ認可申請書を提出すると、「遅滞なく」その旨が公告される（市町村の公報に登載）。

　引き続き、関係人に対する縦覧期間（20日以上）が満了すると、関係人の出頭を求めて、公開による聴聞が行われる。

　行政庁の手続きのなかで、公告→縦覧→公聴という一連の法定手続きは、建築関係法規での権利に関する認可・決定における基本であり、建築協定においては、権利制限を公開の場で認可しようという趣旨であろうと思われる。

　したがって、認可申請の合意が真に全員の合意であるかどうか、協定者の一部の者のための利益のために申請されたものでないかどうか、単に行政庁のチェックに終わらず公の審査を受けるための慎重を期した手続きといえよう。

　聴聞は、建築基準法に基づく市町村の公聴会規則等により行われる。

　これらの手続きは、建築主事をおく市町村（特定行政庁）とそれ以外の市町村とでは多少違いがある。

前者の場合は、公告→縦覧→公開の聴聞の後、目的となっている土地または建築物の利用を不当に制限するものでなく、かつ、法の目的（第69条）に合致するものであると認めるとき、申請した建築協定は認可される。
　そして、認可後は遅滞なくその旨を公告し、建築協定書は一般の縦覧に供される。
　一方、後者の場合、手続的には少し段階が多くなり、申請書を受理した市町村の長と認可権者（特定行政庁＝知事）が異なるためである。
　受理した市町村の長は、公告→縦覧→公開の聴聞の後、建築協定書に意見書と聴聞の記録を付して知事に送付される。
　そして知事の認可、公告がなされると、認可した協定書の写しが市町村へ送付され、市町村長によって一般の縦覧に供され、手続きは完了することになる。

③　変更と廃止の手続き

　建築協定の変更手続きは前記❷の場合と同様である。法第74条は、協定変更につき次の絶対的記載事項の場合、特定行政庁に申請して認可を受けなければならないとしている。

　1）協定区域
　2）建築物基準
　3）有効期間
　4）違反に対する措置

　これ以外のことについては、法は何も定めていないが、認可にかかる審査事項でないものについては、法の趣旨からして自主運営で問題がないわけである。
　廃止については、権利に対する制限解除であるが、法は認可権者に申請し認可することを義務づけている。
　また、期間満了に伴う消滅と違い、有効期間の中途で協定を廃止しようという場合は過半数の合意を必要としている。
　ところで、これまで全員ということだったので、さして問題にはならなかったが、ここでは、権利者の過半数で果たして法の意図するところが、当事者にとり公平な利益となっているのかどうか大きな問題がある。たとえば、協定区域の3分の2以上を持つ大地主と、1人1小区画の多人数がある場合、実質的に地積の違いをどう調整するか問題が残る。地権者として、単に人数から権利関係を確定するのではなく、権利の範囲ついて、調和を図る必要があろうと思われるが、法は「過半数」と定めている（法第76条）。

④　その他

　手続きに関する問題点はいくつかあるが、認可後の手続きのうち、協定内容を実現するための行政庁と協定委員などとの関係がいっさい規定されていない現行法に、大きな問題がある。建築確認申請の段階で、協定委員会などの同意をとりつけておくように義務づけがなされていないばっかりに、環境保全を目的する建築協定が、逆に近隣者のいざこざの

原因になっていることがある。
　建築協定は、建築確認申請の対象にならないことになっており、これは今後の法改正上の大きな問題である。

第2章

街の評価の簡便手法

I．簡便手法について

　街づくりを進めるためには、まず街づくりの公式カテゴリーIの3項目について過去の資料を解析して、現在および将来を予測する作業から始め、その結果に基づき重点的に改善すべき具体的方策を練ることになる。

1　目　的

　対象となる街（市区町村、地域、圏域）について公表されている過去の統計から、将来の短期または中期的な予測を行い、その結果をもって絶対評価を行う。
　なお、絶対評価をもとに他の街との相対評価も可能とする。

2　資料の収集

街の要素		
	1. みち	固定的要因
	2. みず	
	3. みどり	
	4. ちせい	
	5. まち	変動的要因

変動的要因資料（例）	快適性	経済的	行政的
	転入率	工業生産、農業生産	税　収

3　街づくりの公式

次の代替資料を採用する。

カテゴリーI	快適性	生　産　性	収益性
代替資料	転入率	工業製品出荷数（1世帯当たり）	地方税収入額（1人当たり）

4　手　法

1）過去4年程度の公表された直近の資料をもとに現在および将来1～2年程度の短期予測を行う。

2）過去具体的手法は『W・M法』（不動産の天気予報®）を使う。
　（注）不動産の天気予報は、特許庁に商標登録済。

5　W．M法

① 過去データ：X_0、X_1、X_2、X_3、……X_t

② Waveletの使用

$$F = a\Sigma\Phi(r) + c\Sigma\Psi$$
または
$$f = a\Sigma\Phi(r)$$

③ Fまたはfによって求められた詳細なデータをもとに確率行列によって現在および将来のX_tを予測する。
　（注）確率行列を採用した予測の適用例の参考書：吉野　伸「将来予測の手法」（プログレス社）

6　適用と評価

［1］具体的な適用

直近の4時点（年）のデータをWavelet解析により当てはめて特殊な関数型を求め、

その結果をもとに推移確率行列をつくりそこから短期時点（年）の予測値を期待値により求める。
　　（注）　解析手法は複雑な数式の展開になるので省略する。ここではW・M法を採用しているが他の手法による予測も可能である。

［2］　データの解析

過去時点のデータを基準として、現在および将来時点でのデータを行列から読み取る。

［3］　項目ごとの評価

　　1）ほぼ横這い　……　B
　　2）下降傾向　　……　C
　　3）上昇傾向　　……　A

　　1）評価すべてA　→発展傾向
　　2）評価すべてC　→後退傾向
　　3）評価すべてB　→安定傾向
　　4）評価A、BまたはC　→不安定傾向

Ⅱ．全国９都市の予測（例）

1 対象都市

都　市	人口 （世帯数）	都　市	人口 （世帯数）	都　市	人口 （世帯数）
北海道Ｏ市	164 (81)	茨城県Ｓ市	44 (15)	神奈川県Ａ市	218 (93)
福島県Ｄ都市圏	90 (26)	埼玉県Ｗ市	68 (33)	島根県Ｍ市	50 (21)
新潟県Ｎ市	90 (26)	千葉県Ｋ市	397 (165)	沖縄県Ｕ市	111 (43)

（注）人口、世帯数は平成23年現在。単位：千

2 予測項目

街づくり公式	代　替　項　目	資　料　出　所
快　適　性	転　入　率	総務省自治行政局市町村課
生　産　性	工業製品出荷額（1世帯当たり）	経済産業省経済産業政策局調査統計部
収　益　性	地方税収（1人当たり）	総務省自治財政局財務調査課

3 予測時点

① 2006（2007）年～2009（2010）年の公表資料による。
② 2010（2011）年～2012（2013）年の値を予測する。
　（注）（　）内の年は、資料によっては一部更新されたものを採用。

4 前提条件

① 上記 3 ①の平均値を2010年（平成22年）の値とする。
② デフレーターは考慮しない。
③ 予測については、直近の資料が公表されるたびに、修正が必要となる。

5 手法

① 周知の代数関数は使用せず、W・M法による。
② 基準年を定め、その年からの予測をする。
③ 基準年の傾向値を翌年以降にも当てはめる。

6 分析結果

次ページ以下の「街づくりカテゴリの予測」(その1〜その5)はグラフのとおりである。
2013年の実績が未発表の時期における予測である。

7 所見

① 平成25年は、全国的に大きな変化の予測は出ていない。
② 個別の所見は見てのとおりである。

1) 転入率について
上昇傾向に都市はあるが、1.00(転入と転出のバランス)に達している都市は少ない。他は下降傾向が多い。
2) 工業製品出荷額について
横ばい傾向が多いが、上昇がはっきりしているものはない。
3) 地方税収について
やや上昇している都市と横ばいの都市はあるが、多くはやや下降傾向にある。

(注) 横ばい傾向＝上下の変動が小さいこと

分析結果

Ⅲ. 街づくりのカテゴリー予測

街づくりのカテゴリー予測　その１

北海道O市

転入率

工業製品出荷額（百万円/世帯）

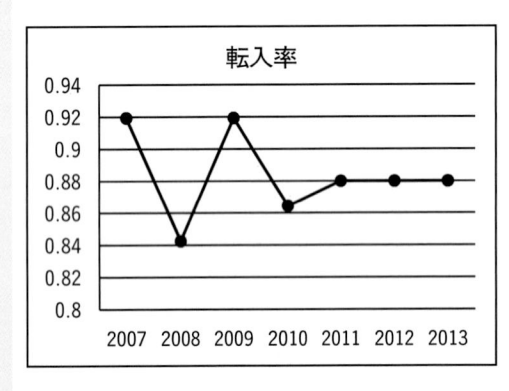

地方税収（千円/人）

福島県D都市圏

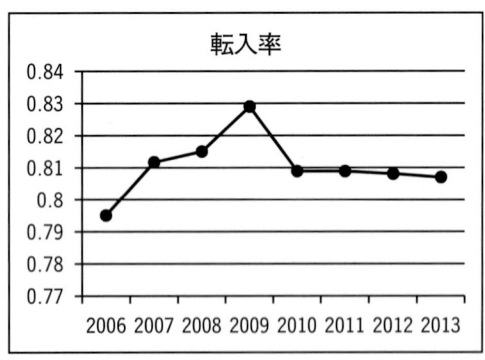

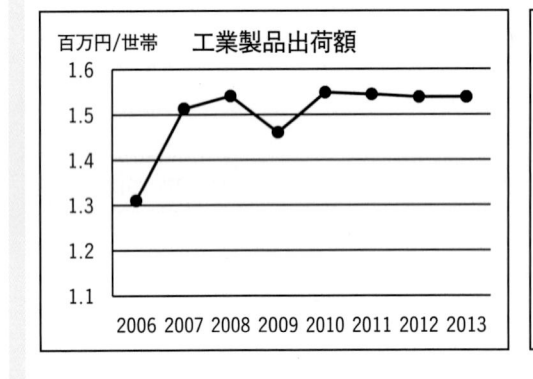

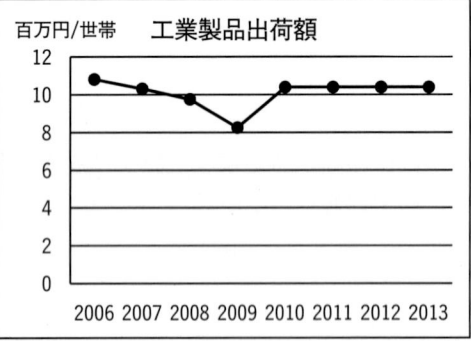

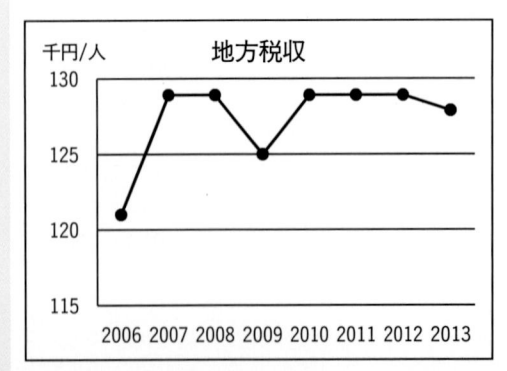

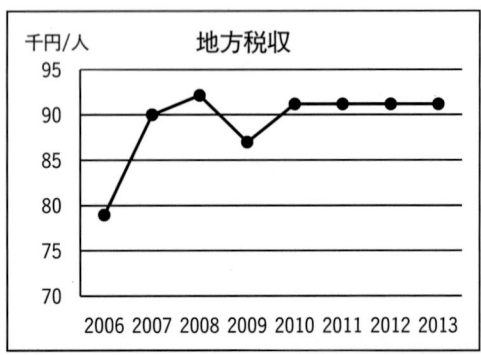

転入率

工業製品出荷額（百万円/世帯）

地方税収（千円/人）

街づくりのカテゴリー予測　その2

新潟県N市

転入率

工業製品出荷額

地方税収

茨城県S市

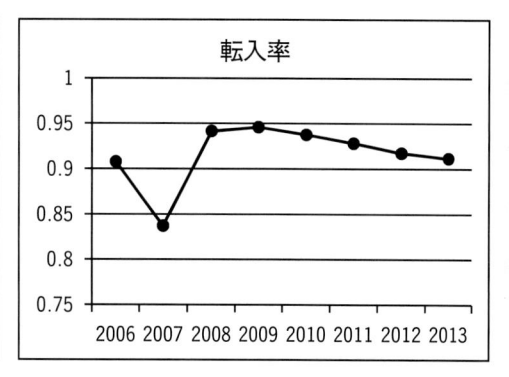

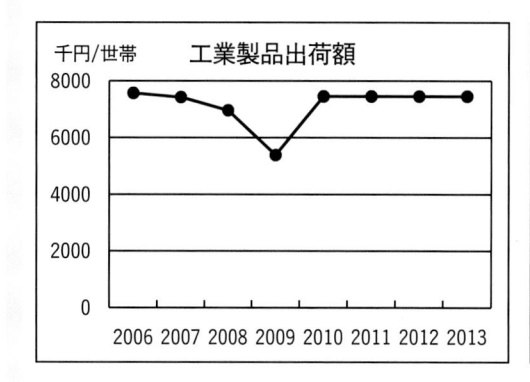

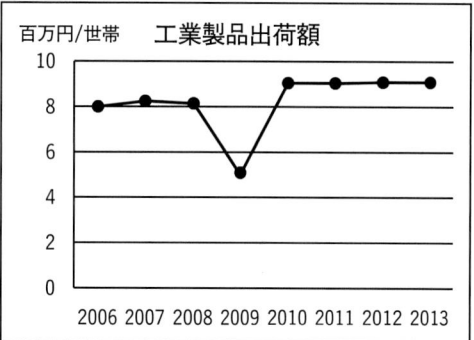

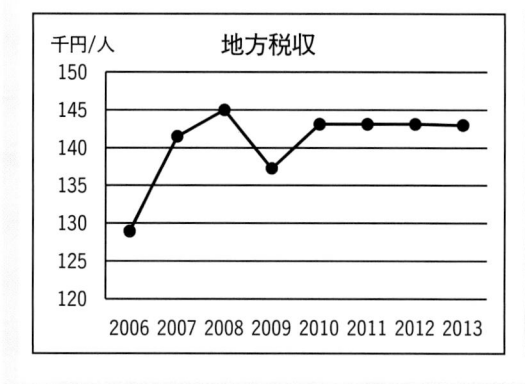

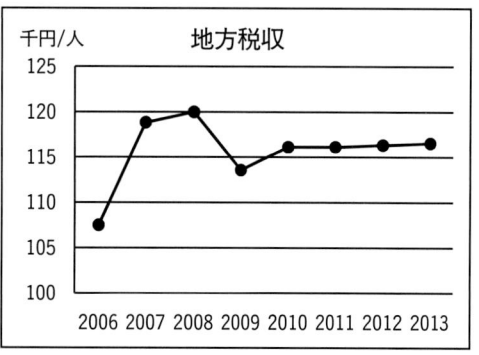

転入率

工業製品出荷額

地方税収

街づくりのカテゴリー予測　その3

埼玉県W市

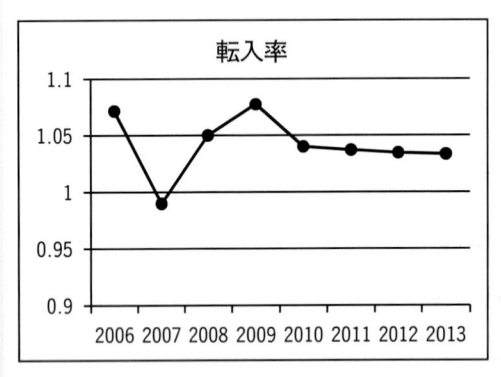

転入率

工業製品出荷額（百万円/世帯）

地方税収（千円/人）

千葉県K市

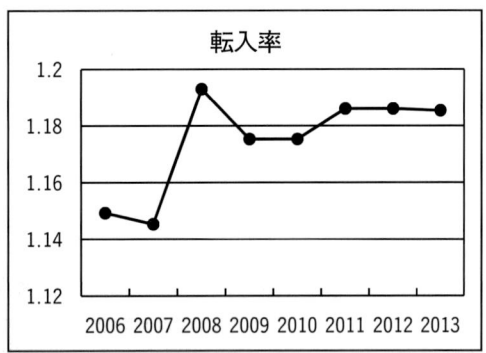

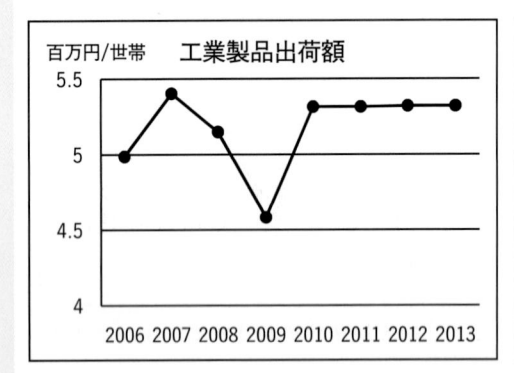

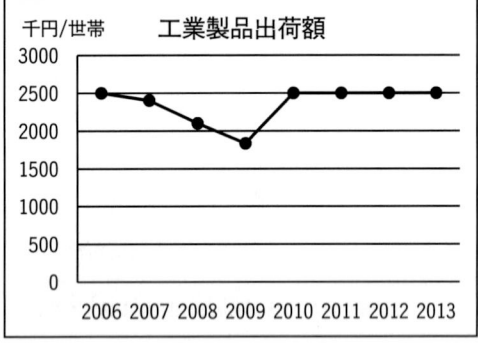

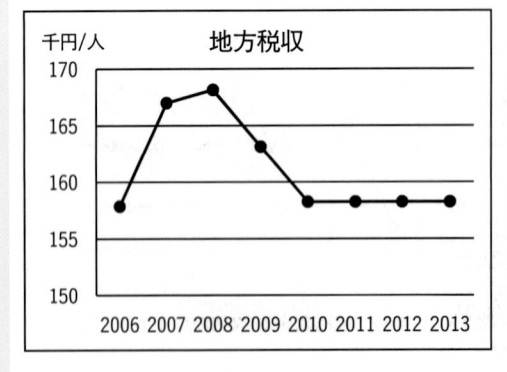

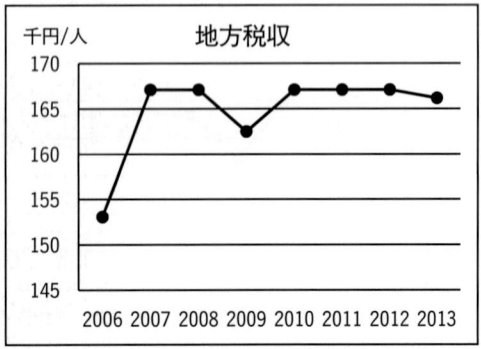

転入率

工業製品出荷額（千円/世帯）

地方税収（千円/人）

街づくりのカテゴリー予測　その４

神奈川県Ａ市

転入率

工業製品出荷額（千円/世帯）

地方税収（千円/人）

島根県Ｍ市

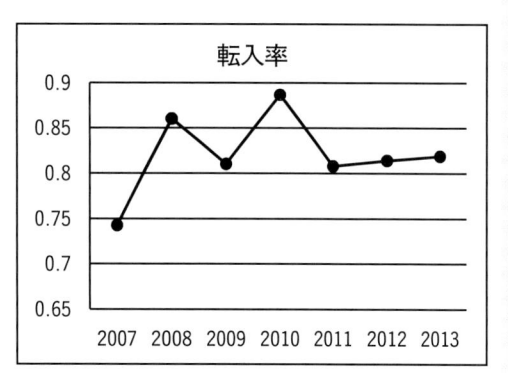

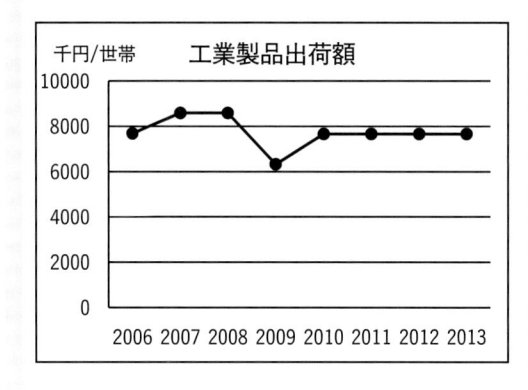

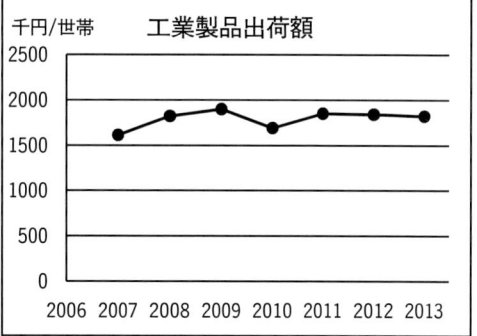

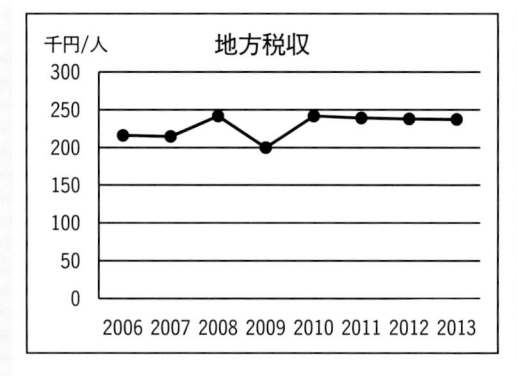

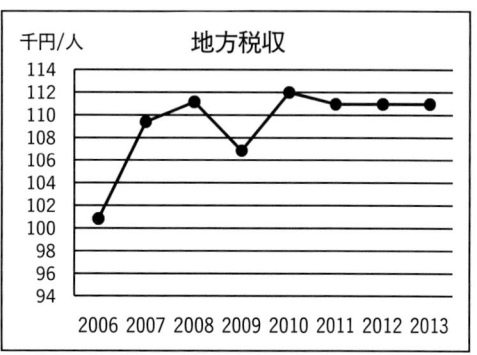

転入率

工業製品出荷額（千円/世帯）

地方税収（千円/人）

街づくりのカテゴリー予測　その5

沖縄県U市

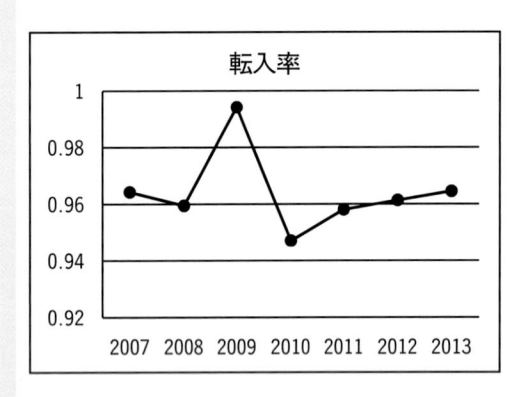

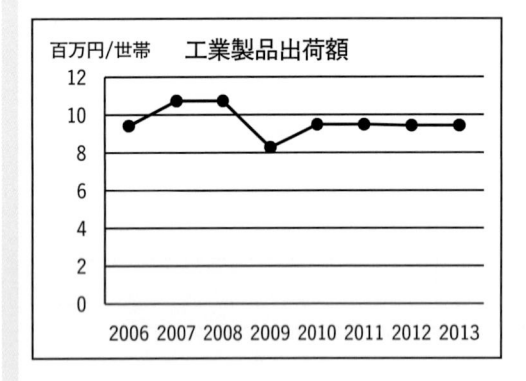

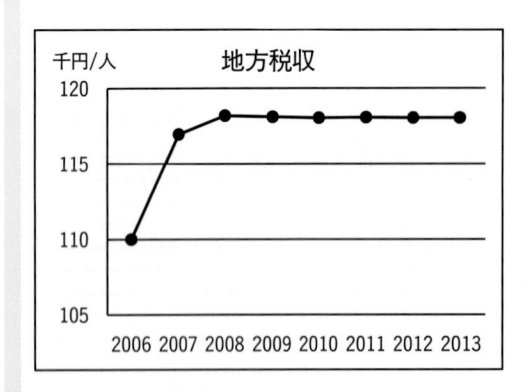

転入率

工業製品出荷額（百万円/世帯）

地方税収（千円/人）

第3章

これからの小さな街づくり

―いにしえの街づくりに学ぶ―

Ⅰ．いにしえの街づくりの共通点

　都市計画は近代になって突然出てきたものではない。歴史が示すように、相当古くからあったようである。歴史は継続しており、過去に遡ることによって、街づくりについて参考になることがある。

　ただし、仮に史跡を訪ねることにしたとしても半ば想像的な部分があることは否めなく、現在でも確実に知ることができる情報をいくつか集めてみる。

　ここで参考にする街は、

　　A．飛鳥京
　　B．藤原京
　　C．平城京
　　D．長岡京

である。

　現地や信頼できる資料をもとに、街の中心的な物件、みち、周辺の土地利用、地勢を調べてみると、現在の街づくりに共通していることがいくつもあることがわかる。

　いにしえの街づくりから、これからの街づくりに参考にすることができることがあると思われる。

　それぞれの街の共通点をまとめると、次のとおりである（数字は、後ろの写真番号）。

［1］　街の核とランドマーク
　①　宮殿　　　……………D－6
　②　門　　　　……………C－7
　③　樹　　　　……………A－2
　④　池　　　　……………B－2、D－2
　⑤　寺　　　　……………A－9

⑥　その他　　……………A－3（水時計）

［2］　道（条と坊）
　　①　通路の配置と幅員
　　　　1）大路（幹線街路）…B－4
　　　　2）小路（生活街路）
　　②　水路と輸送　…………A－1

［3］　街の周辺
　　①　農地（生産手段）　…A－4、A－7
　　②　森林　　……………B－3

［4］　地勢
　　①　街はほぼ平坦　………D－7
　　②　周辺は山または丘　…D－8

Ⅱ．遷都についての特徴

　4つの都の移り変わりについて、いくつかの特徴を指摘することができる。
　特徴はいろいろあるが、視点をかえて不動産を地域ととらえてみると面白い。

［1］　南から北へ
　　南の飛鳥から北の長岡に移っている。
〈図表❶－1〉　　　　　　　　　　〈図表❶－2〉

長岡（784～）
京都府
京都市
平城（710～）
藤原（694～）
飛鳥（550頃～）
奈良県

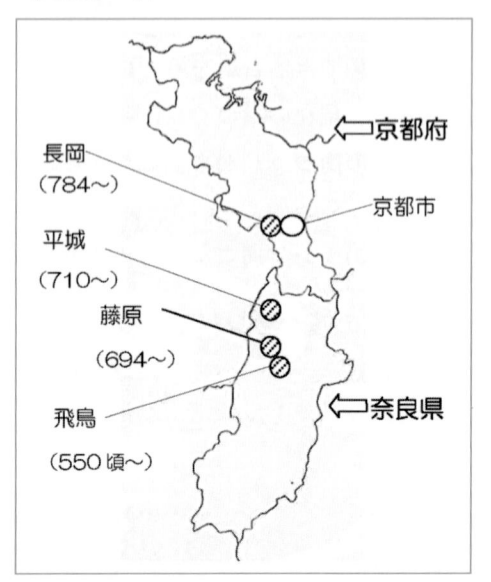

[2]　「みず」の存在

　飛鳥や藤原では飛鳥川があり、また池もある。河川は、街づくりに必須のものである。

[3]　「みどり」の存在

　山林や農地が周辺には必ずある。生活するためには、田畑はなくてはならない。

[4]　地勢はほぼ平坦

　小盆地的な地区が多い。

[5]　周辺は、山や丘陵

　街の近郊

Ⅲ．それぞれの京の概要

A．飛鳥京

① 6世紀半ばから7世紀末まで（約150年間）
② 明日香村を中心に橿原市・高取町の一部を含む。

1．概要

[1]　範囲

　天香具山から橘寺まで……南北3km

[2]　地形

　小盆地

[3]　都市施設等

　① 宮殿
　② 邸宅
　③ 倉庫
　④ 寺院
　⑤ 道（石敷き）

⑥　水路
⑦　池（大規模）
⑧　ケヤキの大木（飛鳥寺）
⑨　広場（飛鳥寺）

[4]　文化等
大陸、朝鮮半島からの渡来人が文化、技術を伝える。

[5]　紛争
仏教をめぐる崇仏派、廃仏派の争いがあった。

2．街づくり環境

[1]　みず

A−1は水の基本となる河川である。

みずの存在は、生活するうえで必須の要件であり、水の恵みによって、上下水道、農耕、さらには交通などさまざまなことに役立っていた。

A−1

A−2とA−3は水を利用したと思われる施設である。

A−2

A−3

●第3章●これからの小さな街づくり

[2] みどり

A－4、A－5は田である

A－4

A－5

[3] みち

A－6の水路と堤は道として使った可能性がある。

A－7は農地を経て丘陵に通じる。

A－6

A－7

[4] まち

A－8

A－9

A—10にはいにしえの京があったことを示す標識があり、ここを中心に街が広がっていたと考えられる。

第一種歴史的風土保存地区は、写真では農地になっているが、この地区は、現在の都市計画にもとづいて指定されているものである。過去の街づくりの位置が想像できる。

A—10

B. 藤原京

① 694年から710年まで（約16年間）
② 橿原市

1. 概要

[1] 範囲

東西3.5km

[2] 地形

四方を小高い丘に囲まれた平坦地

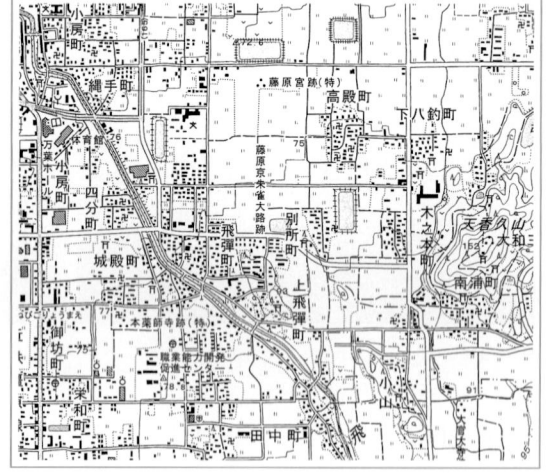

[3] 都市施設等

① 朱雀大路　………17.7m、道路の両側に7.1mの側溝
② 六条大路　………17.7m、側溝3.5m
③ 条坊間の小路……5.1m、側溝1.8m

2. 街づくり環境

[1] みず

B—1は交通の用に供することができる河川であり、B—2はやや大きな池である。遠くに小さな山（耳成山）を望む。

B—1

B—2

[2] みどり

B—3は農地で、みどりの濃い丘陵地へと続く。

過去のみどりは、樹林地と農地それに平坦な緑地であったことが想像される。現在でもその面影が残っているようである。

B—3

[3] みち

B—3には農村集落のみちがあり、B—4はいわゆる大通りである。

B—5は、大通りの側溝でスケールの大きさがわかる。

B—4

B—5

[4] ちせい
B−6とB−7は平坦な土地で広がりがある。

B−6　　　　　　　　　　B−7

C. 平城京

① 710年から748年まで（約38年間）
② 奈良市

1. 概要

[1] 範囲
東西6km、南北5km（面積約25km²）

[2] 地形
小高い丘（山）に囲まれた平坦地

[3] 都市施設等
① 朱雀大路…………南北に幅員75mの道路
② 東一坊大路………23.7m
③ 東西道路…………7〜8.7m

2. 街づくり環境

[1] みず

C-1は都の中にある小さな池であり、ほかにもやや大きな池がいくつかある。

C-2は京の中の池であり、調整池の役割もあったと思われる。

C-3は現在の鉄道と整備された道路の間にある河川である。

C-1

C-2

C-3

平城京でもみずを探してみると、いろいろなところにある。

現在では、C-1は公園の池で、C-2はため池、C-3は農業用水路である。

生きた「みずみち」は、昔からあったように考えられる。

[2] みどり

C-5は京の中の樹林である。

[3] みち

C-5、C-7、C-8は大路で、いまでは考えられないほどの幅員があったようである。

[4] ちせい

C-4～C-9では、広がりのある平坦地であり、街づくりのプランを立てやすい。

奈良市は丘陵地がいたるところにあるが、平城京の周辺は平坦地になっている。街づくりをするときに場所を選定する条件のひとつとして考えられたものと想像される。

C-4

C-5

C-6

C-7

C-8

C-9

D．長岡京

① 784年から794年まで（約10年間）
② 向日市（むこうし：京都府）

1．概要

[1] 範囲

朱雀大路の東側は「左京」で、西側は「右京」であり、東西は4.3km、南北は5.3kmである。

[2] 地形

長岡京の地勢は丘陵地帯ではあるが、低地を埋めて平坦に近い地勢としている。

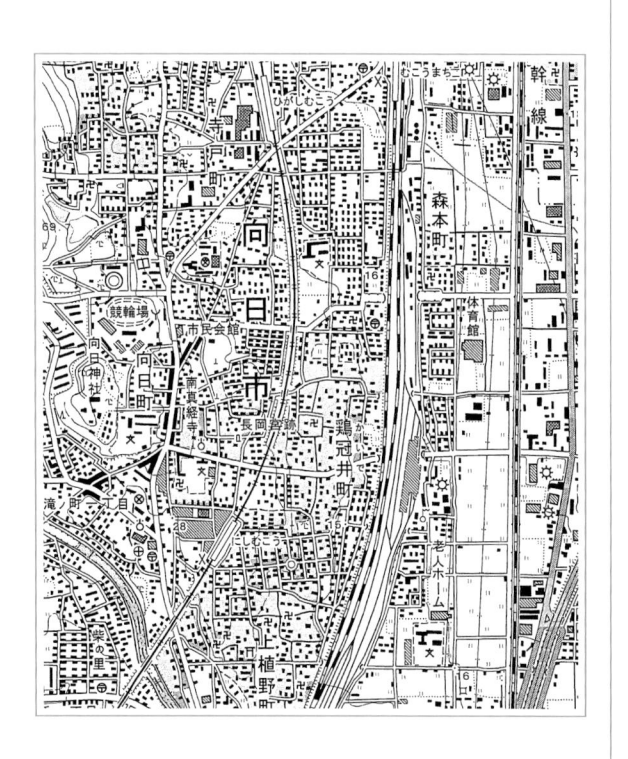

[3] 都市施設等

① 朱雀大路……幅員24m
② 条坊…………方位がほぼ正確に南北と東西に流れる。
③ 小路…………幅員9m
④ 街区…………道で囲まれた街区は1辺120mの土地でその面積は1町（14,400㎡、4,356坪）である。

2．街づくり環境

[1] みず

D－1は都の中心から西側へ離れた河川で、D－2は同じく池である。ほかにも遠くなるが、大きな河川がいくつかある。

D-1

D-2

[2] みどり

西側には、南北に丘陵（35〜80m）が伸びる。

[3] みち

D-3は集落内の旧道と思われ、D-4〜D-7は条坊の路があったようだ。図表❷は長岡京の隣の平安京の条坊の例であり、長岡京の条坊を参考にしたのかもしれない。

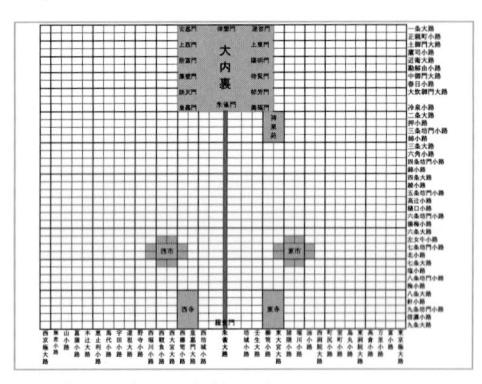

図表❷　平安京の条坊の路

D-3

D-4

D-5

D-6

D-7

[4] ちせい

　平坦な地区ではなかったようで、整地が行われたと考えられないが、D-8では高低差が残されていることがわかる。

D-8

Ⅳ. いにしえの街づくり

　街づくりをいにしえの都から学ぶことができる。いにしえの街づくりのコンセプトははっきり調べることはできないが、諸資料と現地調査から、現代の街づくりに、次のような図式を参考にすることができる。

　街づくりの基本は、「みず」と「みどり」であり、これと「ちせい」を考慮に入れてまず「みち」からつくる。これらの基本項目と主な写真との関係を整理すると図❷のとおりである。

　既成の市街地を調べたり、評価したりするときも、このことが手掛かりとなる。

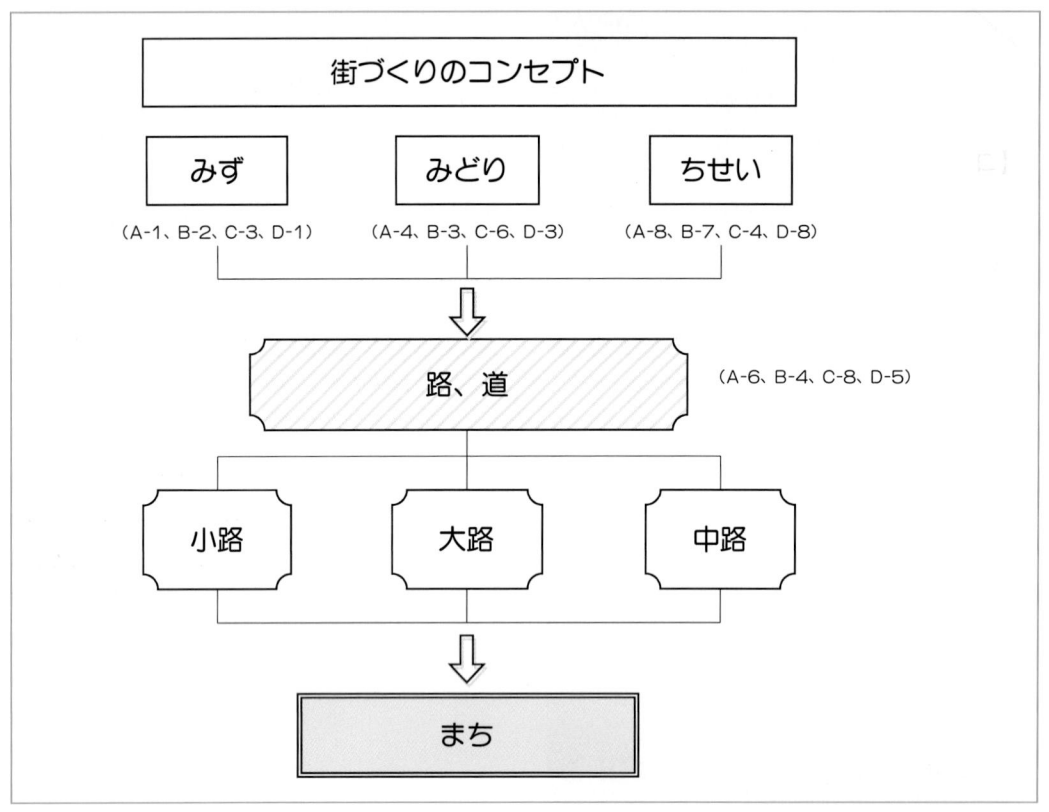

```
              街づくりのコンセプト

      ┌──────┐    ┌──────┐    ┌──────┐
      │ みず │    │みどり│    │ちせい│
      └──────┘    └──────┘    └──────┘
   (A-1、B-2、C-3、D-1) (A-4、B-3、C-6、D-3) (A-8、B-7、C-4、D-8)

                      ⬇

      ┌────────────────────────────┐
      │          路、道             │    (A-6、B-4、C-8、D-5)
      └────────────────────────────┘
                      │
       ┌──────────────┼──────────────┐
      ┌────┐       ┌────┐        ┌────┐
      │小路│       │大路│        │中路│
      └────┘       └────┘        └────┘
                      ⬇
              ┌──────────────┐
              │     まち     │
              └──────────────┘
```

図表❸　いにしえの街づくり

まとめ

【コンセプトづくりのヒント】

1　カテゴリーⅠ（調和・変化・安全）

① 街の調和
1）古いものと新しいもの
2）ヤングとシルバー（湖畔のレストラン、広場の憩い）
3）古くからある旅館兼レストラン
4）水、山、緑

② 街の変化
1）広場の利用
　・朝市　・コンサート　・ランドマーク（水飲み場）　・教会の鐘

③ 街の安全
1）交通
　・駅前　・車止め　・公共駐車場
2）防犯
　・郊外の住宅（カギなし）、車道の凸凹

2　カテゴリーⅡ（住みやすさ）

　街づくりのコンセプトづくりには、適当な材料が揃っている。わが国の人口3万以下の町村でも参考になるであろうことをいくつか例示したい。

① スポーツ
　・アイスホッケー〈写真㊴〉
　・サッカー
　・屋外球技（だれでもできる軽スポーツ）
　・ウオーキング

写真㊴　アイスホッケー場（シーズンオフは舞台になる）

② カルチャー
　・大学　・アカデミー〈写真㊵〉

- ・職業訓練学校
③　フーズ〈写真㊶〉
- ・ワイン、ピザ
- ・チーズ
- ・パン
- ・パスタ

④　リラックス
- ・散歩
- ・ウインドショッピング〈写真㊷〉
- ・畑
- ・山歩き（自然との触れ合い）
- ・その他スポーツやいろいろな手作りの楽しみ

写真㊵　建築アカデミーの教室

写真㊶　ビュッフェスタイルのレストラン

写真㊷　夜間でも店のウインドーは明るい

業務に関し調査した世界の都市

☆ASIA

CHINA
1	Hong Kong	（香港）	［3］	土地利用
2	Macao	（マカオ）		土地利用
3	Guangzhou	（広州）		土地利用
4	Beijing	（北京）	［2］	都市計画
5	Tianjin	（天津）		震災復興
6	Dalian	（大連）		都市計画

☆AMERICA

U.S.A
1	Honolulu	［3］	リゾート開発、宅地造成
2	Hilo		リゾート開発
3	Kona (Waikoloa)		リゾート開発、宅地造成
4	San Francisco		都市計画、ウオーターフロント
5	Los Angels		街づくり、仲介の流通システム
6	San Diego		商業地区再開発
7	New York	［3］	不動産仲介実務、エスクロー
8	Orland		リゾート開発
9	New Jersey		住宅宅地造成

MEXICO
1	Tijuana	商業地区

CANADA
1	Vancouver	［2］	都市計画、ウオーターフロント、再開発、建築規制
2	Victoria	［2］	同　上
3	North Vancouver		同　上
4	West Vancouver		都市計画
5	Surley		住宅宅地造成、住宅仲介
6	Lake Louise		リゾート開発

☆EUROPE

UNITED KINGDOM
1	Londonn	不動産仲介（店舗、広告、現場）
2	Cambridge	同　上
3	Bath	同　上

SWEDEN
1	Stockholm	都市計画、ウオーターフロント（200～300年の変化）

NORWAY
1	Bergen	都市計画、ウオーターフロント、道路デザイン

DENMARK
1	Copenhagen	都市計画、ウオーターフロント、商業地区繁華性の創造

GERMANY
1 Frankfurt (a.m.) 　　　　都市計画、大規模再開発、不動産コンサルティング、不動産登記
2 Mainz 　　　　都市計画
3 Wiesbaden 　　　　都市計画（保養地）

AUSTRIA
1 Vienna 　　　　都市計画（公園）
2 Salzburg 　　　　都市計画（観光施設）
3 Insburg 　　　　都市計画（河川）
4 Telfs 　　　　リゾート施設

LIECHTENSTEIN
1 Vaduz 　　　　都市計画、都市比較（新潟県六日町）

GRAND DUCHY OF LUXEMBOURG 　既存商店のサバイバル
1 Luxembourg city 　　　　住宅地域の安全
2 Clervaux 　　　　古い街と新しい街の共存

KINGDUM OF BELGIUM 　既存商店のサバイバル
1 Brussels 　　　　広場の活用
2 Antwerpen 　　　　環境良好な住宅地
3 Brugge 　　　　古い街と新しい街の共存
4 Gent 　　　　同　上

SWITZERLANDO 　都市計画に関する総合調査（市役所、大学）
1 Lugano
　　　　Lugaggia
　　　　Arogno
　　　　Mendrisio
2 Bern 　　　　首都の街づくり、市民のリラックスゼーション
3 Zürich 　　　　古い街と新しい街の調和
4 Interlaken 　　　　観光都市の駅、商店街の動線、ワイン
5 Mulen 　　　　無公害も街づくり

ITALY
1 Milano 　　　　都市計画、店舗

Finland
1 Helsinki 　　　　[3] 都市計画、建築、街づくり
2 Hämeenlinna 　　　　小さな街づくり
3 Porvoo 　　　　古い街づくり
4 Turku 　　　　都市計画、古い街づくり
5 Uusikaupunki 　　　　都市計画、小さな街づくり
6 Vaasa 　　　　都市計画、人口4～6万の街づくり
7 Seinäjoki 　　　　同　上
8 Fiskars village 　　　　街づくり
9 Rovaniemi City 　　　　街づくり、都市計画
10 Santa Village 　　　　街づくり、テーマパーク
11 Suomenlinna Island 　　　　同　上

文　献

1. 吉野　伸　　「不動産業経営の基礎戦略」（プログレス社）
2. 同　　　　　「写真と図で見る不動産の見方・調べ方！」（大成出版社）
3. 同　　　　　「将来予測の手法」（プログレス社）
4. 鈴木金次・土田直一他「あおしの里・長倉」（長倉農住土地区画整理組合）
5. 吉野　伸　　「建築協定入門」（不動産鑑定誌1975.1〜1976.6）（住宅新報社）
6. 吉野荘平　　「景観権・日照権・眺望権」（特殊な権利と鑑定評価第9章）
　　　　　　　（清文社）

あとがき

① 住みやすい街、暮らしやすい街
　1）自然的条件を上手に取り入れて街づくりを進め、その結果が住みやすいか否かの判定になる。当然、不足する項目、不十分な項目について検討し、その対応を考えることが結論となる。
　2）ルガノ市は、スポーツにとくに力を入れており、念願の大学も設立し、おいしいものも揃っている。つまり、スポーツ、カルチャー、フーズ、リラックスの4項目についてよくバランスがとれている。

② コンセプト・メイキングの重要性
　1）街づくりは、規模が大きくても小さくてもコンセプトが必要である。とくに小さな街づくりには、コンセプトをつくることは関心が薄かったように思われる。街は、人が住み仕事をする所であるから、コンセプトが必ずなければならない。
　2）コンセプトは、多くの項目について調査を行い、それらを総合してつくられる。コンセプトは、住民（地権者）の合意を得なければならない。それにはコンサルタント（コーディネーター）の総合力が必要とされる。もちろん、各分野の専門家の意見を十分に取り入れることも必要である。

③ 街はだれのためのものか
　1）忘れてはならないのは、街にはだれが住み生活するのかということである。国内外で評判のよい街だからといって、それをそのままコピーしたのでは、本当の意味での街づくりとはいえない。無理に大きな施設をつくってみても、維持できないようでは逆効果であり、場合によっては、街はダメになってしまうことさえある。
　2）街全体の収入や利益をよく考えながら進めないと、数字合わせに終わってしまうことになる。

④ 予算のかからない方法を考える
　1）街づくりで大切なことは、予算のかからない方法を考えることである。それには、投資をできるだけ抑え、バランスのとれたものにしなければならない。
　2）たとえそれで収入が多くなったとしても、公害や安全の面で問題があるようではいけないし、静寂さを求めすぎても住みやすい街づくりはできない。

執筆者プロフィール

吉野　伸（よしの　しん）

吉野不動産鑑定事務所所長
吉野不動産実務研究所代表
不動産鑑定士、不動産コンサルタント、小さな街づくりコンサルタント

○主な著書
「実践重要事項説明書の手引（加除式）」
「不動産プロ養成講座　不動産取引前の次の一手　重要事項説明の押さえどころ！」
（以上、大成出版社）
「不動産業経営の基礎戦略」（プログレス社）
「写真と図で見る不動産の見方・調べ方！」（大成出版社）
「不動産のやさしい数学」
「不動産のやさしい統計分析手法」
「将来予測の手法」
「すぐ役に立つ不動産の契約書式集」
「不動産鑑定評価基本実例集（共著）」
「特殊な不動産の鑑定評価実例集（共著）」（以上、プログレス社）
「基礎理解物件調査のポイント」
「全宅連版重要事項説明書（監修）」（以上、全宅連）

不動産プロ養成講座

公式と実例から学ぶ街づくり
（街の見方、とらえ方、つくり方）

平成26年3月10日　第1版第1刷発行

編著　吉　野　　　伸

発行者　松　林　久　行

発行所　株式会社 大成出版社

東京都世田谷区羽根木1−7−11
〒156-0042　電話 03-3321-4131（代）
http://www.taisei-shuppan.co.jp/

©2014　吉野　伸　　　印刷　信教印刷
落丁・乱丁本はおとりかえいたします。
ISBN978-4-8028-3147-5

関連図書のご案内

シリーズ第1弾

不動産プロ養成講座

不動産取引の前の次の一手
重要事項説明の押さえどころ！

吉野　伸　編著

B5判・並製・332頁
定価 本体3,800円（税別）
送料実費・図書コード3057

あなたは不動産プロとして
自信を持って対応できていますか。
基本的な業務には、押さえどころがあります。

1. 次の書面作成及び対面説明のための物件調査と契約条件の確認 → 調査確認
2. 必要な事項とその内容を記載した書類の作成 → 書面作成
3. 相手に理解してもらえるように1対1での説明 → 対面説明

写真と図でみる
不動産の見方・調べ方！
－物件調査のコツとツボ－

編著／吉野　伸
B5版・本文2色・280頁　定価　本体3,800円（税別）
送料実費　図書コード2912

－本書の特徴－

- 実際の調査に役立つよう、できるだけ多くの写真や本物の資料を採用！
- 調査項目ごとに、物件調査の手順や範囲、注意点等、さらに資料収集の仕方や公図等の見方についてわかりやすく解説！
- 現地調査をサポートする物件調査シート付き

株式会社 大成出版社

〒156-0042　東京都世田谷区羽根木1-7-11
TEL 03-3321-4131　FAX 03-3325-1888
ホームページ　http://www.taisei-shuppan.co.jp/
※ホームページでもご注文いただけます。